编委会

普通高等学校"十四五"规划旅游管理类精品教材
教育部旅游管理专业本科综合改革试点项目配套规划教材

总主编

马 勇　教育部高等学校旅游管理类专业教学指导委员会副主任
　　　　中国旅游协会教育分会副会长
　　　　中组部国家"万人计划"教学名师
　　　　湖北大学旅游发展研究院院长，教授、博士生导师

编　委（排名不分先后）

田　里　教育部高等学校旅游管理类专业教学指导委员会主任
　　　　云南大学工商管理与旅游管理学院原院长，教授、博士生导师
高　峻　教育部高等学校旅游管理类专业教学指导委员会副主任
　　　　上海师范大学环境与地理学院院长，教授、博士生导师
韩玉灵　北京第二外国语学院旅游管理学院教授
罗兹柏　中国旅游未来研究会副会长，重庆旅游发展研究中心主任，教授
郑耀星　中国旅游协会理事，福建师范大学旅游学院教授、博士生导师
董观志　暨南大学旅游规划设计研究院副院长，教授、博士生导师
薛兵旺　武汉商学院旅游与酒店管理学院院长，教授
姜　红　上海商学院酒店管理学院院长，教授
舒伯阳　中南财经政法大学工商管理学院教授、博士生导师
朱运海　湖北文理学院资源环境与旅游学院副院长
罗伊玲　昆明学院旅游学院副教授
杨振之　四川大学中国休闲与旅游研究中心主任，四川大学旅游学院教授、博士生导师
黄安民　华侨大学城市建设与经济发展研究院常务副院长，教授
张胜男　首都师范大学资源环境与旅游学院教授
魏　卫　华南理工大学旅游管理系教授、博士生导师
毕斗斗　华南理工大学旅游管理系副教授
蒋　昕　湖北经济学院旅游与酒店管理学院副院长，副教授
窦志萍　昆明学院旅游学院教授，《旅游研究》杂志主编
李　玺　澳门城市大学国际旅游与管理学院执行副院长，教授、博士生导师
王春雷　上海对外经贸大学会展与传播学院院长，教授
朱　伟　天津农学院人文学院副院长，副教授
邓爱民　中南财经政法大学旅游发展研究院院长，教授、博士生导师
程丛喜　武汉轻工大学旅游管理系主任，教授
周　霄　武汉轻工大学旅游研究中心主任，副教授
黄其新　江汉大学商学院副院长，副教授
何　彪　海南大学旅游学院副院长，教授

普通高等学校"十四五"规划旅游管理类精品教材
教育部旅游管理专业本科综合改革试点项目配套规划教材

总主编 ◎ 马 勇

非物质文化遗产旅游体验与融合发展案例集

A Collection of Cases of Intangible Cultural Heritage Tourism Experience and Integrated Development

主　编 ◎ 肖　刚
副主编 ◎ 李向明　刘德军

华中科技大学出版社
http://press.hust.edu.cn
中国·武汉

内 容 提 要

坚持"以文塑旅、以旅彰文"原则,推动非物质文化遗产与旅游融合高质量发展。本案例集聚焦于非物质文化遗产旅游体验与融合发展主题,内容涵盖非物质文化遗产旅游开发模式、非物质文化遗产旅游体验质量的影响因素、非物质文化遗产旅游发展的空间格局、非物质文化遗产研学旅游产品设计与开发对策、非物质文化遗产形象对游客行为意向的影响机制、文旅融合视角下的非物质文化遗产保护性开发新路径六个方面,旨在丰富该主题案例教学,推动案例行业推广应用。

图书在版编目(CIP)数据

非物质文化遗产旅游体验与融合发展案例集/肖刚主编. —武汉:华中科技大学出版社,2023.9
ISBN 978-7-5772-0038-5

Ⅰ.①非… Ⅱ.①肖… Ⅲ.①非物质文化遗产-旅游资源开发-案例-中国 Ⅳ.①F592

中国国家版本馆CIP数据核字(2023)第188500号

非物质文化遗产旅游体验与融合发展案例集　　　　　　　　　　　　肖刚　主编
Feiwuzhi Wenhua Yichan Lüyou Tiyan yu Ronghe Fazhan Anliji

项目总策划:李　欢
策划编辑:李　欢　王雅琪
责任编辑:洪美员
封面设计:原色设计
责任校对:林宇婕
责任监印:周治超

出版发行:华中科技大学出版社(中国·武汉)　　电话:(027)81321913
　　　　　武汉市东湖新技术开发区华工科技园　　邮编:430223
录　　排:孙雅丽
印　　刷:武汉市籍缘印刷厂
开　　本:787mm×1092mm　1/16
印　　张:12
字　　数:260千字
版　　次:2023年9月第1版第1次印刷
定　　价:49.80元

本书若有印装质量问题,请向出版社营销中心调换
全国免费服务热线:400-6679-118　　竭诚为您服务
版权所有　侵权必究

编 委 会

主 编：

肖 刚（江西财经大学）

副主编：

李向明（江西财经大学）
刘德军（江西财经大学）

编委会成员：

王 硕（江西泰豪动漫职业学院）
余文荣（江西泰豪动漫职业学院）
胡朝霞（江西旅游商贸职业学院）
肖鸿芸（江西财经大学）
肖 欢（江西财经大学）
刘 雨（江西财经大学）
翁兰媖（江西财经大学）

总序
Introduction

伴随着我国社会和经济步入新发展阶段,我国的旅游业也进入转型升级与结构调整的重要时期。旅游业将在推动形成以国内经济大循环为主体、国内国际双循环相互促进的新发展格局中发挥出独特的作用。旅游业的大发展在客观上对我国高等旅游教育和人才培养提出了更高的要求,同时也希望高等旅游教育和人才培养能在促进我国旅游业高质量发展中发挥更大更好的作用。

《中国教育现代化2035》明确提出:推动高等教育内涵式发展,形成高水平人才培养体系。以"双一流"建设和"双万计划"的启动为标志,中国高等旅游教育发展进入新阶段。

这些新局面有力推动着我国高等旅游教育在"十四五"期间迈入发展新阶段,未来旅游业发展对各类中高级旅游人才的需求将十分旺盛。因此,出版一套把握时代新趋势、面向未来的高品质和高水准规划教材则成为我国高等旅游教育和人才培养的迫切需要。

基于此,在教育部高等学校旅游管理类专业教学指导委员会的大力支持和指导下,教育部直属的全国重点大学出版社——华中科技大学出版社——汇聚了一大批国内高水平旅游院校的国家教学名师、资深教授及中青年旅游学科带头人在成功组编出版了"普通高等院校旅游管理专业类'十三五'规划教材"的基础上,再次联合编撰出版"普通高等学校'十四五'规划旅游管理类精品教材"。本套教材从选题策划到成稿出版,从编写团队到出版团队,从主题选择到内容编排,均作出积极的创新和突破,具有以下特点:

一、基于新国标率先出版并不断沉淀和改版

教育部2018年颁布《普通高等学校本科专业类教学质量国家标准》后,

华中科技大学出版社特邀教育部高等学校旅游管理类专业教学指导委员会副主任、国家"万人计划"教学名师马勇教授担任总主编，同时邀请了全国近百所开设旅游管理类本科专业的高校知名教授、博导、学科带头人和一线骨干专业教师，以及旅游行业专家、海外专业师资联合编撰了"普通高等院校旅游管理专业类'十三五'规划教材"。该套教材紧扣新国标要点，融合数字科技新技术，配套立体化教学资源，于新国标颁布后在全国率先出版，被全国数百所高等学校选用后获得良好反响。编委会在出版后积极收集院校的一线教学反馈，紧扣行业新变化，吸纳新知识点，不断地对教材内容及配套教育资源进行更新升级。"普通高等学校'十四五'规划旅游管理类精品教材"正是在此基础上沉淀和提升编撰而成。《旅游接待业（第二版）》《旅游消费者行为（第二版）》《旅游目的地管理（第二版）》等核心课程优质规划教材陆续推出，以期为全国高等院校旅游专业创建国家级一流本科专业和国家级一流"金课"助力。

二、对标国家级一流本科课程进行高水平建设

本套教材积极研判"双万计划"对旅游管理类专业课程的建设要求，对标国家级一流本科课程的高水平建设，进行内容优化与编撰，以期促进广大旅游院校的教学高质量建设与特色化发展。其中《旅游规划与开发》《酒店管理概论》《酒店督导管理》等教材已成为教育部授予的首批国家级一流本科"金课"配套教材。《节事活动策划与管理》等教材获得国家级和省级教学类奖项。

三、全面配套教学资源，打造立体化互动教材

华中科技大学出版社为本套教材建设了内容全面的线上教材课程资源服务平台：在横向资源配套上，提供全系列教学计划书、教学课件、习题库、案例库、参考答案、教学视频等配套教学资源；在纵向资源开发上，构建了覆盖课程开发、习题管理、学生评论、班级管理等集开发、使用、管理、评价于一体的教学生态链，打造了线上线下、课堂课外的新形态立体化互动教材。

在旅游教育发展的新时代，主编出版一套高质量规划教材是一项重要的教学出版工程，更是一份重要的责任。本套教材在组织策划及编写出版过程中，得到了全国广大院校旅游管理类专家教授、企业精英，以及华中科技大学出版社的大力支持，在此一并致谢！衷心希望本套教材能够为全国高等院校的旅游学界、业界和对旅游知识充满渴望的社会大众带来真正的精神和知识营养，为我国旅游教育教材建设贡献力量，也希望并诚挚邀请更多高等院校旅游管理专业的学者加入我们的编者和读者队伍，为我们共同的事业——我国高等旅游教育高质量发展——而奋斗！

总主编

2021年7月

前言
Preface

习近平总书记指出,中华优秀传统文化是中华民族的"根"和"魂",是中华儿女共有的精神家园。丰富多彩的非物质文化遗产是优秀传统文化的重要组成部分,是我国各族人民宝贵的精神财富。坚持"以文塑旅、以旅彰文"的原则,贯彻"见人、见物、见生活"的理念,推动非物质文化遗产与旅游融合发展,这不仅是非物质文化遗产实现创造性转化、创新性发展的重要路径,也是落实文化和旅游新发展理念,进一步深度挖掘非物质文化遗产资源的当代表达方式。提高非物质文化遗产传承实践水平,提升旅游文化品质,发挥旅游业的独特优势,为非物质文化遗产保护传承注入创新动力,实现非物质文化遗产与旅游融合高质量发展。

本案例集是江西财经大学工商管理学院旅游管理本科和硕士人才培养与非物质文化遗产旅游发展研究紧密对接的重要成果。本案例集选取肖刚及部分学生的论文结集出版,聚焦于非物质文化遗产旅游体验与融合发展主题,内容涵盖非物质文化遗产旅游体验开发模式、非物质文化遗产旅游体验质量的影响因素、非物质文化遗产旅游发展的空间格局、非物质文化遗产研学旅游产品设计与开发对策、非物质文化遗产形象对游客行为意向的影响机制、文旅融合视角的婺源非物质文化遗产保护性开发对策等,对促进非物质文化遗产旅游体验与融合发展具有重要的案例教学和行业应用价值。

本案例集由江西财经大学工商管理学院肖刚副教授主编,并负责统稿审核,旅游管理系教师和学生参与编写,具体分工如下:第一章(肖刚),第二章(王硕、肖刚),第三章(肖鸿芸、肖欢、翁兰媖、肖刚),第四章(刘雨、肖刚),第五章(胡朝霞、刘德军),第六章(余文荣、李向明)。本案例集可作为旅游管理专业研究生、本科生"非物质文化遗产旅游""文化遗产旅游""旅游目的地管理""旅游规划与开发"等课程的教学参考案例,也可供旅游规划设计机构、文旅行政主管部门、文旅行业企业和相关从业人员学习参考。

  在编写过程中,本案例集参阅并借鉴了大量国内外专家与学者的相关最新成果,在此,向他们表示诚挚的谢意!由于编者水平有限,书中难免有疏漏之处,敬请广大读者批评指正。

肖刚

2023 年 8 月 28 日

于江西财经大学麦庐园

工商管理学院

目录
Contents

第一章 创新体验经济视角下的非遗旅游开发模式：RMTEP /001

第一节 案例背景 /001
 一、非物质文化遗产的保护吸引世界关注 /001
 二、中国对非物质文化遗产保护的关注度日益升温 /001
 三、非物质文化遗产的保护与旅游开发可以获得双赢 /002
 四、非物质文化遗产旅游开发与体验经济时代下的
  旅游者消费模式产生错位 /002

第二节 RMTEP 开发模式的理论基础 /003
 一、体验经济理论 /003
 二、RMP（昂谱）分析理论 /004
 三、非遗的特征与旅游价值 /005
 四、旅游人类学 /007

第三节 RMTEP 开发模式的耦合性分析 /008
 一、开发存在的问题 /008
 二、开发耦合动因 /009
 三、开发耦合创新 /010
 四、开发耦合功能 /011

第四节 RMTEP 开发模式的构建 /013
 一、构建原则 /013
 二、构建内容 /014
 三、构建保障 /024

第五节　RMTEP 开发模式应用——江西婺源　　　　　　　/025
　　一、区域概况　　　　　　　　　　　　　　　　　　　/025
　　二、开发条件分析　　　　　　　　　　　　　　　　　/026
　　三、RMTEP 开发模式应用　　　　　　　　　　　　　 /027

第二章　非遗旅游体验质量的影响因素：婺源篁岭实践　/036

第一节　案例背景　　　　　　　　　　　　　　　　　　/036
　　一、国家高度重视非遗保护工作　　　　　　　　　　/036
　　二、江西全力推动非遗保护工作　　　　　　　　　　/036
　　三、婺源全面落实非遗保护与旅游开发工作　　　　　/037
　　四、篁岭非遗与旅游融合推进景区高品质发展　　　　/037

第二节　案例研究理论　　　　　　　　　　　　　　　　/037
　　一、旅游体验理论　　　　　　　　　　　　　　　　/037
　　二、游客满意度理论　　　　　　　　　　　　　　　/039
　　三、非遗保护理论　　　　　　　　　　　　　　　　/040

第三节　案例地发展现状　　　　　　　　　　　　　　　/041
　　一、景区发展演变　　　　　　　　　　　　　　　　/041
　　二、景区非遗旅游发展　　　　　　　　　　　　　　/042
　　三、景区非遗旅游资源　　　　　　　　　　　　　　/042

第四节　案例地研究模型构建与问卷设计分析　　　　　　/042
　　一、模型构建　　　　　　　　　　　　　　　　　　/042
　　二、研究假设　　　　　　　　　　　　　　　　　　/043
　　三、问卷设计　　　　　　　　　　　　　　　　　　/045
　　四、问卷分析　　　　　　　　　　　　　　　　　　/046

第五节　案例地实证分析　　　　　　　　　　　　　　　/055
　　一、建立结构方程模型　　　　　　　　　　　　　　/055
　　二、检验结构方程模型　　　　　　　　　　　　　　/056
　　三、结构方程模型检验结果　　　　　　　　　　　　/057
　　四、结构方程模型中介效应分析　　　　　　　　　　/059

第六节　案例地政策启示　　　　　　　　　　　　　　　/059
　　一、宏观开发对策　　　　　　　　　　　　　　　　/060
　　二、微观优化建议　　　　　　　　　　　　　　　　/061

第三章　重点区域非遗旅游发展空间格局与政策启示　/066

第一节　案例地：长江经济带　　　　　　　　　　　　　　/066
　　一、案例背景　　　　　　　　　　　　　　　　　　　／066
　　二、案例研究理论　　　　　　　　　　　　　　　　　／067
　　三、案例地发展现状　　　　　　　　　　　　　　　　／067
　　四、案例地发展空间分布差异与特征　　　　　　　　　／069
　　五、案例地发展政策启示　　　　　　　　　　　　　　／077

第二节　案例地："一带一路"沿线省域　　　　　　　　　　／078
　　一、案例背景　　　　　　　　　　　　　　　　　　　／078
　　二、案例研究理论　　　　　　　　　　　　　　　　　／078
　　三、案例地发展现状　　　　　　　　　　　　　　　　／079
　　四、案例地发展空间分布差异与特征　　　　　　　　　／080
　　五、案例地发展空间分布差异影响因素　　　　　　　　／086
　　六、案例地发展对策建议　　　　　　　　　　　　　　／090

第三节　案例地：江西省　　　　　　　　　　　　　　　　／091
　　一、案例背景　　　　　　　　　　　　　　　　　　　／091
　　二、案例研究理论　　　　　　　　　　　　　　　　　／092
　　三、案例地发展现状　　　　　　　　　　　　　　　　／092
　　四、案例地发展空间分布特征　　　　　　　　　　　　／094
　　五、案例地发展策略启示　　　　　　　　　　　　　　／100

第四章　非遗形象影响游客行为意向的机制：景德镇手工制瓷技艺　/103

第一节　案例背景　　　　　　　　　　　　　　　　　　　／103
　　一、发展手工制瓷技艺推动景德镇非遗保护与传承　　　／103
　　二、非遗旅游与游客行为意向研究的耦合　　　　　　　／103

第二节　案例研究理论　　　　　　　　　　　　　　　　　／104
　　一、体验价值　　　　　　　　　　　　　　　　　　　／104
　　二、游客行为意向　　　　　　　　　　　　　　　　　／106

第三节　案例地研究模型构建与量表设计　　　　　　　　　／107
　　一、模型构建与研究假设　　　　　　　　　　　　　　／107
　　二、量表设计与变量测量　　　　　　　　　　　　　　／108

第四节　案例地游客行为意向影响机制剖析　　　　　　/111
　　一、数据收集　　　　　　　　　　　　　　　　　/111
　　二、信度和效度预分析　　　　　　　　　　　　　/115
　　三、样本验证性因子分析　　　　　　　　　　　　/119
　　四、研究假设检验　　　　　　　　　　　　　　　/122

第五节　案例地发展对策启示　　　　　　　　　　　　/123
　　一、加强非遗旅游的顶层设计　　　　　　　　　　/123
　　二、提升景德镇非遗文化形象　　　　　　　　　　/124
　　三、提高非遗旅游活化经济效益　　　　　　　　　/125

第五章　非遗与研学融合：林生茶庄产品设计与开发　/127

第一节　案例背景　　　　　　　　　　　　　　　　　/127
　　一、研学旅游是丰富旅游消费的新业态　　　　　　/127
　　二、非遗是研学旅游发展的重要资源　　　　　　　/127
　　三、非遗与研学旅游融合促进旅游产业高质量发展　/128

第二节　案例研究理论　　　　　　　　　　　　　　　/128
　　一、研学旅游发展历程　　　　　　　　　　　　　/128
　　二、非遗与研学旅游融合　　　　　　　　　　　　/128

第三节　非遗研学旅游产品设计内容　　　　　　　　　/129
　　一、设计原则　　　　　　　　　　　　　　　　　/129
　　二、产品设计　　　　　　　　　　　　　　　　　/130
　　三、课程设计　　　　　　　　　　　　　　　　　/131

第四节　案例地研究：婺源林生茶庄　　　　　　　　　/132
　　一、绿茶制作技艺概况　　　　　　　　　　　　　/132
　　二、林生茶庄研学旅游基地　　　　　　　　　　　/133
　　三、设计内容　　　　　　　　　　　　　　　　　/134
　　四、非遗研学旅游课程的特征与功能　　　　　　　/136

第五节　案例地发展对策　　　　　　　　　　　　　　/137
　　一、丰富研学旅游产品种类　　　　　　　　　　　/137
　　二、加强研学旅游课程体验　　　　　　　　　　　/138
　　三、打造研学旅游主题群课程　　　　　　　　　　/138

第六章 非遗保护性开发新路径：婺源文旅融合新视角 /140

第一节 案例背景 /140
一、文化与旅游融合趋势日益突显 /140
二、非物质文化遗产旅游加速发展 /140
三、婺源非物质文化遗产发展需要 /141

第二节 案例研究理论 /141
一、产业融合理论 /141
二、系统耦合理论 /142
三、可持续发展理论 /142
四、文旅融合发展理论 /142

第三节 案例地发展现状 /143
一、区域概况 /143
二、非遗旅游发展分析 /144
三、非遗旅游SWOT分析 /145
四、非遗旅游开发模式 /147

第四节 案例地旅游开发价值与感知分析 /149
一、开发价值评价 /149
二、开发感知分析 /156

第五节 案例地旅游开发启示 /166
一、开发原则 /166
二、开发对策 /168

参考文献 /174

第一章
创新体验经济视角下的非遗旅游开发模式:RMTEP

第一节 案例背景

一、非物质文化遗产的保护吸引世界关注

非物质文化遗产是一个国家和民族现存的文化记忆以及区别于其他国家、民族的独特的发展标识。随着全球化趋势和工业化进程的加快,非物质文化遗产及其生存环境受到严重威胁,许多优秀的非物质文化遗产后继乏人,面临失传的危险,大量珍贵实物资料难以得到妥善保护,流失现象十分严重。因此,加强非物质文化遗产的保护极为重要。20世纪80年代以来,联合国教科文组织以及世界各国对非物质文化遗产给予了极大的关注,相继出台了一系列文件来规范非物质文化遗产的名称、概念及范围。1989年,联合国教科文组织通过了《保护民间创作建议案》,在非物质文化遗产保护领域迈出了第一步,成为国际非物质文化遗产保护领域的第一份正式官方文件。1999年联合国教科文组织第30届大会决定设立《人类口头和非物质遗产代表作名录》。2003年,联合国教科文组织第32届大会通过了《非物质文化遗产保护公约》。截至2022年12月,联合国教科文组织非物质文化遗产名录(名册)项目共计667个,涉及140个国家。世界各国对非物质文化遗产的研究日益增加。

二、中国对非物质文化遗产保护的关注度日益升温

自从中国的昆曲高票入选首批世界级人类口头和非物质遗产代表作名录,此后,古琴艺术、中国新疆维吾尔木卡姆艺术和蒙古族长调民歌四项遗产也相继列入代表作。党的十八大以来,习近平总书记在不同场合多次谈到非物质文化遗产的保护与传承,尤其是对非物质文化遗产保护工作作出重要指示强调,"中国传统制茶技艺及其相关习俗"列入联合国教科文组织人类非物质文化遗产代表作名录,对于弘扬中国茶文化很有意义。要扎实做好非物质文化遗产的系统性保护,更好满足人民日益增长的精神文化需求,推进文化自信自强。要推动中华优秀传统文化创造性转化、创新性发展,

不断增强中华民族凝聚力和中华文化影响力,深化文明交流互鉴,讲好中华优秀传统文化故事,推动中华文化更好走向世界。这充分表明中央领导对非物质文化遗产保护的重视和关心,非物质文化遗产受到了越来越多的关注。2021年8月,中共中央办公厅 国务院办公厅印发《关于进一步加强非物质文化遗产保护工作的意见》,明确了全面贯彻以习近平同志为核心的党中央关于非物质文化遗产保护的决策部署,准确把握新时代非物质文化遗产保护的历史方位和重大意义,充分吸纳和体现近年来非物质文化遗产保护形成的一系列行之有效的经验和做法,从坚定文化自信、实现中华民族伟大复兴中国梦的全局和战略高度,明确提出当前和今后一段时期非物质文化遗产保护的总体目标和主要任务,是做好新时代非物质文化遗产保护工作的纲领性文件。截至2022年12月,中国列入联合国教科文组织非物质文化遗产名录(名册)的项目共计43项,总数位居世界第一。目前,我国国家、省、市、县四级非物质文化遗产名录体系已经形成。媒体不断地报道、专家深入地研究和旅游企业参与其中,使得非物质文化遗产得到民众极大的关注。

三、非物质文化遗产的保护与旅游开发可以获得双赢

随着非物质文化遗产引起政府、企业和民众的关注,各方利益相关者都介入其中,自然引起了非物质文化遗产保护与利用的问题,特别是围绕保护与旅游开发展开了激烈争论。经过专家深入研究和旅游开发的实践证明,非物质文化遗产适度旅游开发可以为保护非遗①提供资金支持,为更好地保护与传承增加了另外一种途径。加强非物质文化遗产保护,充分利用其价值,可以为旅游开发带来极大的经济效益,如《印象·刘三姐》《禅宗少林·音乐大典》已然成为非物质文化遗产转型为旅游产品的重要典范,由此带来了巨大的市场扩散效应,繁荣了文化产业。因此,非物质文化遗产的保护与旅游开发可以获得双赢。

四、非物质文化遗产旅游开发与体验经济时代下的旅游者消费模式产生错位

当前,许多旅游企业参与到非物质文化遗产旅游产品开发中来,许多景区的非物质文化遗产旅游资源成为重要的旅游吸引物,吸引了不少游客前来旅游,为旅游企业也带来可观的经济收入。但是当前的非物质文化遗产旅游开发模式以静态展示居多,以此开展的旅游活动参与性不强,游客被动地观看,旅游产品还停留在观光的低层次上。随着体验经济时代的到来,游客消费模式从被动观光逐渐转变为主动参与,非物质文化遗产旅游产品开发模式与现代旅游者消费模式产生了错位。因此,旅游景区要满足游客参与性、个性化和多样化的消费需求,可以尝试以体验经济的思路来指导旅游规划与旅游产品开发,深入挖掘文化内涵,实行旅游产品结构调整,从而增强旅游产品的体验性,使游客对旅游体验难以忘怀。

---

① "非物质文化遗产"简称"非遗",后面出现类似称呼不再注释。

第二节　RMTEP开发模式的理论基础

一、体验经济理论

体验经济(Experience Economy)由约瑟夫·派恩和詹姆斯·吉尔摩首次提出,他们在所著的《体验经济》一书中指出体验经济的内涵:企业以服务为舞台,以商品为道具,以消费者为中心,创造能够使消费者参与、值得消费者回忆的活动。书中同时阐述,通常企业只有三种经济提供物,即产品、商品或服务,体验是新经济时代的企业应该拥有的第四种提供物。体验是指个人以个性化的方式参与事件。体验经济理论认为,体验也是一种经济提供物,可以通过双方交易来获得经济利益。消费者在参与的过程中,获得了美好的、独特的体验,也为此付出了相关的费用。体验经济顺应了对人们个性的尊重,具有满足E时代消费者消费的个性化、参与性和多元化的消费特征。

在《体验经济》一书中,派恩与吉尔摩根据参与的主动性与投入程度,将旅游体验划分为娱乐型体验、教育型体验、逃避型体验和审美型体验4种类型,认为每个旅游者的旅游经历都是以上4类体验的不同程度结合。4类体验的中心集合点就是美好的甜蜜地带(Sweet Spot),在这个地带,活动对象达到一种"畅爽"境界(见图1-1)。体验经济理论的提出,启发了人们对旅游的本质特征进行再认识。旅游本质上是向游客提供一种离开惯常居住地的新鲜经历,一种以一定的物质条件为依托的服务。旅游就是异地体验,旅游经济就是人们去异地体验的全过程中的服务经济。著名旅游学家Prentice和Witt综合多家观点,归纳出研究旅游体验的5种理论:体验等级(Experience Criterion)理论、体验标准(Experience Crandes)理论、目标行为(Goal Behavior)理论、体验类型(Experience Types)理论、局内—局外人(Insider-Outsider)理论。

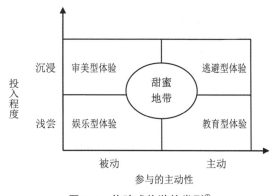

图1-1　体验式旅游的类型[①]

[①]B Joseph Pine, James H Gilmore. Welcome to the Experience Economy [J]. Harvard Business Review, 1998 (7-8).

二、RMP(昂谱)分析理论

随着全国各地旅游开发与规划不断地进行,旅游开发和旅游产品结构存在许多的不合理,如区域旅游开发中,存在旅游产品结构性过剩、有效需求不足等现象。旅游学者吴必虎提出了关于旅游产品开发的系统理论——RMP(昂谱)分析理论(见图1-2)。该理论指在区域旅游开发中以旅游产品为中心,进行 R 性分析(Resources Analysis)和 M 性分析(Market Analysis),并以此为基础进行 P 性分析(Product Analysis),最终提出旅游开发应以旅游产品为核心内容。这既体现地方资源特色,又符合市场需求的创新性旅游产品的旅游规划理论框架。

RMP(昂谱)分析模式是一种以产品为中心的旅游规划模式,将这一理论运用于非物质文化遗产旅游产品开发具有重大的现实意义。一方面,该理论既考虑了旅游基础性分析,即对旅游资源和旅游市场的分析,同时兼顾了对旅游产品创新环境的分析,非物质文化遗产的旅游产品开发需要旅游资源条件、客源市场条件以及旅游产品的竞争条件作为后盾,才能保证非物质文化遗产旅游产品可持续发展,三者缺一不可。另一方面,该理论注重构建旅游产品的理念系统,有助于提高产品的知名度。

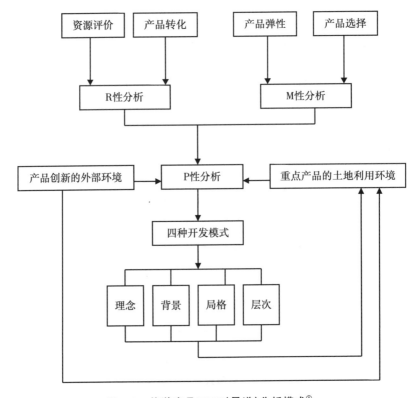

图1-2 旅游产品 RMP(昂谱)分析模式①

---

① 吴必虎.区域旅游规划原理[M].北京:中国旅游出版社,2001.

三、非遗的特征与旅游价值

(一)特征

非物质文化遗产虽涉及的种类繁多、内容广泛,但其有自己的特殊性。无论是从其起源地或发展地,还是从传承方式或表达方式上来看,非物质文化遗产无不与当地的文化生态环境息息相关,这些相关要素紧密联系,才构成了非物质文化遗产不断地一代一代地传承。因此,要保护好非物质文化遗产,就要研究其特殊性;要开发非物质文化遗产,就必须要深入认识其特征。

1. 传承性

非物质文化遗产的传承性,是指其具有被人类集体、群体或个体一代接一代享用、继承或发展的性质,这是由其本质所决定的。非物质文化遗产的传承从其传承人到其载体,从其生存环境到其传播方式,都必须是特定的人、独特的地点和特别的事物。

2. 活态性

非物质文化遗产源于民间,它传达了人们在生产和生活中的喜、怒、哀、乐,也反映出非物质文化遗产所在地人们的精神价值、生活习俗、思维方式和价值观。特定的价值观、生存形态以及变化品格,造就了非物质文化遗产的活态性特性。

3. 社会性

非物质文化遗产的创造和发展离不开人类社会,集中体现了人们的创造能力、认知能力和群体认同感,同时也是人们在生活与生产过程中活动的重要内容。学者贺学君认为,非物质文化遗产的社会性包括过程性、价值连贯性、多元性、综合性的特点。

4. 独特性

非物质文化遗产与其他遗产相比,具有独特性,主要体现在国家、民族或地域的独特上,这些国家、民族或地域的人们通过自己的创造,形成其独特的行为方式、生产方式、生产工艺、生活习俗和日常礼仪。非物质文化遗产不仅具有独特性、唯一性和不可再造性,而且间接反映了人们内心的情感和价值观。

5. 大众性

非物质文化遗产的大众性体现在其表现形式是人们生活和生产的缩影,是大众从社会实践中创造的,充分体现了广大群众的精神面貌、内心情感和世界观。非物质文化遗产的大众性与人们的生活环境息息相关,这是由于非物质文化遗产的创造来源于当地的环境,与当地人们的语言、生活习性、所属民族和生活地域有着密切联系。

6. 地域性

非物质文化遗产的地域性是指从其分布地域来看,某项非物质文化遗产都独属于特定的村、乡(镇)、县或更大的区域,也只有在此地才能真正表现出该项非物质文化遗产的独特之处。同时,这个地域的人们都有自己特定的行为方式、生活习惯、文化传承和宗教信仰,这也形成了该地域的特色,体现了其地域性。

7. 生态性

由于非物质文化遗产来源于特定国家、民族、地域、社区,具有鲜明的独特性、地域性,并与此地的自然环境、文化传统和文化生态环境有紧密联系,因此,非物质文化遗产要传承并发展,必须与当地的自然生态环境、社会生态环境和文化生态环境相适应。

8. 变异性

非物质文化遗产从形成来看,是人们在生活与生产过程中逐步形成的,其形成过程相当漫长,有很强的地域特点。从传播来看,它是通过老百姓之间彼此交流、相互学习、手把手传授等多种途径流传的。传播过程中,它虽可能会有所变异,但这并不会影响非物质文化遗产本身的传承,因为其来源于民间的生活与生产实践,并会对人们的精神和物质生活产生有益的影响。

(二)旅游价值

非物质文化遗产是从某一地区、某一民族深厚的传统文化、悠久的历史发展过程中,历经岁月沧桑,保存、流传下来的,反映了历史文化传统和文化变迁。这构成了非物质文化遗产潜在的旅游价值。具体来说,非物质文化遗产作为一种旅游资源,它的旅游价值主要体现在以下几点。

1. 审美价值

非物质文化遗产保存较好,且特色鲜明,这是进行非物质文化遗产旅游开发的物质形态基础。非物质文化遗产中的传统工艺品、表演艺术等,是历史上不同时代、不同民族人民劳动和智慧的结晶,展示着各民族的生活风貌、艺术创造力和审美情趣。例如,有的民族服饰做工精细,具有浓厚的地方风格和鲜明的特色,具有很高的审美价值。

2. 历史价值

非物质文化遗产大多历史悠久,承载着丰富的历史,是流传下来的历史财富。许多非物质文化遗产由于远离都市,处于相对封闭的环境而得以比较完整地保留下来,如民风民俗、方言习语、节庆庙会等。这为地方史、专门史、社会史、经济史、文化史等的研究提供了更加详细的资料,对于认识研究人类社会发展变迁的历史轨迹具有重要的参考价值。同时,这种旅游资源对旅游者来说具有相当大的吸引力,旅游者通过旅游可以从中动态地认识历史、了解历史。

3. 文化价值

非物质文化遗产是鲜活的文化,具有原生态的文化基因。非物质文化遗产旅游资源的存在价值是以当地原生状态的文化形态而出现的。挖掘非物质文化遗产资源的文化内涵、探究其文化价值是非物质文化遗产旅游向深层次开发的需求,它能使游客更好地了解非物质文化遗产,掌握当地独具特色的历史文化发展踪迹,从而达到提升非物质文化遗产旅游文化品位,开阔人们的视野,增长人们的知识的良好效果。

4. 科考价值

非物质文化遗产作为历史的产物,是对历史上不同时期生产力发展状况、科学技术发展程度、人类创造能力和认识水平的原生态保留和反映,是后人获取科技信息的源泉。非物质文化遗产有着不同的发展历史,经过千百年的沉淀传承又相对完整地保留着,为考古学家、历史学家、民俗学家、剧作家等提供了考察研究的范本。这些来自不同专业领域的专家学者、艺术家是非物质文化遗产旅游客源市场中的一个重要组成部分。同时,他们的学术研究和艺术创作成果又反过来宣传和推介了非物质文化遗产,扩大了非物质文化遗产的影响和知名度,使得该地逐渐被旅游者所接受,从而成为具有吸引力的旅游目的地。因此,可以这样说,非物质文化遗产的科考价值对当地旅游的发展和深层次开发起到了重要作用。

5. 教育价值

非物质文化遗产中包含了丰富的历史知识、科学知识、艺术精品的资源,是教育的重要知识来源。旅游者前往当地旅游,能身临其境、进一步详细了解旅游地的非物质文化遗产,增加对非物质文化遗产历史和发展的认识,从而起到教育的作用。

6. 经济价值

非物质文化遗产由于具有原生态的文化特征,所以蕴涵着巨大的经济价值。真实地展演旅游地的民间艺术,开发其民俗文化,能更好地提高旅游地的知名度。与此同时,对传统工艺品进行重新设计,将其包装成旅游产品,旅游者购买当地的旅游产品,能对当地产生巨大的经济效益,从而促进当地经济增长。

四、旅游人类学

旅游人类学是把人类学的理论与旅游学融合在一起而形成的一门新兴的应用科学,即将人类学中的人类地理分布、人类生态环境、体质人类学、考古学、语言人类学和文化人类学等应用于旅游学研究。其研究内容包括:将不同人群或民族特有的生产、生活方式加以保护,并作为一种人文旅游资源予以开发和利用。开发人文旅游资源对旅游目的地的政治、经济、文化各方面的冲击和影响,如何处理不同地区、民族的从业人员、游客及当地居民之间的互动关系,安排具有特色的旅游活动等,与旅游的六要素紧密相联系。旅游人类学的研究方法常用的是田野工作参与观察——民族志(Ethnography)的方法。从旅游人类学理论来看,旅游资源开发并不局限于物质环境的规划设计,更要关心旅游地各方利益,特别是要将旅游地相关者的特性、各类活动、文化生态环境和社会环境融入旅游开发中。非物质文化遗产作为特殊且重要的旅游资源,首先要强调对其保护性的利用,而且要掌握度。因此,在非物质文化遗产旅游开发中,要以旅游人类学作为指导。

第三节　RMTEP开发模式的耦合性分析

一、开发存在的问题

(一)文化内涵深度挖掘不够

我国非物质文化遗产种类繁多、内容丰富、特点明显,具有深厚的历史积淀、丰富的精神内涵,从多方面体现了中国传统文化精神。在旅游资源开发中,也应该充分展示其深厚文化内涵。但是,许多地方只是一味地展示非物质文化遗产的表面"物质化"东西,游客只知遗产物,不知其所承载的文化内涵。非物质文化遗产旅游资源的开发存在简单化、庸俗化、雷同化的倾向,没有深入挖掘遗产独特的文化内涵;非遗旅游产品开发功能单一,文化衍生产品少,产品功能以观光为主。这必然导致游客的满意度下降,重游概率较小,也影响当地非物质文化遗产旅游开发的可持续发展。如青岛的田横祭海节文化内涵丰富,至今已有500多年的历史,然而每年的节庆活动基本上都停留在赶大集、唱大戏、祭祀典礼等形式,节庆本身对传统民俗文化的体现不够立体和细致,文化韵味不足。游客仅仅能看到诸如大炮仗、唱大戏等表面现象,而对现象所包含的具体内容不理解,这大大降低了节庆活动对游客的吸引力,最终导致非遗旅游产品本来突出的特色变得不明显,从而降低了旅游产品的竞争力。

(二)旅游产品互动性不强

随着人们可支配收入不断地提高,游客消费需求更加多样化、个性化、主动化,在旅游资源转化为旅游产品的过程中,要更注重满足游客求新、求奇、求异的需求特点。非遗旅游资源具有深厚的历史积淀和文化内涵,游客只有亲身参与其中,才能在旅游中真正满足其预期愿望。这就要求在非遗旅游产品开发中多加入体验性要素,特别是增强游客参与性,使游客在娱乐中获得知识与受到教育,在轻松中愉悦心情并满足情感需求。然而,我国的非遗旅游产品开发,大部分是博物馆式的陈列、展示,以及传承人在表演,且很多传承人的表演也只是一味地展示其操作、技艺,游客并不能知道非遗文化的内涵与历史来源。此外,一些景区解说系统不完善,使得游客兴趣大减,这必然会降低非遗旅游的吸引力。有些有导游的讲解,也存在导游讲解随意性强、游客文化素质参差不齐等问题,使得非遗旅游给游客的是过于呆板、过于僵化、过于无趣的旅游形象。游客在非遗地旅游一般都是观赏的游者,很难满足游客对非遗求知、求愉、求奇、参与体验的愿望。

(三)沉浸式体验型产品不足

21世纪属于体验经济的世纪。体验经济主要是指企业通过为消费者提供与其商品相关的体验而获得利润,与此同时,消费者通过付费而获得娱乐、知识、想象力以及值得记忆的体验。后现代旅游者追求的是"参与体验满足个性需要的旅游经历",希望获得"我喜欢的"或"单独为我定制的"产品与服务,从而使自身的个性化需要得到最大限度的满足。当前,我国多数非遗旅游产品结构单一,以观光游览为主,多数旅游产品处于静态展示低层次,即便有游客体验类项目,参与互动性也不高,游客只是走马观花式地游览,停留在"到此一游"的记忆。旅游景区产品的本质应该为游客设计完美的舞台,让游客成为演员在此充分表现,从而获得难忘的体验。同时,旅游产品应主动适应旅游者的体验需求,提高产品的娱乐性、教育性、审美性和情感需求,使游客能身临其中,忘我地参与体验,成为真正的演员,从而获得独特、难以忘怀的体验。

(四)资源开发系统整合不够

旅游资源开发是提高非物质文化遗产资源吸引力,深入挖掘其文化价值、历史价值、科学价值、教育价值和经济价值的必要方式,同时也是在原真性保护下推动非物质文化遗产可持续发展的有力措施,适度合理的开发是非遗旅游资源开发的前提条件。当前,大部分非遗旅游开发只是单纯就非遗本身而开发,没有考虑到非遗生存的自然、社会、地域甚至民族环境,这样势必会导致对非遗的保护和传承不够,非遗的原真性受到威胁。由于旅游开发是系统性的经济技术活动过程,只有系统协调、整体推进并不断地整合相关资源,才能达到经济、环境、社会效益的和谐统一。再者,景区资源种类繁多,强调个性化旅游产品固然重要,能突出景区特色和旅游资源吸引力,可是非遗的载体是人、文化生态环境和文化空间,这是非遗旅游资源的重要特征,仅单个开发非遗旅游产品,也可以获得经济效益。但从旅游产品深层开发来说,旅游产品结构单一,旅游产品要素附加值不高;从景区旅游资源可持续开发来说,景区资源与非遗系统的整合开发,可以获得更大的经济效益与社会效益。有的非遗是跨地域的(如傩舞),如果要进行旅游开发,还应该进行区域合作,才能形成持续的旅游效应。

二、开发耦合动因

(一)体验性和审美性

体验经济认为,顾客消费的是一个"过程产品",当过程结束时,顾客留下难以忘怀并可能长久保存这一过程的"体验",就是让顾客参与消费产品过程中留下难忘的、美好的、持久的记忆。审美是一种主观的心理活动,是人们根据自身对某事物的要求而产生的一种对事物的看法,审美的范围包括建筑、音乐、舞蹈、服饰、陶艺、饮食、装饰、绘画等。如走在路上,街边的风景就需要我们去审美;坐在餐馆,各式菜肴需要我们去审美等。由此可知,体验的审美愉悦可以完全是自然的,体验包含审美心理活动过程。体验的审美存在于我们生活的各个角落,体验经济本身就包含体验性和审美性的特点。非物质文化遗产本身涵盖了相当多的内容,涉及传统工艺、民族服饰、表演艺术和民间文学等,具有极高的艺术价值、审美价值,也展示了一个民族的生活风貌、审美情趣。非物质文化遗产由于本身具有极高的审美价值,作为旅游资源同样也具有美学特征和审美价值,具有可观赏性。游客去非物质文化遗产地旅游就是亲身体验与居住地不同的人文环境,再则旅游的本质就是体验的过程,追求愉悦和美好为目的的审美过程也是旅游本质的一个方面。因此,体验经济与非物质文化遗产旅游都具有体验性和审美性的特点。

(二)娱乐性和教育性

约瑟夫·派恩和詹姆斯·吉尔摩在《体验经济》中,把体验分成了4个部分——娱乐(Entertainment)、教育(Education)、逃避现实(Escape)和审美(Estheticism)。其中,娱乐体验是消费者被动地通过感觉吸收体验,如观看电影、听音乐和网上冲浪等。教育体验是消费者更多地积极参与、扩展知识,同时消化吸收已有的信息,如户外教学、修学游、文化旅游等。由此可以看出体验经济内涵的体验性和娱乐性。

教育价值是非物质文化遗产本身所具备的价值之一,由于非物质文化遗产包含了丰富的历史文化知识、科学知识、大量的文化艺术精品和手工艺品制作知识,这是教育的重要知识来源。旅游者去非物质文化遗产地旅游,会被其蕴藏的科学知识、深厚的文化底蕴、高超的手工制作技术等吸引。Beeho和Prentice在对遗产地旅游者的旅游体验调查中发现,游客主要获得了有益的学习体验,同时也获得了情感和思想上的体验。非物质文化遗产中的民间歌舞、节庆节事等存在不同程度的娱乐性,这些非物质文化遗产作为旅游资源开发后,旅游者到非遗地旅游时会被其吸引,旅游者在观看民间舞蹈时,随着活动的持续进行,会不断地被周围氛围所感染,会情不自禁地参与到歌舞中去,从而获得了身心的愉悦,留下了难以忘却的记忆。体验经济与非物质文化遗产旅游开发的相互配合,可以增强旅游产品的吸引力,满足游客多样化和体验性需求。

三、开发耦合创新

(一)旅游产品突出互动性体验

在体验经济时代,在体验景区规划和非物质文化遗产有形利用转化成旅游产品过程中,既要注重旅游企业与游客之间的互动,又要调动游客之间的互动,特别在开发设计旅游产品时,要强调易操作、易参与。同时,开发旅游产品也要突出游客的差异性与多样化的需求,要融入审美和愉悦等精神情感要素来丰富产品结构,提高产品档次,把体验景区的体验物塑造成人无我有、人有我优、人优我独,这样可以在大众化旅游时代的旅游产品中增强旅游企业的产品核心竞争力,获得更好的经济效益。互动式体验旅游产品可真正实现游客从"眼睛旅游"到"全身旅游",改变以前"走马观花"式、"急行军"式的观光旅游模式。如在开发陶瓷的手工制作技艺时,不只是传承人自己在那里不断地表演制作过程,而应该设计一个专门区域供游客来现场参与制作,完成自己的作品,可由传承人当场传授。这样游客不仅满足了参与的心理需求,还可以获得自己制作的旅游纪念品,学到了陶瓷制作技艺方面的知识。游客亲自体验参与项目,可以增强与景点景物的感情联系,有助于提高旅游体验的质量和效果。而且,游客参与的程度越高,所涉及的感官越多,体验的质量和效果越显著。

(二)旅游产品塑造情景体验

进入体验经济时代后,人类的体验需求是多样化的。面对这些多样化体验的消费需求,旅游企业要给游客创造出令其难忘的旅游体验,在景区非物质文化遗产项目的设计上,可以从视觉、听觉、味觉、触觉的直接体验和旅游的吃、住、行、娱、购、游等相关要素来考虑;可以从主题提炼与体验线索设计、场景设计和体验氛围营造、意象塑造与体验意象设计等方面探讨旅游产品的体验设计;通过寓教于乐、身临其境等方式进行体验旅游项目策划。另外,景区的建筑应符合景区要塑造的主题,项目的设计应有有助于增强游客的真实感,景区从业人员应把自己融入所扮演的角色中,为游客创造真实的氛围。由于非物质文化遗产内容丰富、种类繁多,包含着娱乐、教育、审美和情感要素,通过以满足游客多样化消费需求为导向的精心设计,可以为游客创造最优的体验空间。

(三)营销强化旅游体验营造

旅游企业在深入研究顾客的体验需求后,应该制定和实施有针对性的营销策略。因此,旅游企业在选择和制定体验营销策略时,要着重考虑旅游者的体验需求,游客的体验需求直接来源于其旅游动机。由此可见,要想满足旅游者的多样化的体验需求,旅游体验的类型应进一步细化,非物质文化遗产承载着丰富多彩的文化知识,因此可以突出以体验文化为核心的营销策略,从娱乐、情感、审美、生活方式、服务、氛围、文化等方面制定体验营销实施方案。此外,建立传承人展示和游客体验的舞台、建立健全游客与传承人沟通的途径,也可运用声光电高科技与多媒体手段营造氛围,设计游客易用、易操作的互动式和参与式的系统。另外,包装设计旅游商品和旅游纪念品时,要在尊重原真性和产权的情况下,充分挖掘并利用其文化内涵,以增强产品的竞争力。

四、开发耦合功能

(一)提升旅游产品吸引力与竞争力

目前,人们对非物质文化遗产相当关注,并产生了极大的影响力,许多地方景区的旅游企业对非物质文化遗产也进行了有形化利用,取得了一定的经济效益。但景区的利用大部分是静态展示或仅停留在传承人表演的方式上,难以让游客获得亲身参与的互动,很难使其留下难忘的体验记忆。可以将娱乐、教育、审美和情感体验与非物质文化遗产资源的特点相结合,以满足游客潜在的心理需求,令他们产生难忘的回忆,从而提高旅游产品的吸引力。在旅游景区规划和旅游产品开发时,也可以根据非物质文化遗产内容丰富、种类繁多的资源特点,结合景区其他相关物质资源和旅游体验,规划设计出陈列型、表演型、参与型和教育型等层次不同的旅游产品,以提升非物质文化遗产类旅游产品的吸引力、竞争力、可持续发展能力。

(二)满足旅客体验异地文化消费需求

非遗旅游景区要想获得经济效益,保持旅游产品市场占有率,甚至在区域旅游竞争中脱颖而出,在旅游规划和旅游产品设计中,就要坚持差异性、参与性和原真性原则,增强其吸引力。要将体验的内容融入非物质文化遗产旅游开发中去,充分展现出非物质文化遗产的民族性、地域性和独特性,挖掘出其教育价值、审美价值、精神价值和经济价值。通过游客身体参与景区的旅游活动,可以增强游客对旅游吸引物的感知和理解,从中获得更加丰富全面的知识、美感和情感交流;通过身体参与景区的旅游活动,游客用自身行为了解所需的知识,从参与中能更好地理解非物质文化遗产的真正内涵和所承载的民族精神。身体参与容易调动游客的各种感觉器官,使游客对旅游活动留下难以忘怀的记忆。游客也能感受文化地理环境的差异,从而不同程度地满足求知、求新、求异、求奇的心理,满足参与性和体验异地文化的消费需求。

(三)推动非物质文化遗产传承与创新

非物质文化遗产是一个民族独特的基因,承载着一个民族的精神。通过在原真性的基础上进行保护性开发,可以使非物质文化遗产的文化价值、科学价值、审美价值、教育价值和经济价值得到充分利用。从体验经济的角度来看,在非物质文化遗产有形化利用过程中,游客通过教育体验、娱乐体验、审美体验和文化体验,可以加深对非物质文化遗产文化内涵的了解,进一步理解其承载的文化精神,有利于更好地保护它们;从遗产地社区居民看,非物质文化遗产的载体是传承人和社区文化环境,传承人和社区居民通过参与展示技艺技能、表演歌舞和民俗活动等,可以获得可观的经济收入,调动传承人和社区居民的积极性,不仅能推动非物质文化遗产传承人的人才培养,也能推动非物质文化遗产的保护与传承,而且传承人和社区居民积极参与到非质文化遗产的保护性旅游开发中来,可以结合实际对其在不违反原真性的基础上进行适度创新,强化旅游产品的吸引力,使游客更易参与、更能理解其所包含的文化内涵。有些手工类旅游纪念品还应推动其产业化,促进遗产地文化的传承、创新,实现遗产地的经济、文化生态环境持续健康的发展。

(四)促进非遗保护各方利益最大化

在旅游活动与旅游业经营过程中,只有不同利益相关者都参与到非物质文化遗产地旅游开发中去,才能使相关利益方都获得自己的利益,形成遗产地旅游业发展的良性循环。

从政府部门角度看,政府部门之间应相互协调,贯彻"保护为主、抢救第一、合理利用、传承发展"的方针。政府应积极组织本地的非遗项目申报工作,争取更多非遗入选市县级、省级、国家级甚至世界级非遗项目名录,打造成所在地区经济发展的一张名片,以增加旅游收入,这样反过来也可以为非物质文化遗产的保护、建立健全传承人培训机制提供资金保证。

从旅游企业角度来看,用体验经济的思路来开发非物质文化遗产旅游资源,既可以满足游客多样化和参与性的消费需求,又能提高景区旅游市场的占有率,提高地区经济效益。非物质文化遗产作为景区具有特色和差异性的旅游资源,必须在保护其原真性基础上进行开发,不能过度利用,要投入资金保护遗产。旅游企业要深刻认识到非物质文化遗产保护与开发是互动双赢模式,唯有实行这种开发模式,景区旅游资源开发才能可持续发展。

从传承人和社区居民角度来看,由于非物质文化遗产的载体是人和文化空间,也包括所在的文化生态环境,所以,旅游企业在对非物质文化遗产进行有形化利用中,作为其载体的人和社区居民必须参与,否则就失去了原真性、独特性,旅游资源就会对游客毫无吸引力。传承人和社区居民参与其中,既可以获得经济收入,提高生活水平,也可以保障非物质文化遗产后继有人,非遗的文化生态环境也可以得到整体保护。因此,只有满足了相关群体的利益,才能使非物质文化遗产的保护与传承、资金的投入进入良性循环。

第四节　RMTEP开发模式的构建

一、构建原则

(一)真实性与完整性原则

遗产资源保护的重要指导原则是确保资源的真实性与完整性,这也是确保遗产地资源可持续发展的根本,它经常用于遗产评估管理中。通过对遗产地资源的真实性与完整性进行保护,可以确保遗产地资源的原始面貌和文化生态环境免受破坏,最终实现遗产地资源与经济、社会和文化环境可持续发展。真实性管理的核心内容是在对遗产地任何构成物进行改造时,都要在改造前和改造后进行详细记录,任何改造都要与现有的保护计划政策相一致。对遗产地的自然条件,要进行持续的监控并定期采取保护措施。完整性包括生态完整性(ecological integrity)与纪念完整性(commemorative integrity)。生态完整性的核心含义是"完全",而纪念完整性的核心含义是"整体"。这意味着在实际管理中针对非物质文化遗产资源保护除了要保护核心资源,还要对其周围的文化生态环境和文化空间进行完整性保护。真实性与完整性原则的最终目标是保护非物质文化遗产的多样性与文化的多样性。旅游景区在开发非物质文化遗产作为旅游资源过程中,要认真贯彻真实性与完整性原则,并进行适度创新,让游客体验更深入、满意度更高,从而达到非物质文化遗产保护与旅游开发互动双赢和可持续发展。

（二）参与性原则

游客是体验的主体，体验也包含着游客的部分。要加深游客体验的程度，并极大地满足游客的消费需求，提高游客的参与性是重要途径和措施。参与可以使游客更好地了解景物或人物，消除彼此之间的隔阂，增强亲切感，游客通过参与互动并亲身体验可以缓解压力、愉悦心情、获得知识、陶冶情操。游客主要通过精神参与和身体参与来体验景区的旅游活动。在非物质文化遗产地规划和项目开发过程中，要为游客创造尽可能多的身体参与机会，以提高游客旅游满意度，使游客体验更加具体、形象，增强游客与景区之间的感情联系。

（三）多样性原则

丰富多彩的非物质文化遗产是文化多样性的生动体现。非物质文化遗产资源具有独具特色、个性鲜明、种类繁多等特点，在旅游开发过程中，要更好地满足游客多样化、个性化和参与性的旅游体验需求，因此，在景区配置项目上要丰富体验类型。体验类型越多，游客体验经历越丰富，游客的个性化旅游需求的满足程度就越高，景区对游客的吸引力就越强。体验类型的多样性是吸引游客、保持景区持续发展的动力。

（四）深度性原则

景区旅游规划和旅游产品设计的最终目标是使景区旅游产品具有很强的吸引力，提高游客的满意度和体验效果。这就要求景区在旅游产品设计中增加易操作、可视化、可互动的体验设施，通过表层、中度和深度旅游产品设计与布局，引导游客调动全身的感官来进行深入体验，逐渐浸入所营造的氛围中，在娱乐中获得教育与知识，在快乐中求得压力释放，在美感中陶冶情操，从而使游客留下难以忘怀的记忆。

二、构建内容

随着体验经济的到来，旅游也逐步进入体验时代。游客已经不仅仅满足于走马观花式的观光旅游，更重视在产品消费的过程中获得的"体验感觉"。然而，国内非物质文化遗产旅游开发同质化现象严重，特别是游客体验得不到很好的满足，以至于遗产地尽管投入很多，但人气依然不高，不利于非物质文化遗产的保护与传承。对于非物质文化遗产，应在保护的前提下，引入体验经济理论，在创新与创意中追求文化旅游开发的差异化，以满足游客多样化、参与性、个性化的需求，从而实现非物质文化遗产的保护与旅游开发互动双赢的目标。这就是体验经济视角下的非物质文化遗产旅游开发模式（RMTEP）（见图1-3）。

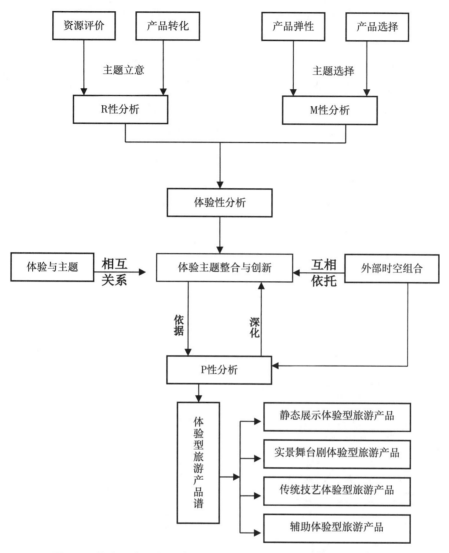

图 1-3 体验经济视角下的非物质文化遗产旅游开发模式（RMTEP）

（一）旅游资源（R）：主题开发设计的基础

1. 非遗旅游资源与体验主题开发设计关系的分析

非物质文化遗产是在特定的社区、民族甚至是跨区域地理环境之中形成的，任何一种非物质文化遗产都是存在于一定地域空间中的。所以，非物质文化遗产旅游开发需要在一定的文化地理环境空间中进行，离开了特定的文化生存空间或移植空间，所开发的非物质文化遗产旅游是没有多大吸引力的。因此，主题开发设计必须立足于非物质文化遗产资源分析的基础，开发必须遵循保护第一、传承发展和真实性的原则。非物质文化遗产资源分析包括对旅游舞台化前台非物质文化资源及其地理景观资源的分析和旅游舞台化后台社区非物质文化资源及其地理景观资源的分析。这种分析是主题开发设计的基础，主题开发设计需要放在非遗所生存或移植的地理环境之中去考虑、去筛选,需要与自然景观资源衬托与协调,并不是所有的非物质文化遗产资源都可以用来进行主题开发设计。区域的差异性造就了非物质文化遗产资源的独特性,因此,只有那些能够体现地方特色和个性并能增强非物质文化遗产地社区认同感、自豪感和凝聚力的具有深层次精神内涵的非遗,才能成为吸引游客的动力源泉。当然,非物质文化遗产的独特性及其生存或移植空间也具有较高的开发价值,这种具有当地非物质文化遗产旅游资源最深层的内涵和最本质的特征的资源,才能成为主题开发设计的基础和依据。

2.非遗旅游资源主题体验层次系统结构分类

国外学者约瑟夫·派恩和詹姆斯·吉尔摩将体验分为4E——娱乐(Entertainment)、教育(Education)、逃避(Escape)和审美(Estheticism),国内学者黄鹏(2004)将旅游体验分为表层体验、中度体验、深度体验三个层次。结合非物质文化遗产名录代表的分类,针对以上不同的体验类型和旅游体验层次,可以将非物质文化遗产资源划分为三个主题层次:静态非遗层、动态非遗层和抽象非遗层。每个层次的非遗对应的提炼体验主题类型以及其主题旅游产品类型、主题体验层次是有差异的(见图1-4)。

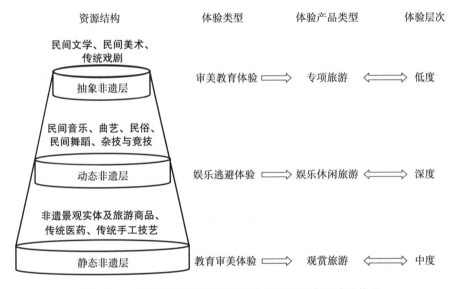

图1-4 非物质文化遗产旅游资源主题体验层次系统结构图

1)静态非遗层

静态非遗层资源属于实体非物质文化遗产,处于非物质文化遗产资源系统结构的最基础层,主题旅游资源以非物质文化遗产景观资源和非物质文化遗产旅游商品资源为主,开发的产品主要是观赏旅游,其旅游体验类型属于审美体验。游客只是走马观花式地参观自然和人文景观,很少接触目的地居民、地方风俗与文化,只能被动地接受旅游体验对象,基本不能对其产生影响,属于表层体验,即只能满足游客对形态美、动态美、色彩美、结构美、音乐美、清香之美等自然美的审美需求。

2)动态非遗层

非物质文化系遗产系统结构的中间层(核心层)资源,包括参与性很强的民间音乐、曲艺、民俗、民间舞蹈、杂技与竞技等,是动态文化或活文化,属于社会氛围民族文化,它是非物质文化遗产提炼体验主题旅游能够在激烈的旅游市场竞争中立于不败之地的优势所在,这种资源具有鲜明的民族性、地域性、独特性、多样性以及强烈的文化感染力。主题旅游资源以娱乐休闲旅游为主,在旅游体验类型中属于娱乐休闲和逃避体验,能满足旅游者求知、求新、求异、求美、求奇的精神文化需要,以及个性化、多样化、参与性的体验需求。游客完全融入旅游产品中,与旅游景区和当地居民进行零距离接触,深刻体验景区的特色和文化,属于深度体验。

3)抽象非遗层

抽象非遗层属于精神文化,它位于非物质文化遗产资源系统结构的最高层。它是非物质文化遗产差异的核心,是构成专项主题旅游产品的素材。抽象非遗层往往需要游客去解读、品味其艺术魅力,是和旅游者心智的交互,需要旅游者具备较高的文化素养以及一定的审美经验、审美态度,所以在旅游体验类型中属于教育体验和审美体验。游客通过直接参与景区特色活动,从视觉、触觉、味觉等多方面品味景区特色、体验目的地居民的生活方式,在身体上、精神上与旅游吸引物和目的地居民有部分的接触和交流,能创造出自己独特的体验,属于深度体验。

(二)旅游市场(M):主题选择的指向

旅游业是给人们提供面对面服务的行业,这种服务方式要求它必须适应市场,满足市场上各类消费主体的消费需求。此外,旅游资源的产品开发是经济效益实现的过程,这要求旅游产品开发要满足旅游者的消费需求。因此,旅游主题的选择需要紧密把握市场需求。只有满足旅游者的多样性、个性化和参与性的消费需求,体验化旅游主题才能实现经济效益。

1.旅游市场的特征,需要体验主题

我国国内旅游市场由起步到成熟,呈现出四个主要特征:市场主体细分化;旅游需求多元化;旅游促销经常化;旅游方式多样化。由此可以看出,我国的旅游市场从传统观光旅游向亲身体验旅游转变,主要体现为游客需求个性化,以及旅游企业量身定制旅游产品,来满足游客多样化、互动式体验消费需求。确定了一个好的主题,突显产品的特色,通过塑造体验主题,充分调动游客的全方位体验,来满足游客的体验需求,也就抓住了旅游市场,这样必然会在激烈的旅游市场中取胜。

2.游客消费的趋势与偏好,期待体验主题

旅游产品本身是一种收入弹性很大的消费品。根据马斯洛的需求层次模型,需求可分为五个层次,从低到高分别是生理的需求、安全的需求、社交的需求、自尊的需求、自我实现的需求。在马斯洛的需求层次结构中,旅游产品的消费需求属于高层次消费。但这类需求必须以较高收入为前提,此外,即使居民有足够的可支配收入,且产生了出门旅游的动机,在不同的旅游产品之间,需求弹性仍然存在很大差别。进入体验

经济时代,旅游者在关注旅游产品质量的同时,更加注重情感的愉悦和满足,通过购买民族特色旅游产品和体验异样的旅游风情来获得一种愉快的经历和留下一份美好的体验。皮平凡认为,体验经济时代下的游客的消费特点如下:①从旅游消费者的需求结构看,情感需求的比重增加;②从旅游消费内容看,大众化旅游产品日渐失势,个性化产品和服务越来越受欢迎;③从价值目标看,旅游消费者从注重产品本身转移到注重接受产品时的感受;④从接受旅游产品的方式看,旅游消费者由被动变为主动参与旅游产品的设计与制造;⑤旅游者对文化旅游产品的需求上升。

3. 体验主题选择,需要旅游市场调研

非物质文化遗产旅游资源的体验主题选择是建立在深入细致的市场调研基础上的,通过市场调研来进一步准确定位旅游产品开发类别和产品组合,在资源主题创意的基础上以旅游者的消费趋势为导向,根据旅游者消费的偏好来细分市场,设计体验型旅游产品来满足旅游者体验的心理需求,最终实现旅游的经济效益。市场调研一般包括以下几个方面:①旅游地客源市场环境调查;②旅游市场需求调查;③旅游市场供给调查;④旅游市场营销调查。

(三)主题提炼的确立(T):主题开发的前提

1. 主题开发的步骤

体验主题确立是在"保护第一"的前提下,以及深入分析非物质文化遗产的真实性基础上,通过主题创意化,以市场为导向进行的。它的开发过程首先是通过田野工作法做好市场前期调研,并邀请多学科专家对非物质文化遗产、旅游资源和旅游市场进行调查与研究,为进一步提炼主题文脉、确定旅游开发主题提供技术前提。在初步筛选主题时,需要从不同的角度对主题进行论证,多学科专家论证有利于从多学科的角度论证产品开发的可行性,提高体验主题化的市场可操作性。旅游企业、文化企业、高科技企业等进行前期市场调研和理论研究,更有利于主题创意化。与此同时,传承人、社区代表的参与也不可或缺,以保证主题体验化的可操作性和利益的均衡性,保证主题开发的可持续发展(见图1-5)。

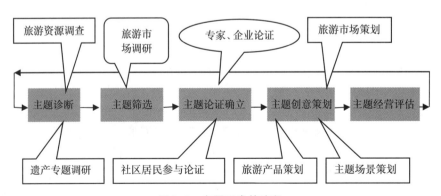

图1-5 主题开发的流程

2. 主题的真实性分析

旅游者旅游的动机是为寻求自然环境、社会环境和文化环境的差异,从而满足自己的最高心理需求。社会学和人类学研究的成果表明,现代人旅游的目的在很大程度上是一个求"真"的过程,在此过程中享受到由真实性带来的精神愉悦和满足。按照人类学的研究,这里所指的"真实性"包括后台(back region)社区文化(即指原始的、存在于民族村寨的原生态文化,尤其指少数民族地区的文化)的真实性和前台(front region)表演文化的真实性。前台表演文化的产生,源于旅游者的增长与保护后台社区文化的真实性免受破坏的考虑,从而保护了非物质文化遗产的完整性和原真性。但无论是后台社区文化的真实性(如实地民间音乐、民间舞蹈表演)或者前台表演文化的真实性(如非物质文化遗产主题公园)开发能够成功,都是因其有着可靠真实的文化背景、真实的环境和真实的生活体验氛围,满足了现代旅游者的求"真"需要。非物质文化由于其原生态、民族性、独特性的特征,要求在坚持保护开发的前提下,合理适度地开发,特别要借助旅游人类学的理论来指导,通过保存或营造逼真的旅游环境来进行非物质文化遗产旅游的开发。由于旅游者文化旅游的最大愿望就是寻求后台社区文化的真实性,在非物质文化遗产旅游开发过程中,既要保持前台与后台的差异均衡,同时要注意遗产所存在的文化社区,以保护非物质文化遗产真实性和遗产所在地文化生态,并使其得到传承与发展。

3. 以市场为导向确立主题

根据非物质文化遗产资源分类来筛选体验主题,也只是开发体验主题的一个方面。好的主题开发必须以市场需求为导向,充分满足细分市场的各个消费主体,才能实现主题体验的成功之路。因此,主题的选择必须围绕目标客源的需求进行,同时在对市场主题定位时,应进行扎实的市场调研。在体验经济时代,旅游者的需求也呈现多样化、个性化和主动参与性特点,主题选择应该在非物质文化遗产的展示和演艺基础上,多设计主题项目,让游客主动参与,以增强体验效果,使游客在娱乐中满足愉悦心情的精神需求。

(四)旅游体验的塑造(E):主题开发的灵魂

1. 旅游体验的影响因素

关于影响旅游体验的因素,李晓琴指出,旅游者获得旅游体验的强度因人而异。影响体验强度的重要因素有:①足够的闲暇时间;②一定的购买力;③知识背景(包括前期的经验);④取得技能的自我努力;⑤接受新鲜事物的态度和能力;⑥社会网络关系,包括与当地居民的交流。这六个条件是一个动态的集合,其中足够的闲暇时间和一定的购买力是最基本的条件,其他四个条件逐步深化旅游体验的强度。宋咏梅按照孙根年在《关于深层生态旅游的思考》一文中提出的"四极两翼"和"两翼对接"模式,提出了旅游体验效果眼眶模型(见图1-6)。

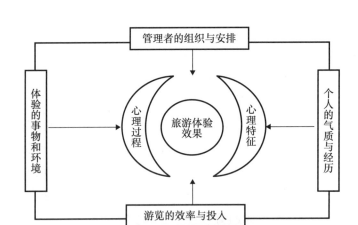

图1-6 旅游体验效果眼眶模型

旅游者要获得最佳的旅游体验,会受到许多因素影响,既受游客自身的主观和客观条件的影响,又受旅游地的环境、设施等的影响。为了使影响因素分析更具有应用性和操作性,根据非物质文化遗产本身特点,对非物质文化遗产旅游体验影响因素模型将从价值体验、保护体验、设施体验、演艺体验和心理体验五个方面进行体验化分析研究(见图1-7)。

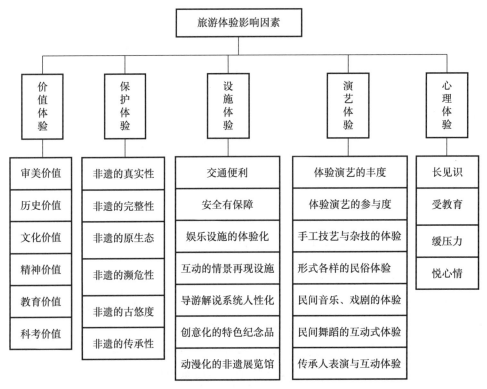

图1-7 非物质文化遗产旅游体验的影响因素模型

2.旅游体验塑造的方法

为增强体验效果,从以游客为中心的角度,来达到使游客获得最佳的旅游体验,按照体验经济理论倡导者约瑟夫·派恩(1999)的观点,对旅游体验进行塑造的方法如下。

(1)将体验主题化。精练的主题是通往体验的第一步,好的主题可以起到串连景区、增强体验的作用,体验主题化意味着景区故事讲述需要有人的参与,从而让游客留下持久记忆。

(2)以正面线索塑造形象,同时还必须通过深化印象主题来实现。细节要尽量体现主题,时间、空间和物体的和谐统一都是深化旅游者印象的方法。

(3)去除负面因素。塑造形象不仅要展示正面线索,还要删除任何削弱、抵触、分散主题的服务。

(4)提供旅游纪念品。纪念品除了可以使体验的存留时间延长,还可以将个人体验与他人共享,并且使产品价值增值。

(5)重视对游客的感官刺激。通过感官刺激支持并增强主题,所涉及的感官刺激越多,体验设计就越成功。

(五)旅游产品(P):主题开发的核心

1.旅游产品体验化开发的分析

随着居民的经济收入不断提高,我国进入体验经济时代,旅游者的需求更加多样化、个性化和体验化。这种多元化的旅游细分市场,要求旅游产品必须具有多元性体验化的产品组合特点。而旅游产品是由景观、设施和服务三类要素构成的。根据非物质文化遗产的特点,切合实际的旅游主题定位可以充分发挥旅游资源的优势,广泛吸引客源,在当下我国旅游业以消费者导向为主的背景下,非物质文化遗产旅游产品是以非物质文化遗产价值为核心进行市场开发,能够为旅游者带来某种独特的有形和无形要素的综合体验。从中可以概括出:非物质文化遗产旅游产品以非物质文化遗产中独特的旅游资源为产品生产的基本原材料,但在产品转化过程中,非物质文化遗产生存的环境也要在旅游产品开发中发挥作用,即非物质文化遗产旅游产品包括实物的遗产主题景观、风情环境以及主题服务、烘托主题体验化的综合设施,它是一种高层次体验化的旅游产品。

2.旅游产品体验化整合与创新的系统分析

1)旅游产品体验化整合与创新的基础和依据

(1)旅游产品体验化整合与创新的基础,主要包括体验载体和体验内容。体验载体包括人(传承人、社区居民)、事物(非遗本身的完整性、非遗所处的存在差异和吸引力的文化与环境);体验内容是在体验载体基础上,为旅游体验活动开展和增加精神享受而追加的价值要素。

(2)旅游产品体验化整合与创新的依据,主要体现为旅游消费新趋势的体验需求特征,以及旅游者主动参与的行为特征,包括情感需求比重增加、强调个性化的产品和服务、注重接受产品时的感觉(在哪里以及如何得到),以及主动参与产品的设计与制造,以发挥自我想象力和创造力。旅游产品从注重表层开发,转变为注重游客感觉的深层创新体验设计。因此,旅游产品体验化必须要符合未来旅游需求方向。

2）旅游产品体验化整合与创新的价值分析

首先是旅游产品体验化整合与创新中追加体验价值的确定。与旅游产品中其他部分价值不同，旅游产品中的追加体验价值并不单单取决于投入的物质与劳务成本，而更多取决于旅游者的享受程度和满足程度。其次是旅游产品体验化整合与创新中体验价值追加的原则：一是注重需求导向，把握需求心理；二是坚持体验主题的一致性，强调产品的整体和谐，不能破坏核心部分的价值；三是要确定价值追加的度，即产品的最大使用量或者最大体验容量；四是遵循旅游体验效用递减规律。

3.旅游产品体验化与产品外部时空组合的分析

对非物质文化遗产旅游资源进行旅游产品体验化开发，离不开其所处的环境或一定区域以及时空点，这符合地理学的空间分布关系、空间竞争与合作的理论与规律。因此，旅游产品体验化与产品外部时空组合存在互相依托的关系，主要体现在以下几个方面。

（1）大主题之下的不同地域空间协调关系。大的主题往往涉及的地域较广，对于大主题来说，在大主题下的不同地域或功能分区之间具有不同的客源市场竞争，因此，需要协调好它们之间的关系。

（2）旅游产品体验化设计要与周围环境相协调。非物质文化遗产具有民族性、地域性，甚至跨区域性特点，并与当地社区居民的生产生活、风俗习惯、文化经济关系密切。

（3）不同主题旅游产品体验化的竞争与合作。景区主题开发存在差异，相应旅游产品体验化设计各具特色，必然会产生竞争。同时，不同主题的旅游产品进行体验化产品开发时也要融入景区整体中来，以景区整体优势来应对竞争，必定会存在合作。

4.旅游产品体验化的开发分类

非物质文化遗产种类繁多，独具特色，个性突出。因此，设计旅游主题产品应该按照非物质文化遗产分类来设计产品系列，形成旅游体验化产品谱，以此来满足体验经济时代下旅游者多样化、个性化和参与性的消费需求，从而形成主题产品的核心竞争力。以非物质文化遗产的分类为基础，以非物质文化遗产价值为核心，以增强旅游者体验为中心，依据主题的层次和差异性原则，将主题产品设计为五个层次的主题旅游体验化产品谱，即静态展示体验型旅游产品、动态参与体验型旅游产品、实景舞台剧体验型旅游产品、传统技艺体验型旅游产品、体验辅助型旅游产品。

1）静态展示体验型旅游产品

静态展示体验型旅游产品是以保护非物质文化遗产为前提，以有形的实物与其无形的精神文化内涵为内容来设计的产品。在静态展示中，通过高科技虚拟系统的设计，增强游客与非物质文化遗产的互动性，从而获得教育体验和审美体验。这种层次的产品类型主要有以下几种。

（1）博物馆体验化展示。博物馆以收藏、展示、研究、宣传各类文物为主，采用综合手段全方位地展示某个国家或者地区不同历史时期的自然与社会特征。非物质文化遗产是一个国家、民族、地域或村镇独特的文化记忆，应该加以保护并传承发展。非物质文化遗产博物馆通过收藏、保存、记录和其他载体形式,使得非物质文化遗产的原真性和完整性得以展示。这也成为游客进行旅游活动的最佳吸引物。目前,非物质文化遗产博物馆按照其建造的方式主要有两类开发方式:一类是综合性非物质文化遗产博物馆;另一类是专题性非物质文化遗产博物馆。

博物馆展示也吸引了许多游客,但游客只能被动地参与、被动地观赏,不能主动地参与,不能主动地深入了解非物质文化遗产深厚的文化内涵。故此,在旅游开发时,可以利用虚拟时空再现的模式——运用现代科技手段来构建虚拟体验系统。

一是摒弃传统的陈列式展示形式,打造以游客为本的文化展演体验模式,寻求丰富多彩的表现形式,使文化展示从博物馆里走出来、活起来,向互动、开放的动态形式转变。增设互动项目,让游客零距离接触一些展品,从而把参观变成一种交流、娱乐活动。这也应该成为文化观光展示追求的目标和发展方向。

二是充分利用现代科技,建立虚拟体验系统。体验者通过操纵杆可以多种方式(如步行、车行、飞行等)自由地漫游在虚拟的历史场景中,这是一种深度体验。在这个系统中,参观者化身为虚拟的人物形象在虚拟场景中活动,除了可以随心所欲地徜徉在历史时空中,也可以和与他们擦肩而过的历史人物进行互动,比如谈话、握手甚至拥抱等。还可以根据体验者扮演的角色,设定一定的故事情节,让体验者切身感受穿越时空的乐趣。同时,其他的观察者可以通过立体眼镜观看体验者的神奇之旅。

(2)主题公园。主题公园是指同时满足旅游者游乐与开发者的商业目标,并以虚拟动态环境塑造与园林环境载体为特点的休闲娱乐活动空间。非物质文化遗产主题公园是一种以展现非物质文化遗产为主题,通过各类非物质文化遗产的实物展示、传承人的表演,以更好地保护它们,同时也能满足旅游者多样化、个性化的休闲娱乐,具有极强参与性和知识性。非物质文化遗产主题公园根据非物质文化遗产展示方式,可以分为以下三种开发方式。

第一,集锦荟萃展现式。即将各地现有的非物质文化遗产汇集到主题公园,它可以让游客用很短的时间、走较短的路程就领略到原本需要花很长时间和路程才能了解到的非物质文化遗产文化,但要避免在重建或移植过程中丧失非物质文化遗产的原真性。

第二,原生自然浓缩式。即在良好的自然和人文生态环境中,挖掘非物质文化遗产内涵,以旅游地居民的日常生产、生活为核心,全面而真实地展示当地的非物质文化遗产。

第三,专项载体化再现式。即挖掘本地将近消逝,或仅是口头流传,或仅文字记载,或者技艺等的非物质文化遗产。比如民间文学、民间传说、工艺,通过主题公园的形式,再现非物质文化遗产的内涵。

2)动态参与体验型旅游产品

动态参与体验型旅游产品是主题体验化产品谱中的较高层次,体验程度较深。非物质文化遗产以载体的行为、动作为特征,以可观赏、可参与的非物质文化遗产活动为主要内容,包括民间杂技、民间舞蹈、手工技艺、民俗活动等,以主题的动态展示,吸引

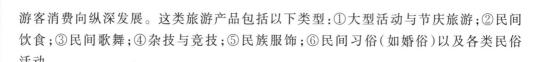

游客消费向纵深发展。这类旅游产品包括以下类型：①大型活动与节庆旅游；②民间饮食；③民间歌舞；④杂技与竞技；⑤民族服饰；⑥民间习俗（如婚俗）以及各类民俗活动。

3）实景舞台剧体验型旅游产品

实景舞台剧，是国内近几年比较流行的大型演出形式，是指以天然的真实景观作为舞台或者背景的演出，演出主要以民族民俗文化、历史、传说等为主题，音乐、舞蹈、服装、演出和景观通常融为一体，场面宏大，震撼人心，如《只有峨眉山》等实景演出。非物质文化遗产通过传承人的舞台化表演、载体化的表现，再融入遗产存在的文化环境和文化氛围，依托景区景点（即"实景"），从而达到实景舞台剧的效果。这不仅可以实现景区旅游产品结构多样化、高层次化，而且可以充分开发旅游地文化旅游，从而获得经济效益。

4）传统技艺型旅游产品

传统技艺包括民间美术和传统手工技艺，它与普通观光不同，强调对细节的欣赏和领悟，传统的走马观花式旅游是难以感受到它的独特文化内涵和意象的。因此，对传统技艺型旅游产品的设计要从游客对传统技艺文化的心理需求出发，着眼于欣赏、技能、收藏、装饰、休闲及纪念、实用等要素，进行针对性设计，为游客提供观赏、学习、制作、消遣、娱乐和购买等具体旅游形式，使游客在休闲娱乐中获得生活感受。

5）体验辅助型旅游产品

体验辅助型旅游产品属于主题体验化旅游产品的附加产品，能够为主题体验带来附加价值，主要以提供解说、接待、高科技设施等为主要内容。体验辅助是主题体验化过程中质量的保证，主题体验化开发需要形成一种主题服务，通过分析游客心理来经营文化体验。在服务经营的过程中、服务形式上、服务细节上、服务标准的设计上、服务语言的运用上、服饰的选择上、活动项目的组织策划上，均贯穿鲜明的互动体验主题，在景区内植入主题文化体验。可以通过营造美好体验情境的正面线索来指导旅游环境建设，并淘汰负面因素，减除负面线索对主题的干扰；充分利用纪念品，通过人性化、动漫化的设计，增加文化设计的含量；整合多种感官刺激，给旅游者视觉、听觉、嗅觉、味觉和触觉的全方位冲击，使旅游者在差异化文化和环境的体验中留下难忘的印象。

三、构建保障

（一）注重非遗普查和传承人培养

要对非物质文化遗产进行旅游开发，就应该全面了解和掌握各地各民族非物质文化遗产资源的种类、数量、分布状况、生存环境、保护现状及存在的问题；要对所在地的全部非物质文化遗产旅游资源进行实地详细普查，并建立非物质文化名录体系。这样才能更好地坚持"保护为主、抢救第一、合理利用、传承发展"的方针。同时，传承人是直接参与非物质文化遗产传承，使非物质文化遗产能够沿袭的个人或群体（团体），是非物质文化遗产最重要的活态载体。旅游地要增加非物质文化的旅游吸引力,就要突出其旅游资源鲜明的特色、独特的个性和原生态的基因,使旅游者在众多的旅游宣传信息中做出旅游决策。从非物质文化遗产旅游资源不可再生的角度来说,各地方和旅游区应培养各类民间技艺、民族歌舞、杂技戏剧等特殊人才,这样才能既有利于非物质文化遗产的保护,又有利于提升非物质文化遗产的旅游经济价值,为非物质文化遗产旅游资源利用提供充足的人力资源支撑。

(二)要充分发挥政府行政保护作用

从政府的职能看,政府作为公共权利的代表者和行使者,有义务、有职责对社会发展中的公共事务进行管理。非物质文化遗产作为国家公益文化事业的重要组成部分,它的多样性、复杂性和脆弱性决定了其保护工作的重要性。政府主要通过"保存"和"传承"两种主要方式来保护非物质文化遗产资源,从而更好地引导其开发。非物质文化遗产的特点决定了保护行为的方式和内容,对一切文化遗产而言,"保护"的首要意义就是"保存",即采取各种措施,有效地将其既有的物质形态保存下来,使之永续存在。这些措施包括考古发掘、整理归档、收藏修复、展示利用等。全国人大教科文卫委员会文化室原主任朱兵认为,政府应该通过建立保护名录制度和传承保障制度,从政策上对非物质文化遗产实现行政保护,以缓解和改变目前非物质文化遗产所处的濒危状态。无疑,此方法具有很强的可操作,是较为有效的办法,能有效地防止非物质文化遗产旅游开发中低档次、盲目、急功近利的行为以及滥开乱编的破坏行为的产生,从政策层面保护了非物质文化遗产资源,从而为更好地引导非物质文化遗产资源旅游开发朝着健康的方向发展。

(三)建立社区参与经营与决策机制

非物质文化遗产具有地域性、民族性特点,与遗产地的自然环境、社会环境以及居民的生产生活习惯密切相关。非物质文化遗产要通过载体来实现其传承发展,离开了遗产的生存环境,就会失去其独特性。因此,在旅游开发中,要让社区居民参与,听取他们的意见,同时让社区居民参与旅游经营,参与旅游收入分配,参与旅游经营管理,建立社区参与旅游经营与决策机制,最终实现非物质文化遗产地科学并可持续发展。

第五节 RMTEP开发模式应用——江西婺源

一、区域概况

江西婺源位于赣东北,东邻国家历史名城浙江衢州,西依"瓷都"景德镇,北枕国家级旅游胜地安徽黄山,南接亚洲"铜都"德兴铜矿,是一颗镶嵌在皖、浙、赣三省交界地的"绿色明珠"。婺源自古文风鼎盛,历史悠久,人杰地灵,物华天宝,素有"书乡""茶乡"之称,是鸿儒朱熹的故里、铁路工程师詹天佑的桑梓、著名学者金庸的祖籍地等。唐开元二十八年(740年)设置婺源县,古属皖南徽州"一府六县"之一,全县面积2947平方千米,县域东西长83千米,南北宽54千米,呈椭圆形(见图1-8)。婺源因生态环境优美和文化底蕴深厚,被誉为"中国最美的乡村"。

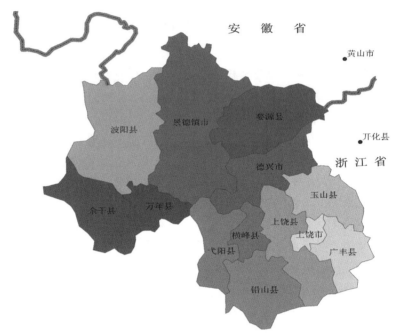

图1-8 江西省婺源县区域示意图

截至2023年7月底,婺源县拥有中国传统村落28个、中国历史文化名村8个、古建筑4100余幢,是徽派建筑大观园。婺源徽剧、婺源傩舞、婺源徽州"三雕"(木雕、砖雕、石雕)以及婺源歙砚制作技艺、婺源绿茶制作技艺、婺源甲路纸伞制作技艺等被列为国家非物质文化遗产。全县非物质文化遗产涵盖国家级、省级、市级、县级,是江西省非物质文化遗产最多的县,并被纳入徽州文化生态保护区。

二、开发条件分析

(一)区位优势突出

婺源位于皖、浙、赣三省交界处,区位凸显,交通便捷,地处我国黄金旅游圈的腹地,周边有黄山、三清山、庐山、武夷山、千岛湖、鄱阳湖、景德镇等名山、名水、名镇。对外交通便利,有景婺黄、景婺常两条高速公路,京福高铁已于2015年6月正式通车,九景衢铁路于2017年竣工通车,一小时车程内有黄山、景德镇、衢州和三清山四个机场,婺源正成为江西对接长三角和海西经济区的前沿。优越的区位条件极大地提高了婺源旅游的可进入性,促进了婺源旅游快速发展。

(二)旅游资源丰富多样

婺源境内山清水秀,田园风光旖旎,文化与生态珠联璧合。古建筑、古洞群、古树群和古文化"四古"风韵享誉古今,中华荷包红鱼(红)、婺源绿茶(绿)、龙尾砚(黑)、江湾雪梨(白)"四色"特产闻名中外;祠堂、官邸、商宅、古驿道、民居各呈风姿;婺源徽州"三雕",即木雕、砖雕、石雕并称"三绝";婺源傩舞、婺源徽剧、婺源绿茶制作技艺、婺源抬阁等绚丽多彩的民间文化艺术在青山碧水中熠熠生辉;婺源有"中国县级第一馆"之称的——婺源县博物馆;朱熹、詹天佑等历史文化名人名扬中外;历史遗迹、明清古建遍布乡野;境内有世界濒临绝迹的鸟种蓝冠噪鹛,有世界最大的鸳鸯越冬栖息地鸳鸯湖。至2021年,婺源全县共有国家5A级旅游景区1个、国家4A级旅游景区10多个。

(三)徽州文化资源丰厚

婺源民俗文化绚丽多彩,有源于远古的傩舞、历史悠久的徽剧,体现"敬、和、俭、静"文化内涵的茶道,发源于婺源的五显神宗教文化,还有别具情趣的抬阁、灯彩、鼓吹、地戏等。其中,婺源徽剧、婺源傩舞、婺源徽州"三雕"、婺源歙砚制作技艺、婺源绿茶制作技艺、婺源甲路纸伞制作技艺被列为国家级非物质文化遗产。2008年,文化部批复在婺源及安徽部分县市设立徽州文化生态保护实验区,这是国家设立的第二个、江西第一个国家级文化生态保护实验区。2019年12月,徽州文化生态保护实验区通过文旅部验收,正式成为国家徽州文化生态保护区,全国仅7家。

三、RMTEP开发模式应用

(一)非遗旅游资源(R)挖掘

1.种类丰富,级别完整

婺源县的非物质文化遗产丰富多彩,按非物质文化遗产的表现形式划分,婺源县非物质文化遗产旅游资源可分表演艺术、传统技艺、民俗、民间文学四大类(见表1-1)。

表1-1 婺源县非物质文化遗产类型

类型	表现形式	数量	项目名称
表演艺术	民间舞蹈	1	婺源傩舞
	传统戏剧	1	婺源徽剧
	民间音乐	1	婺源民歌
传统技艺	民间美术	1	婺源徽州"三雕"
	传统手工技艺	2	婺源徽州"三雕"技艺、婺源甲路纸伞制作技艺

续表

类型	表现形式	数量	项目名称
民俗	习俗、祭祀活动	9	婺源茶艺、婺源乡村文化、婺源小吃糕点制作技艺、婺源菜制作技艺(蒸菜、糊菜)等
民间文学	文学故事	3	婺源谚语、婺源楹联和题匾、婺源民间故事

到2022年,婺源拥有各级非物质文化遗产49项,其中国家级6项、省级12项、市级25项,总量位居全省第一;拥有各级代表性传承人441名,其中国家级8人、省级28人、市级124人,总量位居全国前列,先后获得了国家级徽州文化生态保护区、中国民间文化艺术之乡(婺源雕刻之乡)、全国非遗保护工作先进集体等荣誉。其中,婺源傩舞、婺源徽剧、婺源"三雕"制作技艺、婺源歙砚制作技艺、婺源甲路纸伞制作技艺、婺源绿茶制作技艺已列入国家级非遗项目。2022年,中国传统制茶技艺及其相关习俗(含婺源绿茶制作技艺)入选联合国教科文组织人类非物质文化遗产代表作名录。

2.非遗景区的旅游资源等级高

根据国家标准《旅游资源分类、调查与评价》(GB/T 18972—2017)的评分标准,依据婺源景区旅游资源的特性与文化内在价值,许多非遗项目进驻A级景区。同时,部分景区融入众多非遗文化元素,非遗旅游成为景区旅游项目或开展旅游活动的重要组成部分,涉及众多4A级以上非遗在旅游景区(见表1-2),推动非遗与旅游资源深度融合。

表1-2 婺源4A级以上非遗在旅游景区统计

名称	位置	等级	特征
江湾景区	江湾	5A	风水宝地、伟人故里、古村古居、宗祠名第,具有观光、教育、休憩功能
理坑景区	沱川	4A	理学名村、明清官邸、书香人家,为全国首批50个民俗文化村之一,是体验理学和徽文化的名村
晓起景区	江湾	4A	徽派村落特色一应俱全,双流甲村,后山有枫、楠、檀、樟古树名木千余株,村前水口古桥,含山吐雾,是国家现代农业示范区
朱子遗迹	婺源	4A	朱熹是中国南宋时期理学家。紫阳,旨准封为"文公阙里",与"孔子阙里"并列。婺源朱子遗迹供崇尚和感悟朱子理学精神、博学高品者瞻仰与寄托
水墨上河	秋口镇	4A	景区按照徽州古村落的水口文化,把众多元素分布在沿河的游步道及古驿道间;水车水碓、古廊桥、遗爱亭、古码头、归心亭、五显庙、古井、茶亭等元素再现了古徽州的传统文化传承;秀美的沿河景观、优良的自然生态、传统的文化展示

资料来源:根据婺源县人民政府官网资料整理而成。

(二)非遗旅游市场(M)分析

1.旅游者对文化旅游的需求趋势

旅游资源是吸引旅游者出游的物质基础。马耀峰等(2008)根据国家旅游局抽样调查资料分析显示:外国旅游者偏爱的旅游项目主要是文物古迹游(60.28%)、山水风光游(45.22%)、民俗风情游(25.81%)三类旅游产品。根据中国旅游研究院、上海创图公共文化和休闲联合实验室连续开展的文化消费专项研究,2021年上半年文化消费时长有所延展,周末、夜间消费明显增长,线上与线下文化消费场景已深度嵌入居民日常生活,文化体验成为异地旅游和拉动消费的主要内容。相比2020年,2021年上半年文化消费时长在3—6小时的比重增加18.6个百分点,6—9小时的比重增加了4个百分点。从文化消费时段来看,节假日文化消费的比重相对减少,周末比重有所增加,侧面反映出城乡居民文化消费的日常化趋势。

2.非物质文化遗产旅游的关注度高

2005年3月,国务院办公厅颁发了《关于加强我国非物质文化遗产保护工作的意见》,提出非物质文化遗产保护的工作指导方针是"保护为主、抢救第一、合理利用、传承发展"。文旅产业指数实验室与阿里研究院联合发布的《2022非物质文化遗产消费创新报告》表明,随着新媒体的普及,非遗传播渠道日趋多样化,从调查结果看,各种传播渠道的影响力排序依次为非遗直播、短视频、电商平台、文博旅游、电视传播、新闻媒体传播、非遗活动。非遗消费继续稳定增长,2022年,淘宝平台非遗店铺数为32853家,较2020年增长9.5%;非遗交易额较2020年增长11.6%。非遗商品消费者规模已经达到亿级,"90后"和"00后"正在成为非遗商品消费主力。另外,近年来,各地、各种投资主体都在开发非物质文化遗产旅游项目。以"非物质文化遗产+旅游"为主题词,在百度、谷歌等网站检索,并结合媒体报道整理,可以得到非物质文化遗产旅游项目分类图(见图1-9)。此外,旅行社在旅游线路设计上,都加入了非物质文化遗产旅游,使得以非物质文化遗产为载体的文化旅游不断升温,旅游者对非物质文化遗产旅游的需求和市场潜力不断增大。

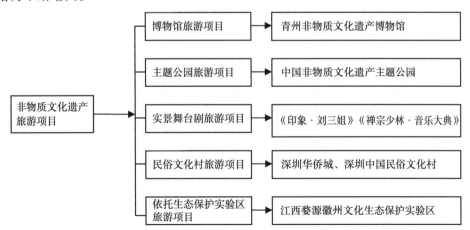

图1-9 非物质文化遗产旅游项目分类图

3. 婺源旅游市场发展必然趋势

通过以乡村旅游为核心,以旅游经济为主导,婺源旅游实现了从单一旺季向全年淡旺季均衡转变、从过境游向目的地游和集散地转变、从短期观光游向休闲度假游和深度体验游转变。婺源的旅游产品,是青山、秀水、古树、居宅、田园、人杰和文化这7个要素结合而成,这也是"中国最美的乡村"的完整结构,因而吸引了无数中外游客,使婺源成为深受中外游客喜爱的旅游胜地。从婺源2015—2019年旅游统计数据可以知(见表1-3),每年游客增长速度明显,既有日、韩、英、美等外国游客,又有长三角、珠三角和华中地区等国内游客,这使得旅游收入年增长幅度显著。随着休闲旅游和文化旅游不断升温,以绿色旅游和生态旅游为主的旅游产品应该进行调整,来满足旅游者消费需求。各景区点虽推出了各种传统文化活动,但总体品位不高,参与性与体验性仍有不足,特色性消费项目不多。因此,需要深入挖掘景区旅游产品的文化内涵,打造高品位的旅游文化娱乐项目。

表1-3 2015—2019年婺源接待游客人数和旅游综合收入

年份	游客人数/万人次	综合收入/亿元
2015年	1445	70.47
2016年	1750	110.3
2017年	2178.8	168.5
2018年	2370	220
2019年	2463	244.3

资料来源:根据婺源县广电新闻出版旅游局相关文件整理而成。

(三)非遗旅游主题(T)提炼

主题来自旅游资源属性,它是资源的抽象、提炼和概括。主题既是产品和线路的基础,又是客源市场定位和推广销售的依据。主题需要通过相关活动来烘托,并可引导本区域及周边区域向旅游产品的深度开发。婺源市场宣传口号是"中国最美的乡村",即婺源旅游主题"最美的乡村"的完整内涵应包括"天"(青山、秀水、古树)和"人"(古建、田园、英才、文脉、民风),这些要素的结合才是完美的"天人合一"。《江西省婺源县旅游产业发展总体规划》以最美乡村和生态、文化为内核,对婺源县旅游产业发展进行总体规划,可以看出文化在婺源旅游开发中占有突出的位置。根据婺源县非物质文化遗产的类型和婺源县旅游产品开发规划,可以确定以下旅游开发主题(见图1-10)。

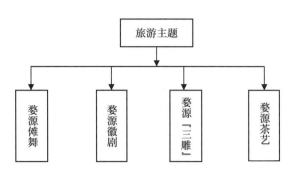

图1-10　婺源非物质文化遗产旅游开发主题

1. 以婺源傩舞为主题,展示中国古代舞蹈艺术魅力

傩舞俗称"鬼舞"或"舞鬼",是汉族古老的一种祭神、驱瘟避疫和表示安庆的娱神舞蹈。婺源傩舞历史悠久,早在明代初叶就有婺源傩舞外出表演的记载。婺源的傩舞节目多为神话和民间传说故事,表演非常古朴、粗犷、夸张。婺源傩舞的表演形式有独舞、双人舞、三人舞、群舞等,动作十分丰富,是一种古典舞蹈与彩绘木雕相结合的艺术。婺源傩面具有50多种,以木头雕做,工艺精致,手法夸张,神气活现,其忠奸优劣、老少妍陋无一相似。婺源傩舞历史悠久,节目众多,风格独特,是中国古代舞蹈艺术史研究的"活化石",深为国内外专家、学者所瞩目。婺源傩舞曾于1953年赴北京参加全国首届民间音乐舞蹈会演。《中国民族民间舞蹈集成》《婺源舞鬼的艺能》及有关资料先后载入日本木耳社出版的专著《中国汉民汉的板面剧》中。2005年,婺源傩舞节目参加"中国·江西国际傩文化艺术周中外傩艺术展演"荣获金奖和优秀表演奖。婺源傩舞以古朴的舞蹈风格和众多的表演节目承载着丰富的传统文化内容,因此需要保护与传承,被入选首批国家级非物质文化遗产。

2. 以婺源徽剧为主题,展示徽文化的博大精深

徽剧是一种重要的地方戏曲声腔,主要流行于安徽省境内和江西省婺源县一带。婺源徽剧是一个富有特色、流传广泛的古老剧种。因婺源地处皖、浙、赣三省交界处,古属徽州,徽戏剧目通俗易懂,结构简练,动作性强,"戏"的成分浓,雅俗共赏。徽剧在表演上注重对人物形象的刻画、塑造,并通过动作和神情予以外化,表现出来,而且动作难度很大。徽剧传播的地域广泛,不仅为京剧的形成奠定了基础,也为其他地方剧种提供了丰富的养料。徽剧特色和徽剧形成和发展中所做出的贡献,对中国戏曲发展史研究很有价值。中华人民共和国成立后,婺源县成立了徽剧团,挖掘和收集了传统剧目《昭君和番》《斩经堂》《水淹七军》《扈家庄》《百花赠剑》《盗令三挡》《北河祭旗》等400余出,整理曲牌800多首、脸谱50多个,曾于1959年以徽剧《汾河湾》参加古老剧种赴京汇报演出。婺源徽剧历史悠久,影响深远,其为中国戏曲留下来的这些艺术遗产,很有传承和保护价值①。

---

① 郑大中.传统戏曲:上饶文化奇葩[EB/OL].(2012-03-05). http://paper.srxww.com/srrb/html/2012-03/05/content_1094776.htm.

3. 以徽州"三雕"为主题,展示徽派建筑的缩影

徽州"三雕"艺术是指在古建筑中的砖雕、石雕、木雕,一般用于古民宅、官宅、宗祠、庙宇、廊桥、牌坊,它们是随徽派建筑的兴起而发展起来的,并且互为衬托、交相辉映、富丽堂皇。徽州"三雕"是中华文明的艺术杰作,既具有极高的学术研究和历史考察价值,也有观赏、审美的精神价值,同时也为当代建筑提供了不可替代的实物研究和借鉴价值。中华民族有三大地方文化,即敦煌文化、藏文化和徽文化。徽派建筑是徽文化的重要组成部分,而徽州"三雕"又是徽派建筑的主要内容,它集美学、力学、数学、历史学、生态学于一炉,极具艺术价值,更有深刻的文化内涵,对当代的建筑艺术和生态环境有巨大的影响。

4. 以婺源茶艺为主题,展示精湛的茶艺和高深的茶文化

婺源产茶历史可以追溯到唐载《茶经》,婺源所产茶宋称绝品,明清入贡。在历史上,婺源属徽文化,儒雅风流。茶艺追求的是汤清、气清、心清与境雅、器雅、人雅。在婺源流传至今的茶艺表演节目有农家茶、新娘茶、文士茶等。其广义的内容除表演外,还包括茶亭、茶歌小调、茶画等。婺源茶艺表演以茶艺音乐为背景,表演者穿着茶艺服装来演艺茶艺,表演泡茶过程,让人在品茶的过程中感悟高深的茶文化。婺源茶艺具有历史价值、文化价值和精神价值。

(四)非遗旅游体验塑造(E)途径

婺源山清水秀,是文化特色明显的最美乡村,要想充分调动游客的旅游兴趣,就要营造形式多样、强度适度的旅游体验项目。可以通过视觉体验塑造、听觉体验塑造、嗅觉体验塑造、触觉体验塑造、味觉体验塑造和运动感觉体验塑造,来构成了一个完整的体验要素体系,通过体验情景塑造,让游客具有主动参与互动的热情。在进行非物质文化遗产旅游开发时,可以通过看婺源傩舞表演、听婺源徽剧、闻油菜花的清香、触摸婺源徽派建筑、品味婺源绿茶的清雅以及参与婺源傩舞互动,对六种感官的体验进行设计,营造出婺源游客体验的目标情景,使游客全身心、全感官地体验婺源,达到"可欣赏、可享受、可回味"的境界和水平。

1. 活动的体验化设计

为了游客体验更有深度,在设计体验型旅游产品时,应该强调以主题为中心,通过各种活动安排,来设计深度体验的旅游产品。例如,可以进行单项活动体验化设计,即主要针对某一项活动进行全方位设计,可通过活动主题化、活动舞台化、情节巧妙安排、用布景和道具渲染剧情等方式来设计。

2. 组合活动的体验化设计

非物质文化遗产所处的生存空间具有一定的差异性,为了强化景区整体旅游体验深度,达到旅游者完美体验的目标,可以通过整合空间布局、融入时间格局、错落有致设计情节等方式来设计。

（五）非遗体验型旅游产品（P）设计

可以根据婺源县非物质文化遗产旅游主题开发的分析，以非物质文化遗产价值为核心，以增强旅游者体验为中心，依据主题的层次和差异性原则，将主题产品设计为五个层次的主题产品谱：静态展示体验型旅游产品、动态参与体验型旅游产品、实景舞台剧体验型旅游产品、传统技艺体验型旅游产品、辅助体验型旅游产品。

1. 静态展示体验型旅游产品

徽州"三雕"极具艺术价值、历史价值、审美价值等旅游价值，要使徽州"三雕"的文化内容得到充分的展示，使游客在观赏中获得更多深度体验，可以进行以下体验化设计。

1）在静态展示中增加体验化活动

徽州"三雕"是徽派建筑中极精彩的艺术，主要具有观赏性、审美性，以及学术研究和历史考察价值。这类资源特点决定其在旅游产品开发中主要是以博物馆式展示的，通过实物、图片及精品陈列对其美学价值、建筑艺术、雕刻技术进行展示，让游客获得审美体验和教育体验。但是，在体验经济时代下，旅游者不仅仅满足于观赏型旅游。因此，可以通过直接提供材料、选择图案来让游客参与徽州"三雕"的制作，增加游客的体验深度。

2）精心设计徽州"三雕"旅游纪念品

游客常常会在旅游地购买体验型纪念品。因此，可以按照游客要求设计纪念品，比如雕刻生肖型、个人肖像型等图案的纪念品。这种纪念品非常个性化，具有深度体验性，可以让游客的美好体验借助纪念品载体而更加难以忘怀。这就要求纪念品具有造型别致、便于携带、美观大方、观赏性强以及具有收藏价值等特征。

2. 动态参与体验型旅游产品

动态参与体验型旅游产品，例如借助婺源茶文化，以观赏与体验相结合来设计体验型旅游产品。

1）以观赏来突出旅游者休闲体验

茶文化主要体现在茶艺器具精美、乐舞伴奏清雅，表演者气质、动作优雅等方面。这就要求在开发茶文化旅游产品时，应该着重观赏和休闲功能。可以通过表演者穿着特色服饰，以舒缓音乐为背景，借助器具来现场表演茶叶制作和泡茶的过程；还可以让游客去有"中国茶文化第一村"美称的晓起村，在这里，旅游者可以在山村茶园、高山茶园中驻足欣赏，在制茶作坊中深入了解茶叶的制作，在品茗乐园中细细品味茶的芳香，让心灵远离城市的喧嚣而得到净化。

2）以参与来满足旅游者深层次文化体验

随着体验经济时代到来，旅游者的需求由被动转为主动，由观赏转为参与。在婺源茶文化旅游开发过程中，应该增加游客参与项目和活动的设计。例如，在采茶的季节，可以让游客亲自去采茶和学习制茶的全过程，从中学习茶道、茶艺知识和技术，感受博大精深的茶文化，从而获得心灵深处的体验。

3）设计茶文化特色旅游纪念品，借助茶文化节提升影响力

茶文化特色旅游纪念品主要包括茶具、茶画、茶诗、茶工艺品等关于茶文化各个方面的旅游商品。游客购买这种纪念品后，可以延续对茶文化的美好体验。可以借助婺源国际茶文化节，提高知名度，吸引更多游客，提升婺源茶艺的国内外影响力。

3. 实景舞台剧体验型旅游产品

可以通过实景舞台剧来表演婺源傩舞、婺源徽剧，实现体验型旅游产品设计。属于民间舞蹈的婺源傩舞和属于传统戏剧的婺源徽剧，这两类国家级非物质文化遗产在婺源知名度高，也是婺源非常具有吸引力的旅游资源。但是其存在表演枯燥单一、舞台布景技术与效果不足、缺乏互动性等问题，导致游客的体验感不佳。因此，可以通过以下设计来增加游客的体验效果。

1）充分运用现代声光舞美技术来烘托体验气氛

婺源傩舞和婺源徽剧的表演必须充分保留原生元素，这种特有的元素包括服饰、演唱技法、音乐中曲调、表演曲目，以及乐器类型及其演奏方式等。舞蹈中的基本形体、台词和场景模式，可在以原生元素占主体地位的基础上，引入现代舞美技术，通过调度舞台、灯光音响、舞台美术等来形成对场景氛围进行渲染的震撼性效果，营造良好的主题体验气氛，以此全面调动游客的听觉和视觉等，让旅游者深受感染，旅游体验得到升华。

2）借助场景与载体的合理设计来让游客通俗易懂

婺源傩舞和婺源徽剧的传承发展是与当地文化环境和自然景观紧密联系的，主要是通过当地百姓来表演的，融入了婺源县老百姓的经济文化生活。可以根据婺源傩舞和婺源徽剧各自本身的特点，让表演者统一着装，使舞台布景与周围场景相映衬，增强载体原真性，突出主题背景，并对表演的人物、事件和节目进行创新编排，使其更具体化、通俗化，增加旅游者体验深度。

3）增加体验活动的设计，让游客参与表演

体验型旅游产品要有让游客参与的情节和活动。表演艺术不能是纯观赏的，可以适当地让游客参与其中。在节目设计上，要求内容结构简练、逻辑性强，参与情节要大众化，要做到动静结合。可以将表演分为观赏和参与两类，游客既是观赏者，又是表演者，这有利于调动游客的兴趣，激发他们的旅游欲望，更好地满足旅游者参与的心理需求，使游客留下难忘的记忆。

4. 传统技艺体验型旅游产品

婺源传统技艺历史悠久、文化内涵深厚、技艺精湛，主要包括歙砚制作技艺、徽州"三雕"技艺和婺源甲路纸伞制作技艺。这类非物质文化遗产具有选材精细、构思独特、工艺高超和技术娴熟的共同特点，巧妙设计并灵活运用材料性能，准确地反映了普通老百姓的审美观和精神境界。它既具有历史价值和科研价值，也具有现实的日用价值、艺术价值、人文价值和经济价值。因此，传统技艺体验型旅游产品的设计，主要从审美体验和参与体验角度来进行。

1) 在古色古香的氛围中进行表演

要按照古代人进行手工技艺活动的场景来设计表演环节，传承人表演要统一着装，材料也要是现场选取的。其他环境，包括设施要表现出原生态现场效果，从而达到烘托主题的目的。旅游活动设计要让游客实景观赏传承人表演，包括要从选料、打磨、成型制作流程和技艺展示，让旅游者有身临其境的感觉，从中领悟到制作者的文化思想。由于传统技艺有很强的艺术性，游客通过观赏，可以激发其内心更深层次的共鸣。

2) 设计参与性旅游项目

体验型旅游产品具有能充分发挥旅游者个性化、参与性的功能，传统技艺旅游体验设计可以通过游客参与制作，产生对材料、工艺和技艺的深度体验。主要通过以下两种方式：一是现场直接参与制作。在旅游项目中，包括设计参与、制作环节参与和全程参与。比如，在歙砚制作作坊中，游客既可以自己设计，也可以在传承人指导下自己制作歙砚。可以从取材、定型到图案设计全程参与。二是DIY制作。现场提供原材料、提供粗坯材料和提供组合式成品材料，游客可以任选材料，在传承人指导下进行制作，或者自己独立制作，可以将制作成品作为自己的旅游纪念品。

5. 辅助体验型旅游产品

辅助体验型旅游产品主要包括安全保障设计、活动指南、品牌设计、纪念性旅游商品出售、体验活动音像纪录片制作销售和品牌设计等。安全保障设计包括硬件设计和软件设计等，安全硬件设计主要指活动场所、设施及救援能力设计。活动指南主要指文字图像资料与实践指导人员等，特别是专业性强、活动程序复杂的体验活动必须有系统的活动"指南"。品牌设计主要指品牌口号、品牌图片、品牌标识等。在具体设计中，通常将这些内容融合到体验活动之中，从而增强游客的体验效果。

案例使用说明

一、教学目的与用途

适用的课程和对象：本案例适用于学习文化遗产学、旅游景区开发与管理、旅游规划与开发、旅游市场营销等相关课程的本科生与研究生。

教学目的：通过本案例的教学，使案例学习者了解体验经济视角下非遗旅游开发模式RMTEP，用以引导案例学习者对于体验经济时代背景下创新非遗旅游开发的思考。

二、启发思考题

1. 思考非遗旅游与体验经济耦合的动因及功能。

2. 体验经济视角下非遗旅游开发模式RMTEP的内容与应用。

3. 立足于体验经济与沉浸式体验的视角，规划设计非遗景区旅游产品，要求主题明确、特色鲜明、内容充实、操作可行。

第二章
非遗旅游体验质量的影响因素：婺源篁岭实践

第一节 案例背景

一、国家高度重视非遗保护工作

我国非物质文化遗产是在中华民族文明不断发展过程中逐渐形成的成果，是中华民族集体智慧的结晶，是联结中华民族精神情感的桥梁。维护好我国非遗，是维护国家统一的基础，对促进社会经济协调且全面发展有着非常重要的作用。2011年6月，《中华人民共和国非物质文化遗产法》正式实施。2017年5月，中共中央办公厅、国务院办公厅公布了《国家"十三五"时期文化发展改革规划纲要》，重点提出加强非遗保护。随着"十三五"规划的提出，非遗得到了越来越多的关注。截至2022年，我国共有各级非遗代表性项目10万余项，其中国家级非遗代表性项目1557项；各级代表性传承人9万余名，其中国家级非遗代表性传承人3062名。尤其在2020年11月，中共中央颁布并实施了《中共中央关于制定国民经济和社会发展第十四个五年规划和二〇三五年远景目标的建议》（以下简称《建议》）。《建议》提出深入实施中华优秀传统文化传承发展工程，强化重要文化和自然遗产、非物质文化遗产系统性保护。

二、江西全力推动非遗保护工作

非遗保护工作是社会主义文化建设的一个重要组成部分，保护、保存好非遗，对江西建设文化大省具有重要意义。2015年5月，江西省发布了《江西省非物质文化遗产条例》，明确指出应贯彻"保护为主、抢救第一、合理利用、传承发展"的基本方针，确保政府部门主导、社会各界参与，依法落实对非遗的保护与传承工作。截至2023年6月，江西省拥有国家级非遗代表性项目88项、省级非遗代表性项目560项，国家级非遗代表性传承人69人、省级非遗代表性传承人611人，景德镇手工制瓷技艺省级代表性团体（119人）。国家级文化生态保护区1个：徽州文化（婺源）生态保护区。国家级文化生态保护实验区2个：客家文化（赣南）生态保护实验区、景德镇陶瓷文化生态保护实验区，数量与青海省并列全国第一。省级文化生态保护实验区3个：庐陵文化生态保护实验区、戏曲文化（抚州）生态保护实验区、中医药文化（樟树）生态保护实验区。省级"非遗小镇"建设单位17个。国家级非遗生产性保护示范基地4个、省级非遗生产性保护示范基地74个。省级非遗研究基地20个、传承基地25个、传播基地43个，基本建立了适合江西省现状的非遗保护体系。

三、婺源全面落实非遗保护与旅游开发工作

婺源作为江西省非遗资源最多的县市，一直大力弘扬优秀传统民俗文化，积极推动民俗文化旅游的发展，把婺源板龙灯、婺源傩舞、婺源徽剧等民俗文化和婺源绿茶制作技艺、婺源歙砚制作技艺、婺源甲路纸伞制作技艺、婺源徽州"三雕"等传统工艺的展示融入旅游项目中去，积极打造了水墨上河景区、篁岭民俗文化村、严田古樟民俗园等以民俗文化为主的旅游景点，推出"追寻朱子脚步、歙砚制作熹园研学"等以文化体验为主题的景区，对推动创新性文化转变、开拓性发展有着重要的实践意义。婺源根据文旅融合、非遗先行的基本思路，大力探索既能促进非遗保护，又能推动旅游业发展的共赢方案，把婺源的文化资源转化为实际的旅游资源，逐步探索出了一条特色鲜明、优秀传统文化和旅游业相互融合的健康发展之路。

四、篁岭非遗与旅游融合推进景区高品质发展

篁岭村位于婺源县内，因"晒秋"而声名远扬，极具特色的传统民俗和风俗习惯吸引了大量游客来此游览。篁岭历史源远流长，有随处可见的特色风俗民情，如祭祖、抬阁、晒秋等，其中"晒秋"是典型的代表地域特色的乡村农俗。在国家对非遗的重点保护和大力推广下，篁岭景区依据"宜融则融、能融尽融"的原则，让非遗走到普通群众中间去，开展非遗项目走进旅游景区的活动。主打"晒秋"休闲度假旅游，景区建设着重与非遗传承延续和风俗文化相结合，既丰富了篁岭的文化内涵，也提升了篁岭的文化品位，使本地的非遗得到了更好的传承和发展。

第二节　案例研究理论

一、旅游体验理论

阿尔文·托夫勒在其专著《未来的冲击》中提到，服务经济未来的发展方向是体验经济，商家要想在激烈的市场竞争中取胜，则需要依靠这种体验服务。之后，约瑟夫·派恩、詹姆斯·吉尔摩第一次提出了"体验经济"这一理论。随着这一理论的不断补充和改进，其所覆盖的范围也越来越广，逐步延伸到旅游业。

（一）旅游体验的内涵

就性质而言，旅游体验和镜像体验比较类似——旅游目的地就是一面镜子，旅游

者在关注着别人的同时也在对自己进行认识,也可以将其理解为一种旅游环境和旅游者旅游审美能力双向提高的过程。

就结构而言,旅游体验包含了多个结构。第一,就时间结构来说,旅游体验包含了旅游的预期体验、现场体验、追忆体验,在旅游过程的各个阶段表现出不同的特点,并且在时间不断推移的过程中不断地得到升华,最终演变成人们对生活的一种体验和精神世界的一部分。第二,就深度结构来说,旅游体验具有一定的层次性,大致可分为五个层次,即感官体验、身体体验、精神体验、情感体验、心灵体验。旅游体验的层次越深,旅游者体会到的意义就越大。第三,就强度结构来说,旅游体验可以划分为一般性体验、高峰性体验两类。旅游体验越能达到高峰性体验,旅游者体会到的旅游价值就越大。

以这一理论为指导,各地旅游开发商开发出了各具特色的情景体验,为旅游者提供了多种多样的体验,使旅游者通过各种情景体会到非遗的内涵。其中,非遗旅游更拥有独具文化意蕴的情景体验,使旅游者通过各种情景体会到了非遗的文化内涵。地区之间的差异决定了各地非遗特点的不同,依据体验性理论,旅游景区可以根据非遗的风俗特点来配套相符的旅游设施,让旅游者体验到各具特色的非遗带来的不同感受。因此,为了更好地提升江西篁岭非遗旅游品质,本研究运用旅游体验理论对江西篁岭非遗旅游的影响因素进行研究,以推动江西篁岭非遗旅游高质量发展。

(二)旅游体验的测量方法

对旅游体验内容学者们有的不同认识,当前在旅游体验的测量方面主要有两种方法,即实时测量法和回顾式评价法。重视旅游者在旅游过程中的现场体验,并尽量收集旅游过程中体验的动态结果,将旅游者的情感反应作为旅游体验来研究,一般采取的是实时测量法;而回顾式评价法是将旅游体验当作旅游的整个过程进行研究,一般都是在旅行结束以后根据旅游者的满意度或者旅游体验质量,运用旅游体验量表来评估旅游体验。关于实时测量法,部分学者指出,旅游体验即旅游者的心理感受,可以借助情感表现出来。因为旅游体验具有主观性、情境性、动态性、亲身性等特点,对旅游体验进行随时观测可以最大限度地掌握旅游者的旅游体验,以更有效地管理旅游体验。其代表性学者,如Loiterton等(2008)使用GPS定位和个人数码装备跟寻游客,在不同位置请求游客完成测量主观感觉的题项;Coghlan等(2010)对游客每天在情感环状模型中填写的当天旅游整体满意度和情感强度水平进行研究,进一步探讨游客的情感随时间变化而产生的情况;Pettersson等(2011)使用定位追踪技术,了解游客在体育事件中的实时体验;李君轶等(2018)将秦始皇帝陵博物院作为实际案例进行研究,在预先设置的9个地点调研外籍旅游者当时的情感体验,分析现实空间位置与情感体验之间的联系。

与实时测量不同,另一些学者则是把游客的旅游历程当作其旅游体验,让游客在旅游结束后的某一时段对整个旅游行程进行评价(即回顾式评价)。这些研究通常会运用旅游体验质量、游客忠诚度和满意度来评估游客的旅游体验过程。如Sarra等

(2015)基于感知表现理论,使用ITR方法衡量游客的旅游体验。部分学者以游客对产品质量和旅游服务的满意度作为衡量游客的非遗旅游体验标准。例如,李静等(2015)根据结构方程模型里中外游客对雾霾造成的旅游体验影响时,使用的测量依据是满意度和忠诚度;Wu(2018)运用旅游体验质量的维度来评估旅游体验,从四个方面测量了旅游体验质量,即进入性质量、互动质量、结果质量、物理环境质量;马天(2019)提出旅游体验质量会影响旅游者评估其旅游体验的好坏程度,是旅游者满意度的影响因素。

本研究根据马天(2019)所阐述的观点,认可旅游体验质量能更好地衡量旅游体验这一观点,最终选取旅游体验质量作为非遗旅游体验的评价标准,采用回顾式评价法作为本研究的测量方法。

二、游客满意度理论

游客满意度是指以景区服务质量管理体系和顾客满意度理论为基础,对游客内心情感变化进行对比而得出的一种旅游结果。游客满意度是旅游者对旅游目的地预先的期望和实地体验后的感受进行对比后的结果,也是旅游者对旅游目的地的景观、基础设施、服务、环境等的综合评估。

(一)游客满意度的内涵

20世纪80年代,学界逐渐归纳出游客满意度的内涵。A.Pizam等认为,可以立足于期望来界定游客满意度,即旅游者在对旅游目的地进行信息收集的过程中会对其产生一定期望,然后和实际体验后的感受进行对比后形成满意度。它强调旅游之前的准备工作和旅游过程中的体验同样重要,比较重视旅游者自身变量相互之间产生的影响。随着研究的不断进展,在游客满意度已有的研究基础之上,当前研究者们突破了传统视觉体验的局限,从新的角度出发,研究如旅游者听觉、嗅觉等对游客满意度产生的影响,强调旅游者不同感官感受对游客满意度产生的影响,进而丰富了游客满意度的研究维度。

(二)游客满意度的研究方法

因为游客满意度研究属于社会科学范围内,所以很多研究社会科学的方法都可以用来研究游客满意度。本研究对中国知网的大量文献进行了分析,得出游客满意度的研究方法大体可归纳为三种类别:定量研究、定性研究以及定量与定性相结合。而通过文献的比对,大部分文献中的数据获取都是通过随机问卷调查法和深度访谈获得。在数据处理分析方面,基本是采用SPSS数据分析工具解决问题。在游客满意度研究的过程当中,定性研究从某种角度来说是一种结构主义观点,难以形成客观性,因此,本研究中也采取定量方法来进行补充。定量研究大体会运用如IPA模型、结构方程模型、服务质量模型等各种数理模型法。但对模型的分析侧重于论述性说明和简单的数据处理,对建立多因素综合模型、复杂统计学的运用较少,对游客满意度和有关理论间的关系探析较少。

三、非遗保护理论

（一）非遗价值分析

非遗是在悠久的历史发展过程中流传下来的，是历史文化传统和文化变迁的一种见证。非遗的特征构成了非遗的价值。通过参阅肖刚、肖海的文献研究，以下将非遗所具有的价值进行归类，主要包括三类，具体如下。

1. 历史、文化、审美价值

非遗在经历了上千年的不断传承和演变后，仍然具有原生态内涵和民族特色，是各民族先祖生产生活和习俗的真实记录。如民风民俗、方言习语、宗教信仰、节庆庙会等是各民族社会发展变化、生活方式历程的浓缩，是研究了解各民族社会发展、生活习俗的重要依据，在民俗学、民族学、社会学等方面都有非常重要的研究价值。

非遗从多个方面表现出原生态文化特征，在各民族群众中长久地反映出一种区域性文化形态。每一种民俗文化活动、表演艺术和消费习俗都具有丰富的文化内涵，挖掘非遗的文化内涵，能促使旅游者更深入地掌握非遗表现出的各个民族特色鲜明的文化发展轨迹，促进非遗的保护与传承。

非遗中包含了很多极具特色的传统工艺品，拥有非常考究的制作技艺，经历了几代人甚至几十代人的继承和发展，积淀了丰厚的文化内涵，体现着人类伟大的智慧。这些非遗蕴含着丰富的美学特性，是人们在历史活动中流传下来的贵重资产，表现出各民族特色鲜明的审美倾向、艺术创造力、生活风貌。此外，各民族精湛的艺术表演、精细的做工服饰等，都具有浓厚的地方特色和审美价值。

2. 科学、教育价值

非遗中，每一项民俗活动、表演艺术和消费习俗都不是凭空产生的，也不是哪一位天才突发奇想构造出来的，它是各民族先祖在特定的自然地理环境与生产生活中不断摸索总结出来的，是一种发明与创造，具有非常强的综合性知识属性，蕴含着非常重要的科学研究价值。

非遗传承至今融入了大量的历史文化、审美艺术等，有着重要的教育价值。很多传承非遗的过程，也是教育的过程——非遗传承人教授给学习者技艺，学习者学习、掌握、传播这些技艺。

3. 经济价值

非遗蕴涵着巨大的经济价值，可以将非遗资源开发成为一种生产力，带动相关行业和地区的发展。如景区可以通过展示民间艺术、开发民俗文化等来提升景区的品牌和知名度。同时，景区或旅游目的地也可以重新设计传统工艺品使其成为旅游产品，旅游者在旅游的过程中购买旅游产品，能够极大地促进旅游地经济的发展，从而拉动旅游地的经济增长。

(二)非遗保护分析

我国优秀传统文化是在几千年的历史发展中形成并继承下来的,包含着对民族文化的认同,维持着民族的生存和发展。习近平总书记强调,要扎实做好非物质文化遗产的系统性保护,更好满足人民日益增长的精神文化需求,推进文化自信自强。这一指示明确了我国非遗保护工作。

应在保护的原则上对非遗进行开发。在旅游业的开发过程中,应当树立起强烈的保护意识,在保证非遗的真实性同时,向游客展现其真实的历史价值和人文内涵。另外,在保护相关文化事物的同时,还需要加强对文化背景的保护。冯骥才老先生曾表示,非遗作为文化遗产,就需要保持其多样性。不仅要维持其魅力、形态、成果的多样性,还要维持其思维方式、追求等的多样性,这才是保护非遗的最根本的目的。比如徽州"三雕",在对其进行保护的过程中,不仅要重视有关技艺的传承,还要保护文化的传承、生存的土壤、地区民众的参与,更要遵循因地制宜的原则,根据自身实际特点制定相关的保护措施。

第三节 案例地发展现状

一、景区发展演变

篁岭,处于江西上饶婺源县东北部,距今已有600余年的建村历史,其建筑特色呈现出经典的徽派特点,有着丰富的"晒秋"文化。2009年,篁岭开始实行保护性开发。其开发模式是结合市场需求和篁岭特有资源而产生的,表现出创新性、阶段性的特征。篁岭利用旅游化的重构,将古老的农耕文明、传统的风俗习惯通过旅游业平台,进而发展、继承与延续,使得古村重焕生机。篁岭的创新模式为产业融入、收购产权、精准返迁、整体搬迁、就地城镇化。

婺源篁岭文旅股份有限公司与县、镇两级政府协商,先期投资1200万元,建设安置房、公寓并配备基础设施,对篁岭村留下来的村民进行整体搬迁;利用"招拍挂"的方法,获取了古村建设用地的使用权和旅游开发的经营权,解决了因为土地利用问题而发生的纠纷,使得产权更清晰、边界更清楚,为篁岭古村建立精品旅游景区奠定了坚实的基础。

篁岭通过老建筑易地搬迁,复兴古村鼎盛期的风貌,创新了明清古建筑"寄养式"的保护和利用模式。把婺源县零散的古建筑都搬迁到篁岭进行修缮和保护,所属地政府还是具有所有权,公司拥有使用权。

篁岭通过当地居民返迁兼业和就业实现"就地城镇化"。在对古村落"修旧如旧"中,激活了婺源三雕工艺,很多修缮工程的参与者都学习到了这项工艺,把兼职发展成了专业。在修复、保护、提升活态乡土村落的过程中,让原来的居民在之前的空间里生活,实现了非农化,绘出了"就地城镇化"的新样本。

二、景区非遗旅游发展

篁岭的乡村景观呈现出梯田花海、民俗晒秋、古村落、古树群为一体的景象。篁岭独特的晒秋文化入选"最美中国符号",网友们把篁岭古村落称为"世界最美村庄"。2018年,篁岭景区接待游客量达130万人次,日流量最高可达2.6万人,年均纳税4000多万元。2019年国庆黄金周,篁岭景区共计接待游客11万人,又一次刷新了篁岭"黄金周"游客量纪录,全年购票人数达142万。

2019年5月,第五届2019中国(婺源篁岭)商旅文产业年会上,篁岭获评"中国商旅文产业发展示范乡村",成为首个以乡村旅游主导的项目获得此荣誉的景区。篁岭运用生动演艺、文化倾注、内涵挖掘等方法展现古村落文化的原真性和民俗文化的原味性,促进了生态文化、民俗文化、古村落文化相互融合发展。

三、景区非遗旅游资源

自正式进入开发阶段后,篁岭一直坚持以文化产业来推动发展,高度重视对文化内涵的深入发掘和丰富,大力发展各种各类非遗项目,如歙砚、国画、刺绣、纸伞等,被外界评价为活生生的博物馆。

篁岭景区引进的非遗资源十分丰富,以传统技艺、传统戏剧和民俗类为主。如有婺源徽剧、婺源傩舞、婺源徽州"三雕"、婺源歙砚制作技艺以及婺源绿茶制作技艺等国家级非物质文化遗产,有婺源甲路纸伞制作技艺、徽州刺绣等省级、市级以及县级项目,还拥有具有代表性的各级非遗项目的传承人几十位,这些非遗资源数量基本排在所属婺源县的各个景区前列。

第四节 案例地研究模型构建与问卷设计分析

一、模型构建

旅游体验会受到诸多因素的影响,本研究参考吴兆龙等关于结构方程模型的建立理论和主要特征,采用戴其文和肖刚对于游客个体差异化属性的实证分析和安贺新关于景区服务、景区活动等的客观因素的研究,再根据前面相关文献以及理论分析,结合篁岭地域特点和非遗特征,提出篁岭非遗旅游体验质量影响因素的理论模型。其中,文化因素、产品因素、服务因素和互动参与性是影响因素的4个维度,情感体验和功能体验是旅游体验质量的2个维度(见图2-1)。

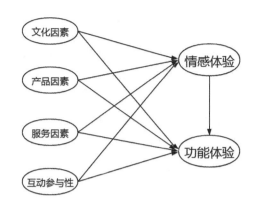

图 2-1 篁岭非遗旅游体验质量影响因素的模型

二、研究假设

(一)篁岭非遗旅游体验质量的维度

篁岭非遗旅游以观光休闲旅游的传统模式为主,更加关注旅游者对于当地的文化、生活、历史等方面的感受,注重突出其旅游的参与度和景区的服务水平,使得旅游者能够在情感方面得到更高质量的感受,达到心理预期的旅游体验效果。

游客在参观、游览或参与当地以非遗为主题开展的相关活动时,必然会对非遗的发展产生兴趣,进而影响当地经济、社会、文化的发展。同时,游客旅游体验质量的高低也影响着景区旅游开发状况。李建州等(2006)用问卷调查法验证了服务体验包含了功能、情感、社会等几个维度的合理性;刘静艳等(2015)以佛教南禅旅游体验为例,发现宗教旅游体验主要是对旅游者的内心进行干预,由此来使得旅游者的活动行为受到影响,具体可分为具身体验、情感体验、运动体验、影响体验;那梦帆等(2019)认为,旅游目的地的体验价值是以功能价值、享乐价值与符号价值为核心;匡红云等(2019)基于扎根方法构建了主题公园MTE模型,其中包含感知功能、关联和价值、情感、消极等方面的体验要素;宋振春等(2020)以身心交换视角对旅游体验的内在机制进行了深度研究,认为情感的提升对于旅游体验的产生所具有的作用十分明显。

由于游客在旅游过程中,所寻求的主要是旅游目的地的人文风情、景色以及和亲朋好友交流沟通的时间,这些也是旅游体验的先决条件。旅游体验其实质就是情感体验,是在旅游过程中对愉悦感知的一种过程,是游客在目的地通过游玩、观赏、交流、消费等途径来实现自身的内心愉快、心中畅快等。而功能体验是指通过旅游所发挥的功能与效用,从而达到愉悦自我、放松身心的目的,也反映出游客的感性需求和目的需求。由此,综合以上文献的研究推论,本研究概括旅游体验质量包括了功能体验与情感体验,游客心理情感的波动将直接影响着体验质量的高低。最终,本研究假设情感体验对功能体验有着正向影响。由此提出如下假设:

H9:情感体验对功能体验具有显著的正向影响。

（二）文化因素与篁岭非遗旅游体验质量

在篁岭旅游过程中，旅游者不再满足于一般的山水旅游，对文化的体验需求更加强烈。罗佳明（2010）提出，遗产所在地所具有的精神层面的文化氛围能够让旅游者有深度体会并产生深刻印象，这种对于文化的解释、展示应当和旅游产品的研发制作密切关联；王红宝等（2010）指出，基于文化体验为中心的非遗旅游应保持非遗的原真性，并深入挖掘其活态性；马凌等（2012）以西双版纳傣族泼水节为案例，对文化认知体验和享乐体验两项感知因子进行了测量，结果表明，文化认知体验比享乐体验对国内游客满意度的影响更大；戴士权等（2018）提出以心理体验为视角的旅游开发设计，运用以少数民族文化资源为基础的平台式体验模式；付璐（2019）认为，文化遗产有着其独特的历史特性以及深厚的文化底蕴，而游客对遗产的文化感知，将是进行旅游产品设计开发的基础。由此，综合以上文献的研究推论，本研究认为，非遗所在地的文化属性越高，游客对其的感官印象就越深，对旅游体验的满意度也会越高。由此提出如下假设：

H1：文化因素对情感体验具有显著的正向影响。

H2：文化因素对功能体验具有显著的正向影响。

（三）产品因素与篁岭非遗旅游体验质量

产品所具有的属性实现了使用者体验的满足感，这就叫产品体验。其所具有的满足途径包含了产品所具有的形态、产品和使用者之间的互动情况。篁岭非遗产品可以满足与游客的关联体验：一方面，通过篁岭的非遗产品所附带的文化属性、经济价值与游客发生关联；另一方面，通过篁岭非遗产品的交易形式与他人发生关联。

徐文燕（2011）认为，非遗产品的体验满足途径按照产品的使用者体验的方式可分为两种，即本能体验与行为体验，并以此对非遗产品模式进行了分析探讨；杨主泉等（2013）通过分析游客的产品购物体验，归纳出游客购买的基本模式，即刺激—反应模式和需求—动机—行为模式，进而提出相应的体验旅游产品的开发策略；张希月等（2016）从游客对产品的感知视角出发，以传统手工艺苏绣为研究案例，研究非遗传统技艺旅游产品的研发系统机理的影响因素，并对其影响因子做出了分析探讨；刘宇青等（2018）根据旅游产品的总体是由多个单品所构成的联系，通过定性的对比来进行分析研究，探索寻求旅游新产品的特点、种类、体验状况，以及旅游地的影响力、旅游者的创新性构成对于旅游体验感受价值影响的结构类型，采用游客问卷调查的方法，加以分析论证。由此，综合以上文献的研究推论，本研究认为，产品所蕴含的价值、文化内涵与游客的关联越紧密，游客所获得的旅游体验质量就越高。由此提出如下假设：

H3：产品因素对情感体验具有显著的正向影响。

H4：产品因素对功能体验具有显著的正向影响。

（四）服务因素与篁岭非遗旅游体验质量

旅游服务质量水平在提高旅游者的满意度以及提升旅游景区的市场竞争实力方

面起着重要作用。周丽洁等(2013)认为消费者对非遗旅游服务所产生的共鸣,可以使消费者得到满意的体验效果;高楠等(2016)对遗产地云冈石窟运用扎根理论和文本分析进行分析比较,得出旅游服务是影响游客意向的负面感知;宋蒙蒙等(2018)以少数民族地区为实例,构建了旅游体验质量影响因素模型,并通过因子分析,认为服务体验对于少数民族地区的旅游体验质量具有积极的影响作用,以及在影响程度上,服务体验位居所有因素第一;吴妙薇等(2019)运用网络文本分析法对诸葛八卦村的旅游体验评价进行分析研究,认为景区实现优化升级,可对自身所具有的历史文化底蕴进行深度发掘,进而提高其知名度。由此,综合以上文献的研究推论,本研究认为,游客对服务人员所提供的旅游服务的满意度高低,将直接影响其旅游体验质量的高低。由此提出如下假设:

H5:服务因素对情感体验具有显著的正向影响。

H6:服务因素对功能体验具有显著的正向影响。

(五)互动参与性与篁岭非遗旅游体验质量

非物质文化展现途径是一个民族的长期创作、代代相传的脑力成果,具有多样性的特征,拥有着良好的群众基础。旅游者在进行观赏时,很容易就会被影响到,甚至还会产生强烈的参与表演的想法,以便在具有差异、非常态的情景中获得身体、内心、情感、智力等方面的特有的体验感。

贾鸿雁等(2013)通过对来苏州旅游的游客进行问卷调查,分析得出强化创意体验将非遗活动与苏州传统项目相结合,丰富游乐形态并且进行多样化的游玩组合可以推进非遗与景区的和谐融合;詹芬萍等(2016)通过对游客参与体验进行问卷调查,分析期望与感知对游客满意度的影响,以此得出闽台节事旅游中影响游客满意度的重要指标;王忠等(2017)认为,应结合现代科学技术,让游客在现实体验、增强现实体验、替代现实体验、扭曲现实体验、虚拟体验、实物虚拟体验、镜像虚拟体验等多种娱乐体验项目中进行融合体验,以提升游客参与度与参与体验。由此,综合以上文献的研究推论,本研究认为,游客对于非遗活动的参与度越高,游客对旅游地的认可满意度就越高,对其体验质量的评价就会更高。由此提出如下假设:

H7:互动参与性对情感体验具有显著的正向影响。

H8:互动参与性对功能体验具有显著的正向影响。

三、问卷设计

本研究对篁岭的非物质文化遗产旅游体验质量的影响因素进行了测定,利用成熟度较高的量表,并且加以调查分析,得出了最终的量表。在李克特量表中,1-5分别指的是十分不赞同、不赞同、一般、赞同、十分赞同。

通过文献的梳理,本研究设计了21个测量题项。其中,文化因素的游客感知有4个测量题项,产品因素有4个测量题项,服务因素有3个测量题项,互动参与性也有3个测量题项,另外7个题项测量游客情感体验和功能体验,具体测量题项指标结构如表2-

1所示。第一部分主要测量包括性别、年龄、受教育程度、职业和所选非遗等。

表 2-1　测量题项指标结构

变量	测量题项	来源
文化因素	具有悠久的历史	赵悦、石美玉
	能够丰富文化生活	
	能够增长文化知识	
	文化传承的重要性	
产品因素	具有民俗特色	刘宇青、邢博
	具有实用性价值	
	产品质量较高	
	产品价格合理	
服务因素	清晰全面的讲解	李建州、范秀成
	讲解内容生动有趣	
	积极热情的服务	
互动参与性	能全身心地投入	张希月、虞虎；马凌、保继刚
	互动活动非常有趣	
	原真性体验活动	
情感体验	感到愉悦	谢彦君、匡红云、江若
	感到新鲜和兴奋	
	忘记了时间的流逝	
	十分满意	
功能体验	体验到了风俗民情	马凌、保继刚
	觉得旅游花费是值得的	
	获得了高质量的体验	

四、问卷分析

由于篁岭景区引进非遗项目较多，本研究选取了常驻篁岭景区的9类具有代表性的非遗作为具体对象，以来景区游玩的游客为调研对象，随机选择游客发放问卷。2020年10—11月，笔者到该景区进行了两次问卷调查活动，所发放的问卷数量为452份，其中有一部分是无效的，实际的有效问卷为422份，实际的有效率达到了93.4%。

（一）样本描述分析

此次样本数据中的个人信息包括年龄、性别、职业、受教育程度和所选非遗等，通过SPSS数据分析工具统计分析，整理得出样本统计分析表（见表2-2）。

表 2-2　样本数据统计分析表

测量项目	分类项目	数量/位	百分比/(%)
性别	男	177	41.9
	女	245	58.1
年龄	18岁以下	41	9.7
	18—25岁	173	41.0
	26—40岁	76	18.0
	41—60岁	98	23.2
	60岁以上	34	8.1
受教育程度	初中及以下	20	4.7
	高中和中专	97	23.0
	大专	138	32.7
	本科	137	32.5
	硕士及以上	30	7.1
职业	学生	115	27.3
	公务员	29	6.9
	教师	19	4.5
	务农人员	12	2.8
	军人	20	4.7
	企事业工作者	154	36.5
	其他	73	17.3
所选非遗	徽州"三雕"——木雕、砖雕、石雕	76	18.0
	篁岭晒秋	121	28.7
	徽州刺绣	34	8.1
	婺源绿茶	83	19.7
	婚嫁民俗	35	8.3
	甲路纸伞	15	3.6
	歙砚雕刻	12	2.8
	查记酿酒	26	6.2
	谢馥春"三绝"——香粉、香件、桂花头油	20	4.7

1. 性别

就性别来说，男性数量为177人，占比为41.9%；女性数量为245人，占比为58.1%。女性所占比重要比男性稍高，但是两者的差距不大。

2. 年龄

年龄方面，以 18—25 岁为主，共 173 人，占比 41.0%；其他年龄段中，18 岁以下人数 41，占 9.7%；25—40 岁共 76 人，占 18.0%；41—60 岁共 98 人，占 23.2%；60 岁以上共 34 人，占 8.1%。由此说明，来篁岭旅游的游客以年轻人为主，原因是年轻人群体还处于求知欲旺盛的阶段，希望通过接触更多的事物来开阔自己的眼界，提升自身的文化内涵和精神层次。

3. 受教育程度

受教育程度，大专学历的为 138 人，占 32.7%；本科学历的为 137 人，占 32.5%；其次是高中和中专的为 97 人，占 23.0%；硕士及以上的为 30 人，占总比的 7.1%；初中及以下的 20 人，占 4.7%。其原因主要是篁岭景区文化内涵丰富，受教育程度高的游客更倾向于来这类景区游玩。一方面，景区的风俗民情可以丰富自身阅历和见识；另一方面，游客自身具备的文化底蕴，可以促进与景区的非遗民俗活动产生共鸣。

4. 职业

职业方面，篁岭景区游客以企事业工作者和学生居多，分别为 154 人（占 36.5%）和 115 人（占 27.3%）；其次是其他职业人员，为 73 人（占 17.3%）；然后是公务员，为 29 人（占 6.9%）；再是军人和教师，分别为 20 人（占 4.7%）、19 人（占 4.5%）；最后是务农人员，为 12.0 人（占 2.8%）。受访人群中，游客职业中最多的组成部分是企事业工作者和学生，其原因是学生所拥有的休闲娱乐时间较多，企事业工作者的年休假也比较正常，这两类人群进行户外旅游活动的外在条件比较充分。

5. 所选非遗

从所选非遗来看，篁岭晒秋占 28.7%；婺源绿茶占 19.7%；"三雕"占 18%；婚嫁民俗占 8.3%；徽州刺绣占 8.1%；查记酿酒占 6.2%；谢馥春"三绝"占 4.7%；甲路纸伞占 3.6%；歙砚雕刻占 2.8%。由此看出，大部分游客还是为晒秋民俗而来。说明篁岭景区最大的吸引力还是放松休闲和增长见识，游客通过周末或在空闲时间过来观赏晒秋风景，在释放自身压力的同时提高自己的所见所闻。

（二）信度分析

信度检验是可靠性与相同性检验，是量表是否具有可靠性的基本依据。本次分析将 Cronbach's Alpha 系数作为对信度加以测量之标准，就相关的资料可知，Cronbach's Alpha 值在 0.7 以上，表明量表的信度满足了标准，内部一致性程度较好，可以开展深层次的研究分析。如果该值在 0.7 及以下，那么就要对问卷做出相应的调整优化或增添样本的数量。此外，本研究对所观测的变量加以排除，实际就是对各个变量都去除一次，若是这种情况下，其信度指数并未出现提升，那么此变量测量的可信度较高。

本研究运用 SPSS 数据分析工具来对所有维度信度系数、CITC 值和题项已删除之后的信度系数加以运算，由此对各个潜变量的经过实际证实的数据能不能达到内部一致性的需求进行确定，如表 2-3 所示。

表 2-3 信度检验

潜变量	观测变量	删除项后的刻度平均值	删除项后的刻度方差	修正后的项总计相关性	删除项后的 Cronbach's Alpha 值	Cronbach's Alpha 值
文化因素	具有悠久的历史	9.86	7.801	0.725	0.814	0.860
	能够丰富文化生活	9.96	8.031	0.674	0.835	
	能够增长文化知识	9.85	7.926	0.669	0.838	
	文化传承的重要性	9.88	7.449	0.759	0.800	
产品因素	具有民俗特色	10.57	8.536	0.806	0.853	0.896
	具有实用性价值	10.52	9.262	0.738	0.878	
	产品质量较高	10.71	9.190	0.730	0.881	
	产品价格合理	10.53	8.459	0.808	0.852	
互动参与性	能全身心地投入	7.24	3.307	0.742	0.783	0.855
	互动活动非常有趣	7.23	3.294	0.748	0.778	
	原真性体验活动	7.20	3.503	0.693	0.830	
服务因素	清晰全面的讲解	7.43	3.453	0.781	0.834	0.886
	讲解内容生动有趣	7.46	3.560	0.779	0.837	
	积极热情的服务	7.49	3.376	0.772	0.843	
情感体验	感到愉悦	10.46	8.819	0.773	0.841	0.884
	感到新鲜和兴奋	10.52	8.626	0.750	0.850	
	忘记了时间的流逝	10.48	9.148	0.723	0.860	
	十分满意	10.40	9.152	0.745	0.852	
功能体验	体验到了风俗民情	7.15	3.090	0.695	0.800	0.845
	觉得旅游花费是值得的	7.26	2.911	0.741	0.755	
	获得了高质量的体验	7.18	3.014	0.699	0.797	

由表 2-3 可知,文化因素的 Cronbach's Alpha 值为 0.860、产品因素的 Cronbach's Alpha 值为 0.896、互动参与性的 Cronbach's Alpha 值为 0.855、服务因素的 Cronbach's Alpha 值为 0.886、情感体验的 Cronbach's Alpha 值是 0.884、功能体验的 Cronbach's Alpha 值是 0.845,都超过了 0.7,达到了基本标准要求。观测变量和其潜变量间的 CITC 均超过了 0.5。由此可知,此次研究所运用的 6 个维度 21 个题项都具有良好的信度。

(三)效度分析

在开展因子分析时,要提前利用 KMO 与 Bartlett 球形检验对数据进行效度检测,以此了解所得出的样本数据是不是可以用来进行因子分析(见表 2-4)。KMO 值为 0—1,越靠近 1 说明数据样本越好。当然一般情况下,该值高于 0.7,表明了量表精准程度较高。Bartlett 球形检验主要是使用在对观察变量间所具有的关联程度加以阐释,要满足显著性系数 P 值低于 0.05,越接近 0 越好。

表 2-4　KMO 与 Bartlett 球形检验

KMO 值		0.923
Bartlett 球形检验	近似卡方	5407.924
	自由度	210
	显著性	0.000

根据表 2-4 的样本数据结果,KMO 值为 0.923,超过了 0.7;Bartlett 球形检验近似卡方值为 5407.924,显著性系数 P 值为 0.000。样本数据达标,结构良好,适合做因子分析。

(四)探索性因子分析

做探索性因子分析(EFA),一共 21 个测量变量,共提取了 6 个因子。具体因子数值如表 2-5 所示。

表 2-5　总方差解释

成分	初始特征值			提取平方和载入			旋转平方和载入		
	总计	方差百分比/(%)	累积百分比/(%)	总计	方差百分比/(%)	累积百分比/(%)	总计	方差百分比/(%)	累积百分比/(%)
1	8.782	41.818	41.818	8.782	41.818	41.818	3.011	14.339	14.339
2	1.968	9.369	51.187	1.968	9.369	51.187	3.011	14.337	28.677
3	1.569	7.470	58.657	1.569	7.470	58.657	2.946	14.027	42.704
4	1.392	6.628	65.284	1.392	6.628	65.284	2.425	11.547	54.251
5	1.223	5.823	71.107	1.223	5.823	71.107	2.343	11.157	65.408
6	1.075	5.117	76.224	1.075	5.117	76.224	2.271	10.816	76.224

续表

成分	初始特征值			提取平方和载入			旋转平方和载入		
	总计	方差百分比/(%)	累积百分比/(%)	总计	方差百分比/(%)	累积百分比/(%)	总计	方差百分比/(%)	累积百分比/(%)
7	0.506	2.408	78.632						
8	0.452	2.152	80.785						
9	0.419	1.994	82.779						
10	0.406	1.933	84.712						
11	0.400	1.905	86.617						
12	0.343	1.631	88.248						
13	0.334	1.588	89.837						
14	0.330	1.571	91.407						
15	0.311	1.482	92.890						
16	0.294	1.399	94.289						
17	0.268	1.278	95.566						
18	0.250	1.192	96.758						
19	0.244	1.163	97.921						
20	0.231	1.102	99.023						
21	0.205	0.977	100.000						

在进行探索性因子分析时,运用了主成分分析法,并且通过方差最高正交旋转来做因子的旋转,随机选择6个特征值在1以上的公因子,所得结果如表2-5所示。这些因子总方差解释率为76.224%,超过了70%,说明该测量量表的效度良好。

从图2-2中可以看出,从第7个因子开始趋于平稳,再次说明选取6个成分能够代表所要研究的内容。

使用主成分分析法提取公因子后,通过正交旋转,将关联性比较突出的因子放到同一个组中,各个公因子间所具有的相关程度较小。选定测量题项的过程中,一般需要题项因子载荷超过0.5,并且需要同一个题项在其他因子上的载荷小于0.4。

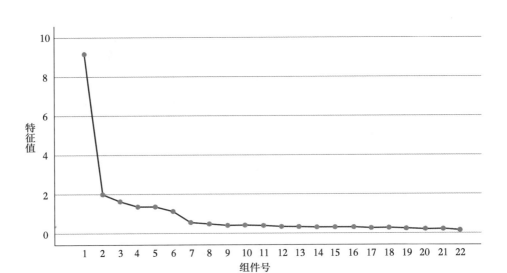

图 2-2　碎石图

由表 2-6 旋转后的成分矩阵可以看出,21 个测量题项可以归纳为 6 类因子,每个测量题项只在一个因子或维度上载荷在 0.5 以上,但是在别的因子上的载荷都在 0.5 以下,且每个维度下的测量题项都遵循理论分布集中在一块。由表 2-6 可知,各题项因子的载荷都处于 0.766—0.831,因子的构成十分清楚,各个题项的载荷量都比较大,解释力充分,这意味着该问卷有良好的内容效度。

表 2-6　旋转后的成分矩阵

观测变量	成分					
	因子1	因子2	因子3	因子4	因子5	因子6
具有悠久的历史	0.162	0.189	0.790	0.155	0.062	0.105
能够丰富文化生活	0.121	0.152	0.785	0.018	0.111	0.122
能够增长文化知识	0.173	0.093	0.779	0.085	0.048	0.110
文化传承的重要性	0.176	0.116	0.820	0.127	0.143	0.109
具有民俗特色	0.795	0.242	0.188	0.206	0.077	0.157
具有实用性价值	0.831	0.141	0.128	0.078	0.184	0.070
产品质量较高	0.751	0.207	0.224	0.179	0.054	0.149
产品价格合理	0.790	0.203	0.209	0.175	0.129	0.217
能全身心地投入	0.091	0.169	0.085	0.165	0.817	0.230
互动活动非常有趣	0.159	0.248	0.081	0.161	0.795	0.216
原真性体验活动	0.138	0.125	0.187	0.218	0.792	0.119
清晰全面的讲解	0.194	0.161	0.082	0.822	0.238	0.154
讲解内容生动有趣	0.162	0.203	0.184	0.796	0.190	0.201
积极热情的服务	0.199	0.209	0.120	0.821	0.147	0.139
感到愉悦	0.199	0.786	0.151	0.198	0.199	0.120

续表

观测变量	成分					
	因子1	因子2	因子3	因子4	因子5	因子6
感到新鲜和兴奋	0.218	**0.775**	0.184	0.131	0.140	0.155
忘记了时间的流逝	0.199	**0.783**	0.096	0.145	0.133	0.145
十分满意	0.147	**0.781**	0.195	0.150	0.135	0.180
体验到了风俗民情	0.114	0.194	0.179	0.189	0.198	**0.766**
觉得旅游花费是值得的	0.221	0.236	0.145	0.181	0.176	**0.775**
获得了高质量的体验	0.176	0.129	0.137	0.120	0.200	**0.804**

(五)验证性因子分析

验证性因子分析是一个因子与它相关联的测量项之间的关系检验,且验证该关系能否契合研究中的理论关系。本研究分析422份样本数据运用Amos 23.0对研究中体验质量影响因素的4个潜变量和体验质量的2个维度分别进行验证性因子分析。具体数据如图2-3、图2-4所示。

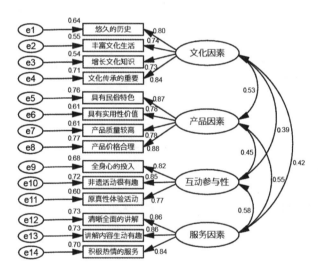

图2-3 影响因素验证性因子分析图

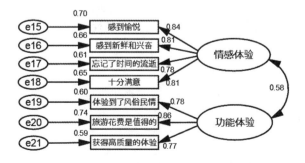

图2-4 体验质量维度验证性因子分析模型图

影响因素测量模型所具有的拟合优度指数可从表2-7中得知。检验所得结果X^2/DF为1.243,这就意味着拟合适配较好;RMSEA是0.024,小于0.08,这意味着适配程度较佳;IFI为0.995,TLI为0.994,CFI为0.995,NFI为0.975,RFI为0.968,结果均超过0.9,表明拟合程度良好,PNFI为0.761,大于0.5,满足拟合标准。综合以上检验指标,表明影响因素的测量题项构成的模型具有较好的拟合适配度,可以比较准确地对来篁岭的游客进行测量。

表2-7 影响因素验证性因子分析模型结构数据

	X^2/DF	RMSEA	IFI	TLI	CFI	NFI	RFI	PNFI
模型拟合标准值	<3	<0.08	>0.9	>0.9	>0.9	>0.9	>0.9	>0.5
模型数值	1.243	0.024	0.995	0.994	0.995	0.975	0.968	0.761

体验质量维度所构成的模型拟合优度指数从表2-8中可知。检验所得结果X^2/DF为0.699,这就意味着其拟合适配较好;RMSEA=0.000,小于0.08,这意味着适配程度较佳;IFI=1.003,TLI=1.004,CFI=1.000,NFI=0.994,RFI=0.991结果均大于0.9,表明拟合程度良好;PNFI=0.615,大于0.5,满足拟合标准。综合以上检验指标,表明体验质量的2个维度所构成的模型具有较好的拟合适配度,可以比较准确地对篁岭非遗旅游体验质量进行测量。

表2-8 体验质量维度验证性因子分析拟合数据

	X^2/DF	RMSEA	IFI	TLI	CFI	NFI	RFI	PNFI
模型拟合标准值	<3	<0.08	>0.9	>0.9	>0.9	>0.9	>0.9	>0.5
模型数值	0.699	0.000	1.003	1.004	1.000	0.994	0.991	0.615

(六)相关性分析

事物所具有的关联性无法对其存在的因果联系进行直接的阐述,这就是事物之间的相关关系。可以利用Person相关性对各个变量间所存在的关联进行分析研究(见表2-9)。

表2-9 因子相关性

因子		文化因素	产品因素	互动参与性	服务因素	情感体验	功能体验
文化因素	Pearson 相关性	1					
	显著性(双侧)	0.000					
	N	422					
产品因素	Pearson 相关性	0.468**	1				
	显著性(双侧)	0.000					
	N	422	422				

续表

因子		文化因素	产品因素	互动参与性	服务因素	情感体验	功能体验
互动参与性	Pearson 相关性	0.338**	0.399**	1			
	显著性(双侧)	0.000	0.000				
	N	422	422	422			
服务因素	Pearson 相关性	0.359**	0.487**	0.508**	1		
	显著性(双侧)	0.000	0.000	0.000			
	N	422	422	422	422		
情感体验	Pearson 相关性	0.424**	0.532**	0.477**	0.495**	1	
	显著性(双侧)	0.000	0.000	0.000	0.000		
	N	422	422	422	422	422	
功能体验	Pearson 相关性	0.407**	0.466**	0.515**	0.482**	0.495**	1
	显著性(双侧)	0.000	0.000	0.000	0.000	0.000	
	N	422	422	422	422	422	422

注：**表示在0.01水平(双侧)内显著相关。

从表2-9中相关分析的结果可知，此次研究所包含的6个潜变量系数相应P值皆小于0.01，对于统计学方面的实际意义十分突出，这意味着这些潜变量内部都存在的明显的正向关联。

第五节 案例地实证分析

结构方程模型(SEM)是当前应用于关系分析的多元统计分析技术，这一技术的应用实现了因素分析和多元回归的良好融合，从而通过自动计算得出的关系值，得出因素与结果之间的关联效应。这一研究方式完成的前提条件是要认真收集关联的样本数据信息，同时还要制定出合理的理论模型，在这两项任务完成的基础上展开分析，才能够真正厘清影响体验质量的各类价值要素。在复杂的多变量数据的研究中，结构方程模型的应用较为广泛和高效。

一、建立结构方程模型

为分析研究各影响因素会对体验质量产生何种影响，本研究选择以结构方程模型作为信息数据化分析的模型，利用Amos 23.0软件，引入适宜的理论关系，在假定的基础上进行模型建构，输入422份有效样本数据，通过分析数据逻辑，明确关联性，得到篁岭非遗旅游体验质量影响因素结构方程模型(见图2-5)。

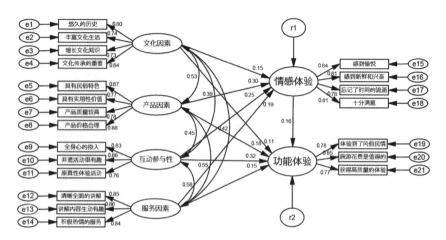

图2-5 篁岭非遗旅游体验质量影响因素的结构方程模型

二、检验结构方程模型

结构方程模型的拟合程度通常采用模型拟合指标来判断。以下结合国内外学者的相关研究,运用相对巧合和绝对拟合相结合的方式,使用下列各项指标对结构方程模型进行适配度检验。

(1)卡方自由度比(CMIN/DF)是决定模型与数据能否匹配的重要指标,一般需要CMIN/DF值小于3.00。

(2)拟合优度指数(GFI)应大于0.90,指标值越趋近于1,说明适配度越好。

(3)调整拟合优度指数(AGFI)应大于0.90,指标值越趋近于1,说明适配度越好。

(4)标准拟合指数(NFI)应大于0.90,指标值越趋近于1,说明适配度越好。

(5)比较拟合指数(CFI)应大于0.90,指标值越趋近于1,说明适配度越好。

(6)增加拟合指数(IFI)应大于0.90,指标值越趋近于1,说明适配度越好。

(7)残差均方和平方根(RMR)的值一般要求要求小于0.05。

(8)近似残差均方和平方根(RMSEA)应小于0.1。RMSEA小于0.05,说明拟合度好,模型能够发挥良好的作用;RMSEA大于0.1,说明拟合度不佳,模型无法发挥正常作用,需要修正;RMSEA在0.05—0.1,说明拟合度与完美设计度有所偏差,模型在能够发挥作用的范围内,但不可超过0.1。

本研究的结构方程模型拟合度指标值如表2-10所示。

表2-10 结构方程模型的拟合度指标值

拟合指标	模型拟合标准值	模型拟合值
CMIN/DF	<3.00	1.175
GFI	>0.90	0.956
AGFI	>0.90	0.942
NFI	>0.90	0.963

续表

拟合指标	模型拟合标准值	模型拟合值
CFI	＞0.90	0.994
IFI	＞0.90	0.994
RMR	＜0.05	0.029
RMSEA	＜0.08	0.020

本研究的结构方程模型拟合度指标中，CMIN/DF值是1.175，小于标准值3.00；其他指数如GFI、AGFI、NFI、CFI、IFI依次为0.956、0.942、0.963、0.994、0.994，都高于标准值0.90；RMR值是0.029，小于标准值0.05；RMSEA值为0.020，小于标准值0.08。由此可知，篁岭非遗旅游体验影响因素的结构方程模型拟合效果理想。

三、结构方程模型检验结果

根据前面图2-5所示的篁岭非遗旅游体验影响因素的结构方程模型，本研究导入样本数据到结构方程模型中进行计算，得到文化因素、产品因素、服务因素、互动参与性4个潜变量对情感体验和功能体验的综合影响，路径分析结果如表2-11所示。

表2-11 影响路径分析结果

	假设路径	标准化路径系数	非标准化路径系数	SE	CR	P	假设检验
H1	情感体验←文化因素	0.151	0.180	0.064	2.789	0.005	支持
H2	功能体验←文化因素	0.110	0.101	0.051	1.980	0.048	支持
H3	情感体验←产品因素	0.301	0.336	0.067	5.029	***	支持
H4	功能体验←产品因素	0.179	0.154	0.054	2.838	0.005	支持
H5	情感体验←服务因素	0.187	0.214	0.070	3.066	0.002	支持
H6	功能体验←服务因素	0.149	0.131	0.055	2.369	0.018	支持
H7	情感体验←互动参与性	0.251	0.277	0.064	4.331	***	支持
H8	功能体验←互动参与性	0.316	0.268	0.053	5.038	***	支持
H9	功能体验←情感体验	0.16	0.123	0.05	2.444	0.015	支持

注：***表示$P<0.001$水平内显著。

（一）文化因素影响路径分析

文化因素对情感体验的CR值为2.789，P值为0.005，数据显示存在正向关联效应，且极为明显，即文化因素的质量高，会直接带来情感体验的好感度增加，因此假设H1成立。

文化因素对功能体验的CR值为1.980，P值为0.048，P值在0.01—0.05，呈显著影响。即文化因素的质量高,会直接带来功能体验的好感度增加,因此假设H2成立。

非遗是鲜活的文化,具有丰富的文化基因,景区可以通过挖掘非遗资源中的文化内涵,使之价值得以体现。而游客基于自身的兴趣和需求,认为非遗带给自身的兴奋程度、愉悦程度越高,其对景区的体验感知也会更好、更深刻。

(二)产品因素影响路径分析

产品因素对情感体验的CR值是5.029,P值<0.001,数据显示存在正向关联效应,且极为明显,即产品因素的质量高,会直接带来情感体验的好感度增加,因此假设H3成立。

产品因素对功能体验的CR值为2.838,P值为0.005,P值<0.01,呈显著影响,说明产品因素对功能体验具有显著正向影响,因此假设H4成立。

购买景区里非遗的产品对游客来说是一件很重要的事情,购买非遗产品带给自身的实用价值越高,那么相应地也会对体验质量产生直接的正向影响。

(三)服务因素影响路径分析

服务因素对情感体验的CR值为3.066,P值为0.002,P值<0.01,呈显著影响,说明服务因素对情感体验具有显著正向影响,因此假设H5成立。

服务因素对功能体验的CR值为2.369,P值为0.018,P值在0.01—0.05,呈显著影响,说明服务因素对功能体验具有显著正向影响,因此假设H6成立。

由于服务人员与游客之间面对面直接接触最容易给游客留下深刻印象,再加上非遗从其生存环境到其传播方式都必须通过特定的人、独特的地方和特别的事物,游客对于大部分非遗还不甚了解,这就需要景区的服务人员对其进行讲解说明。因此,服务人员的服务质量及态度的好坏将对游客体验质量高低起正向影响作用。

(四)互动参与性影响路径分析

互动参与性对情感体验的CR值为4.331,P值<0.001,呈显著影响,说明互动参与性对情感体验具有显著正向影响,因此假设H7成立。

互动参与性对功能体验的CR值为5.038,P值<0.001,呈显著影响,说明互动参与性对功能体验具有显著正向影响,因此假设H8成立。

非遗资源具有浓厚的历史文化底蕴,且各具特色,如何让游客真正体会到这一文化的魅力,仅依靠介绍、宣传是难以满足游客的心理需求的。只有创造能够让游客深入其中、切身体会的机会,让他们真正参与其中,在参与中体验特色文化和风情,从而获得满足。

表2-11的数据显示,互动参与性在情感体验和功能体验的标准化系数相加后是所有因素中最大的。基于此,互动参与性对于篁岭景区的旅游体验质量影响也是最大的。篁岭景区在非遗项目开发上,尤其要注重体验式要素的设计,使其能够让游客在体验式活动中了解文化,在参与中获得娱乐,在娱乐中享受情感的表达,获得满足的乐趣。

(五)体验质量路径分析

情感体验对功能体验的CR值为2.444,P值为0.015,P值在0.01—0.05,呈显著影响,说明情感体验对功能体验具有显著正向影响,因此假设H9成立。情感体验是游客在旅游经历中所引发的一系列特定的情感反应。功能体验强调的是旅游的结果质量。由表2-11可知,情感体验每增加一个单位,游客的功能体验就会提升0.16个单位。在非遗旅游过程中,游客情绪上的变化对于旅游质量的整体评价会有一定的影响。

四、结构方程模型中介效应分析

表2-12是以基于Amos 23.0软件的Bootstrap算法进行中介效应检验的结果,对目标样本重复5000次,分析95%置信区间下的中介效应,结果如下。

表2-12　结构方程模型中介效应分析结果

Parameter	Estimate	Lower	Upper	P
文化因素—情感体验—功能体验(标准化)	0.024	0.003	0.065	0.021
产品因素—情感体验—功能体验(标准化)	0.048	0.008	0.112	0.021
互动参与性—情感体验—功能体验(标准化)	0.040	0.004	0.106	0.024
服务因素—情感体验—功能体验(标准化)	0.030	0.004	0.081	0.020

中介路径(文化因素—情感体验—功能体验)效应值为0.024,95%的置信区间为0.003—0.065,不包含0,且P值小于显著水平0.05,说明中介效应存在,故假设成立。

中介路径(产品因素—情感体验—功能体验)效应值为0.048,95%的置信区间为0.008—0.112,不包含0,且P值小于显著水平0.05,说明中介效应存在,故假设成立。

中介路径(互动参与性—情感体验—功能体验)效应值为0.040,95%的置信区间为0.004—0.106,不包含0,且P值小于显著水平0.05,说明中介效应存在,故假设成立。

中介路径(服务因素—情感体验—功能体验)效应值为0.030,95%的置信区间为0.004—0.081,不包含0,且P值小于显著水平0.05,说明中介效应存在,故假设成立。

第六节　案例地政策启示

根据研究内容分析可以得知,文化因素、产品因素、互动参与性和服务因素对于篁岭非遗旅游体验都具有显著影响。针对这四个影响因素,篁岭景区可以从宏观开发对策与微观优化建议入手,对非遗旅游做出整体性调整。

一、宏观开发对策

针对非遗产品、参与活动等的不同特点和旅游景区的不同类型,实施分类指导和"嵌入式"引导。篁岭景区自然禀赋和人文气息俱佳,在旅游开发上,应充分体现休闲旅游和景点旅游的综合特色——自然生态环境优美、地方特色民俗文化浓厚,使之成为自然与人文结合、生态风情与民俗文化结合的绝佳旅游胜地。在民俗文化方面,"晒秋"主题最大限度地展现了地方民间文化的特色精髓,通过高度凝聚本地及周边特色非遗项目,诸如傩舞、板龙灯、黄梅戏、徽剧、踩高跷、划旱船、抬阁等,将原本分散在婺源以及皖南地区的特色民俗和重点非遗项目融入景区的大舞台中,让游客在体验特色生态景点的同时,享受一份来自民间艺术的盛大体验。

(一)创新展示形式

1. 文本开发形式

根据篁岭景区独特的风情和环境,紧紧围绕"晒秋"民俗的目标任务,强化景观和景点的设计,通过赋予景色以具有文化内涵的民俗风情包装,真正地将婺源特色的民间风俗文化与景区建设的设计开发融为一体,以游客接待中心宣传册、各色景点介绍、各类景内设施和导游讲解为宣传载体,通过生动多样的手段,揭示景区文化特色,提升民俗项目和活动的内涵。

2. 舞台表演形式

通过在篁岭景区建设专门用于非遗项目展演的舞台,组织专业的演出队伍,将具备传统民间艺术气息的舞、乐、戏、曲及杂技项目结合非遗内涵呈现出来,让游客在游览中参与到节目展演中,打造非遗项目的舞台品牌。

3. 互动体验形式

通过在篁岭景区设立大师工作室、传承人手工作坊、场馆等形式,主打传统技艺、手工艺品生产项目,如绿茶制作、歙砚制作等,在景区营造非遗产品创作表演及销售的环境和氛围,引导游客参与和体验产品创作过程,让游客在参与中体会非遗魅力。

4. 商品展销形式

鼓励开发具有本地特色的木雕、石雕、传统美食、传统医药等非遗旅游商品,并在篁岭景区设立展销专柜、篁岭非遗专卖店等进行销售。

5. 节事活动形式

结合地域文化特征,在篁岭景区通过组织特色非遗项目有关的民间习俗、节日仪式及特色庆祝活动,提升来自本地和外地游客参与的趣味性、娱乐性,从而营造良好的文化庆祝氛围,推动相关的文旅消费,延长游客驻足和游玩的时间。

6. 宣传展览形式

篁岭景区融入非遗项目必然要经历一个成果推介过程,宣传推介成效直接影响着景区的效益发展,故而要充分利用好平面和线上两大宣介载体,辅以营销平台,植入景区和非遗项目内容宣传,以产生极大客源吸聚氛围。所谓平面宣传媒介,即门票、宣传手册和须知,以及景区内外相关的电子介绍屏等,这些手段都可以成为景区非遗项目的推介载体。所谓线上载体,即为景区在各大知名线上平台,诸如微信、淘宝、抖音等,通过信息宣传和产品推广,增进游客对景区和非遗项目及产品的了解,丰富他们的认识,提升他们来此参观、游玩、消费的兴趣。

(二)创新融合手段

针对篁岭平台服务、非遗文化等因素,篁岭景区应坚持非遗传承保护创造性转化、创新性发展,持续打造"非遗+旅游"融合发展平台。充分梳理区域资源,深入开展文旅资源整合,协同推进非遗传承保护和应用普及。

1. 提供支撑平台

篁岭景区在非遗项目的建设上,要积极联系非遗项目保护单位,联合打造确保项目成功的软硬件支撑体系保障。在硬件支撑方面,提供完善的物力保障平台,积极推动项目各类配套设施的建设进度;在软件支撑方面,大力引进保护单位的人才和智力资源,为项目的系统开发打造最大的文化智力支撑。

2. 规划精心设计

非遗项目的体验和产品延伸需要精细的设计,这就需要景区和相关的文创企业下大力气收集和整理非遗项目的内涵,根据游客的多元需求,设计开发文艺节目、非遗产品以及相关的服务,适宜地制定实施方案,将商品的营销、节目展演的场次以及各类活动组织予以明确,并根据游客的体验反馈进行完善,从而让其发挥出最大的带动效应。

3. 加强宣传推广

通过抖音、直播等各种自媒体渠道和互联网、物联网、云平台、5G等手段加大推广力度,使篁岭景区成为传播非遗的重要基地。

4. 景区业态化

积极创新文化产业和旅游经济融合发展新形式,扩大景区业态,山上山下一体化,从传统观光型景区慢慢拓展到以二次消费型为主的休闲度假综合景区。推出景区内更多非遗旅游路线、研学路线、美食路线等,推动非遗衍生品向旅游特色产品转化。

二、微观优化建议

(一)增强非遗互动性体验项目

1. 组织非遗传承人现场展示互动

入驻篁岭景区的非遗大部分是以非遗产品的形式在店铺售卖,但这种模式并不能很好地增强游客在景区内的旅游体验。而通过组织非遗传承人进入景区,给予一定的补贴,在主要景区内如天街,组织非遗传承人现场展示技艺制作,展示民俗礼仪类的项目,设计多样生动的项目活动,可以让本地和外地游客产生参与的兴趣,并能够在参与的过程中获得高质量的体验感,从而使景区吸聚人气,提升文旅活动的经济效益。

2. 增加线上互动营销宣传

现今抖音、秒拍、快手之类的视频网站和各种各样的直播平台逐渐走入人们的生活当中,报纸、广播、影视等传统媒介宣传方式已呈现出难以满足行业内容推广宣介的需要。消费群体的信息接收渠道已发生根本改变,尤其是新媒体多样媒介渠道的产生,相比于传统的被动推广,消费者更加乐于接受能够产生互动和提供体验的营销宣传活动。景区也应当与时俱进,在非遗展示的同时,除了与现场游客的互动外,也应当利用移动平台进行线上直播。通过移动直播的互动性、便携性、线性等良好体验,抓住受众的注意力,形成线上线下的联动参与体验,并且景区宣传互动的目标也能实现。

3. 结合灯光、音效等科技手段提高游客体验性与参与性

依托篁岭自然景观,采用现代科技设备,将灯光、音效以及动感特效融入非遗文艺项目的表演中,挑选合适的非遗项目对其进行适宜的文艺创造,以舞台节目的形式呈现在游客面前,带领游客体验乡风、乡情、乡愁,从而增强游客参与项目体验的兴趣,使游客在体验中体会特色民俗文化的风采。而非遗过去的呈现方式已经无法适应现今青年群体的需要,可以运用现代科技的手法来呈现非遗项目,加强与游客的互动。

设立非遗体验区,借用人工智能系统,运用无人车、智能机器人等指引游客参观体验。还可以在景区内设置 VR、AR 等虚拟现实设备,通过虚拟空间的无限资源和视觉体验,使游客身临其境地感受到非遗产品的"真实"制作,体会到传承技艺中的精髓。有些非遗项目由于场地、时间等局限无法频繁地向大众展示,可以利用虚拟现实技术打破这些限制。如抬阁、板龙灯、傩舞等,可以运用三维软件把这些盛况制作成游戏或者全景影视,游客戴上头盔,即能置身于一片光影之中,获得的感受将是前所未有的。还可以利用三维立体投影形式制作出非遗产品的虚拟展示,把声音、图像与动感特效等艺术效果加入其中,让人们在观赏的同时了解到非遗所蕴含的文化奥秘,使其精神得以升华。

(二)整合打造非遗产品

在文旅产业中,吃、住、行、游、购、娱及其衍生行业都是重要的构成内容,缺一不可。其中,购物环节的重要性不言而喻,购物是构成旅游消费结构的关键内容之一,同时也是影响着游客用户体验的关键要素。与非遗项目关联,非遗产品是购物商品结构中的特色产品,是具备传统文化风采的特色产品,展现的是特色民间生活的文化产品,产品的好坏直接影响着游客的体验质量。

1. 非遗产品设计与日常生活相结合

从结构模型系数上可以看出,游客对于篁岭景区非遗产品最看重的还是实用价值以及其质量高低。因此,景区需要解决曾经非遗产品在购买后没有多少可实用性的缺点。应提高非遗产品的可利用率,引入日常生活方式重新创新设计,生产出美观实用的非遗产品、衍生品,以扭转游客的固有印象,让游客认可其产品的价值。

2. 非遗产品个性化

篁岭景区要在原有文化内涵不改变的基础上,增加其产品的多种用途,让游客眼

前一亮,并突出篁岭非遗项目蕴含的特色民间文化。在项目活动的组织上,要重点激发游客参与的兴趣,注重参与的过程设计,打造适宜参与的环境,充分利用可以营造氛围的装饰、色彩、建筑及服饰各类特色文化要素,以提升民俗文化的还原度。同时,增强游客的主动参与性,让他们更加乐于投身到非遗产品的创造过程中来。非遗产品需要有一定的特色,才能有长久的生命力。因此,景区在非遗产品的开发营销上,要注重产品设计的多样化,要根据游客的需求爱好,提供多样且更具体验感的商品。例如,可以提供非遗产品的半成品,让游客在体验中进一步完成产品,因为游客在完成后的愉悦感和成就感,会极大地提升游客在景区内的体验质量与购买欲望。

3. 非遗产品销售方式与互联网相结合

在以移动互联网应用成熟和5G网络呼之欲来的当下,线上营销展现出区别于传统线下营销的特色优势就是成本控制更好、买卖方式更加便利,营销面也更加广泛。景区也需要考虑线下与线上的双重渠道来拓展业务,即打造景区平台,建立景区非遗产品的线上营销平台。此外,在线上平台的推广下,还可以通过与淘宝、微信等大品牌线上平台合作,从而扩大客户规模。通过推行非遗,扩大景区整体的品牌效应,并利用线上平台的合作,形成最大限度的吸聚效应,走好"互联网+"的产业创新发展之路,也是景区经营的战略方向。

(三)提升非遗旅游服务品质

游客对景区服务的感知会随着服务人员的言行举止、服务态度等原因发生改变,进而影响他们的整体体验感和满意度。景区服务水平的提升会给非遗体验和景区经济的提升带来双重效果。因此,篁岭景区应加强对非遗服务人员服务质量的关注。景区质量管理的整体思路如下。

1. 建立服务质量管理标准体系

建立服务质量管理体系,流程包括:制订标准—服务质量评估—优化标准—服务质量再评估—服务精细化。而这个流程,也是不断深化的过程,提升服务质量整体素养,离不开精细化服务的整体环境。

2. 抓服务质量管理的关键

在景区服务质量中,员工的服务态度是关键,有什么样的服务态度,就决定了怎样的服务质量。提升员工的服务意识,就必须在服务人员的服务态度上多下功夫,通过塑造员工"三感",即使命感、责任感和荣誉感,促进员工把个人目标与团队整体目标统一起来,自觉完善自己,努力提升服务质量。

3. 深化完善非遗讲解

有时,面对非遗这样珍贵的文化资源时,导游对非遗项目的认识和理解存在深度不够、所知不全等问题,故而在实际讲解时捉襟见肘,降低了游客的旅游体验。这就需要景区对从业人员进行有针对性的非遗精粹培训指导。

从业人员对非遗的讲解也是要有明确目的。讲解内容需要从业人员根据团队的差异化进行调整,既要能使游客感受到当地非遗的精神文化精髓,也要能对自己团队的消费产生积极的促进作用。

4. 监管服务质量体系

服务质量管理全方位的监管,包括服务语言、服务行为和服务结果及其影响,通过培训、考核、奖惩等手段,着重服务设施建设和服务环境的营造,实现服务质量整体达标,促进服务质量的改进。

(四)非遗文化属性顶层设计

游客对非遗文化是一个综合的概念,是一种整体的精神文化感知。非遗具备显著的地域和民族文化特色,是体现一个地区和一个民族明显文化差异和特征的亮点。故而,人们往往认为非遗文化的流失相当于一个地区和一个民族传统文化底蕴的流失,或为民族性的遗失,极为可惜。伟大的思想家马克思对于非遗也有着重要的认识,他的《政治经济学批判》著作在谈及希腊神话的重要性时,便直白地点出,它不单是希腊艺术的武库,更是艺术发展的土壤。要做到非遗的保护与传承,必须对非遗文化进行活态化。

1. 融入"活"的场景,直觉体验与具身认知

景区内的非遗要具有完整性和鲜活性,就需要让其在特殊的情景中具有活态化。由此,游客可以通过参观、体会、理解、探索等方式在特殊情景环境中参与各种文化项目,促进直觉体验与具身认知。可以通过非遗的文化展演,让游客认识到非遗文化所蕴含的价值观念以及存在的社会实践意义。非遗文化也是生活方式的一种延续,通过现场体验,游客可以理解传承到这种生活方式和人文精神。

2. 进入"活"的地域,保存文化生态多样性

非遗是人们在长期的生活形态、宗教信仰、传统民俗和观念等方面逐步形成和发展出的一种文化现象,凸显出特色文化气息,是传统历史文化和自然特殊景色在人们生活、生产中的集中展现,适应存在于一定的地域之中,与一定的地域环境相联系。非遗如果脱离了一定的地域环境,在某种程度上来说也失去了其活性,以致连原本的价值和意义都将不复存在。

篁岭景区作为民俗文化村,在引入非遗的同时,应突出项目建筑与景区风格的一致性,同时还应从项目体验的真实感出发,打造良好的体验环境,增强代入感。此外,还应加强对从业人员的培训,提升他们在项目涉及角色扮演时的投入度和情感,让游客真正体会到非遗项目的文化精髓。在非遗项目引入上,要慎重选择。形式多样、内容不同的项目数量极多,涉及的各类文化内涵也极为复杂,选择时,要有侧重,或以传统教育,或以文娱特色,或以故事情感为主。不是所有非遗都适合篁岭景区的核心产业,这就需要景区有针对性地进行引入,应在充分了解游客的需求情况的基础上,针对游客需求的共性和差异性,尽可能地开发与提供游客体验感最佳的非遗项目。

案例使用说明

一、教学目的与用途

适用的课程和对象：本案例适用于学习文化遗产学、产业融合、旅游心理学、旅游规划与开发、旅游文化创意等相关课程的本科生与研究生。

教学目的：通过本案例的教学，使案例学习者了解影响非遗旅游体验质量的因素，引导案例学习者思考文旅融合背景下非遗旅游品质提升路径。

二、启发思考题

1. 思考非遗旅游体验质量影响因素的内容与作用。
2. 思考如何识别非遗旅游体验质量影响机制，以及机制引发政策启示。
3. 根据文旅深度融合视角，规划开发非遗体验旅游产品，要求突出沉浸式体验、智慧场景应用、文化特色鲜明、操作可行。

第三章 重点区域非遗旅游发展空间格局与政策启示

第一节 案例地：长江经济带

一、案例背景

（一）非遗提升旅游产品的文化内涵

为增强文化自信，树立文化根基，国家持续推进非物质文化遗产的审批和保护工作，截至2021年6月，我国共公布了五批非物质文化遗产代表性项目名录。文化底蕴是建立在我国五千年文明发展的基础上的，是建立在中华人民共和国成立70多年来不断奋斗的基础上的。弘扬传统文化，结合传统文化与现代经济文化发展，保持创新、协调的发展原则，这是不断促进文化与旅游产业一体化发展的重要途径。随着旅游产业的纵深化发展和旅游活动高品位化的趋势加强，文化遗产旅游逐渐成为人们旅游消费的一个重要组成部分，非物质文化遗产也在不断提升旅游产品的文化内涵。并且随着非物质文化遗产申报数量增加，非物质文化遗产的旅游与开发也得到更多专家和学者的关注。

（二）长江经济带非遗旅游资源丰富且发展不平衡

长江经济带横穿中国东部、中部和西部的三个主要地域，横跨11个省市，非遗旅游资源十分丰富，其整体非遗旅游资源数量居我国各大经济区域之首，非遗旅游经济总量大，在国内非遗旅游中居于领先地位。同时，由于长江经济带覆盖范围广泛，区域非遗旅游资源差异也较为明显，发展不平衡。因此，发扬长江经济带各地独特的历史文化、民族特色等优势，发展旅游业，把长江经济带打造成世界级旅游带，对推进长江经济带经济、文化发展具有重要作用。

二、案例研究理论

（一）长江经济带非遗旅游研究

长江经济带非物质文化遗产相关文献相对较少，主要集中在某个地域非物质文化遗产的特征、保护、旅游开发等。廖岚钦等（2019）认为，长江经济带非遗的历史演变历程蕴含了时代变化中的文化艺术特征，总体能折射出我国文化跌宕起伏的发展历程。朱恒夫（2013）从历史地理和经济条件出发，认为长江三角洲地区的非遗体现了民主、自由的精神。杜裕民（2019）则认为，长江经济带中非物质文化遗产保护要在充分遵照其文化生态的基础上，坚持以事业性保护为主导、适时开发其经济价值为原则。曹诗图等（2010）对长江三峡非遗旅游开发提出了科学指导、全面普查、统筹规划、打造精品、整合资源五大对策。

（二）空间角度的非遗旅游研究

利用GIS等分析软件进行定量分析，能够帮助我们快速地对非遗的空间分布特征有清晰的了解。李蕊蕊等（2014）、张佳运等（2016）、梁君等（2018）、康丹等（2018）分别对福建省、新疆维吾尔自治区、珠江—西江经济带、山西省的非遗空间分布特征做了详尽的分析。郝志刚（2020）研究了沿海地区海洋非物质文化遗产空间分布特征，认为沿海地形地貌和气候条件是其主要影响因素。苗红等（2014）剖析了西北民族地区非物质文化遗产的空间结构，即以铁路和国道分别为骨架、脉络，以重点旅游城市和5A级旅游景区为中心点的"六簇一带"空间分布格局，并提出应该进一步发挥中心点作用的旅游开发策略。

三、案例地发展现状

（一）区域简介

党的十四届五中全会指出，要建立以上海为龙头的长江三角洲及沿江地区经济带，长江经济带的开发发展由此提上日程。长江经济带覆盖了沿线上海、江苏、浙江、安徽、江西、湖北、湖南、重庆、四川、云南、贵州等11个省市，约205万平方千米的面积，人口和生产总值都超过全国总人口和生产总值的40%。长江经济带人口稠密，旅游资源丰富。近年来，长江经济带旅游产业发展速度稳步提升，旅游发展水平日渐提升。其中，长江三角洲地区经济发达，现代化程度较高，是主要的客源市场；长江中游以及云贵川区域自然资源、人文资源丰富，生态环境佳，是主要的旅游资源区。客源市场与旅游资源区相互融合，共同拉动长江经济带旅游产业发展。

（二）区域非遗旅游资源概况

由表3-1可知，长江经济带的十类共五批次国家级非遗项目合计1249项，传统技艺类项目所占比重最大,共有234项,占总量的18.74%;其次为传统戏剧类项目,有178项,占比14.25%;传统音乐类项目排在第三,共有166项,占比13.29%;民俗类项目排第四,共有158项,占比12.65%;传统美术类项目排在第五,共有146项,占比11.69%;传统舞蹈类项目排在第六,共有110项,占比8.81%;其他类型的非遗项目数量相对较少,占比均不足一成,民间文学、曲艺、传统医药和传统体育、游艺与杂技类项目依次有105、77、49和26项,分别占比8.41%、6.16%、3.92%和2.08%。可见长江经济带非遗项目类型的分布显然是不平衡的。由于长江经济带内有许多少数民族,当地丰富多样的民族文化也由此产生,尤其是各民族间不同的生产生活方式形成了大量的传统技艺类非遗项目。另外,许多非遗在生活中产生,所以,传统音乐和传统舞蹈类项目也较多。但是,传播具有高知识和专业要求的非遗项目,例如传统医学、曲艺则相对困难。由于以上因素,最终形成了长江经济带以传统技艺类非遗项目为主,其次是传统戏剧、传统音乐、民俗、传统美术和传统舞蹈类非遗项目,而传统医药,传统体育、游艺与杂技,民间文学以及曲艺类非遗项目较少的分布结构(见图3-1)。

表3-1 长江经济带各省市非物质文化遗产类型数量　　　　　　　　(单位:项)

地区	传统技艺	传统美术	传统体育、游艺与杂技	传统舞蹈	传统戏剧	传统医药	传统音乐	民间文学	民俗	曲艺
上海	16	10	2	4	7	7	6	2	3	5
江苏	33	27	1	8	22	5	20	11	9	9
浙江	45	28	10	18	25	9	14	24	33	27
安徽	21	9	2	9	23	2	9	4	7	2
江西	15	10	1	9	15	1	7	1	8	3
湖北	5	13	4	10	23	3	28	19	10	12
湖南	13	13	2	12	31	4	15	8	14	6
重庆	7	3	0	4	2	2	14	3	3	6
贵州	26	10	2	16	13	8	19	9	36	1
四川	33	22	1	19	2	2	23	7	16	5
云南	20	1	1	1	15	6	11	17	19	1
合计	234	146	26	110	178	49	166	105	158	77

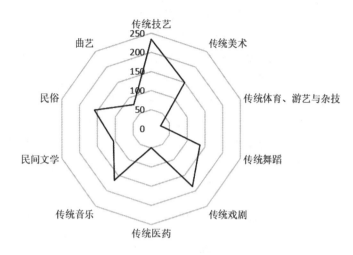

图3-1 长江经济带非物质文化遗产类型结构

四、案例地发展空间分布差异与特征

(一)数据来源

以国务院颁布的第一批至第五批非物质文化遗产代表性项目名录和省政府公布的第一批至第六批省级非物质文化遗产名录(除湖北省、安徽省)为基础数据,各级不同批次的名录主要来自中国非物质文化遗产网、长江经济带各省市文化和旅游部门。得到长江经济带内的非遗数据后,为了进一步提高其准确性,遂进行以下梳理:同时被列入国家级和省级非遗目录的,仅被视为国家级;多个地方联合申报的非物质文化遗产,根据申报地方的数量各自统计;申报地点为某一单位的项目,按单位所在地级市县为单位统计。在对非遗数据进行处置后,以长江经济带内11个省市下属县为单位,共获得长江经济带非物质文化遗产有效数据1288条,以长江经济带矢量地图为基础,建立长江经济带非物质文化遗产数据库。

(二)研究方法

经过数据处理,对长江经济带内非遗的类型和分布结构进行分析。利用GIS软件中的平均最邻近指数测度长江经济带整体和各种非遗项目的集聚度指数,从而了解长江经济带非遗的空间分布类型。核密度估计方法用于绘制长江经济带整体的非物质文化遗产的密度图,并研究非遗的主要分布区。

(三)非遗类型结构分析

1. 全域的差异与特征

使用GIS软件中的平均最邻近指数,计算长江经济带的非遗数据,获得总体和各类型非遗的平均最邻近指数表(见表3-2)。结果表明,该经济区的总体平均最邻近指数为0.37,小于1,即长江经济带非遗在空间上呈集聚型分布。分别从不同类型非物质文化遗产来看,除传统体育、游艺与杂技类项目,非遗项目的平均最邻近指数在0.54—0.83,也均小于1,表明其呈集聚型分布;传统体育、游艺与杂技类项目平均最邻近指数为1.11,大于1,表明其呈扩散型分布。因为平均最邻近指数越小,表明越集中;平均最邻近指数越大,表明越分散。非物质文化遗产集聚程度最低的传统体育、游艺与杂技指数为1.11;指数为0.83的传统医药集聚程度相对较低;指数为0.79的传统舞蹈集聚程度更低;民俗、民间文学、传统戏曲和传统美术的指数均在0.6—0.7,集聚程度高于传统舞蹈;曲艺和传统技艺的集聚程度最高,指数为0.5—0.6。总体而言,长江经济带的非遗空间分布具有显著集聚的特征,其指数为0.37,但集聚程度因类型而异,差别较大,这与非遗项目自身的特点、流动性等因素具有很大的关系。

表3-2 长江经济带非物质文化遗产类型平均最邻近指数表

类型	总体	传统技艺	传统美术	传统体育、游艺与杂技	传统舞蹈	传统戏剧	传统医药	传统音乐	民间文学	民俗	曲艺
指数	0.37	0.54	0.63	1.11	0.79	0.67	0.83	0.68	0.69	0.7	0.51

2.省域的差异与特征

1)省域间数量差异

以长江经济带11个省市为单位,经过统计各省市非物质文化遗产项目的数量和类型,使用GIS、Excel等软件,分析各省市非遗项目的分布差别。

在GIS软件上,对长江经济带1288条非物质文化遗产有效数据的空间分布进行分级颜色处理,以获得长江经济带非遗的省域分布图(见图3-2)。

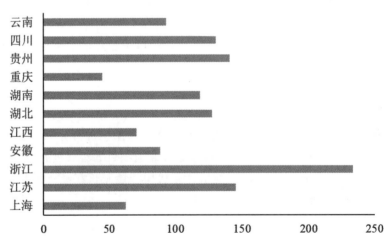

图3-2 长江经济带非物质文化遗产省域分布

通过图3-2可以发现,长江经济带内各省市非遗项目的分布呈现不平衡性,整体呈现为两头多、中间少的特点。据相关统计,浙江省、江苏省、四川省与贵州省的非遗数量均在140项以上,合占长江经济带非遗总量的51%以上;云南省、湖北省、湖南省非遗数量都在100—140项，合占长江经济带总量的28.49%；安徽省、江西省、上海市非遗数量在50—100项，总共占比17.08%；重庆市非遗数量最少，为44项，占总量的3.42%。在非物质文化遗产数量较多的几大省市中，浙江省、江苏省经济较为发达；四川省、贵州省是有着众多少数民族的多民族文化交融地，文化繁荣，历史悠久。从以上省市非遗项目数量的特点中可以看到，非遗的丰富程度不仅与当地的历史文化有关，而且经济、民族等都对其有巨大影响。

2) 省域间类型差异

省市之间不同的经济人文环境，不仅为当地繁多的非遗的产生和传承创造了条件，同时也形成了不同地域非遗类型分布的区别。总体来看，各省市非遗类型表现出以传统技艺为主，各省市主流文化所代表的非遗项目次之，传统体育、游艺与杂技以及传统医药稀缺的结构特征。

传统技艺是劳动人民在日常生产和生活中总结出来的技能。因此，各省市一般传统技艺类非遗的数量最多，而传统体育、游艺与杂技以及传统医药类非遗数量则相对较少。长江三角洲地区商品经济发展在全国居于领先地位，手工业发达，因此江苏省、浙江省及上海市三省市传统技艺和传统美术类非遗占比较大。徽剧是徽州（今安徽省黄山市、安徽省宣城市、江西省上饶市）具有代表性的传统戏剧之一，并衍生出了多种戏剧流派，因此安徽省传统戏剧类非遗占比较大，约为全省的12.92%。江西省除传统技艺，传统戏剧类非遗占全省17.8%。湖北省是一个多民族省份，50多个民族皆在湖北省内有分布，因此能歌善舞的少数民族创造了许多传统美术、民俗类非遗，约占全省非遗数量的54.8%。湖南省是公认的戏曲大省，现在仍旧流传的戏剧多达24种，因此传统戏剧类非遗占全省非遗数量的26.2%。巴蜀音乐文化主要分布于四川盆地及其周边地区，巴蜀地区的少数民族创造了丰富多彩的音乐文化，因此四川省传统美术、传统音乐类非遗约占全省的43%，重庆市传统音乐类非遗占全市的25%。贵州省、云南省同样是多民族聚居的省份，贵州省、云南省民俗类非遗分别占全省非遗数量的22.78%、12.06%（见表3-3）。

表3-3　长江经济带各省市各类型非物质文化遗产占比情况　　　（单位:%）

地区	传统技艺	传统美术	传统体育、游艺与杂技	传统舞蹈	传统戏剧	传统医药	传统音乐	民间文学	民俗	曲艺
上海	6.84	6.85	7.69	3.64	3.93	14.29	3.61	1.90	1.90	6.49
江苏	14.10	18.49	3.85	7.27	12.36	10.20	12.05	10.48	5.70	11.69
浙江	19.23	19.18	38.46	16.36	14.04	18.37	8.43	22.86	20.89	35.06
安徽	8.97	6.16	7.69	8.18	12.92	4.08	5.42	3.81	4.43	2.60
江西	6.41	6.85	3.85	8.18	8.43	2.04	4.22	0.95	5.06	3.90
湖北	2.14	8.90	15.38	9.09	12.92	6.12	16.87	18.10	6.33	15.58

续表

地区	传统技艺	传统美术	传统体育、游艺与杂技	传统舞蹈	传统戏剧	传统医药	传统音乐	民间文学	民俗	曲艺
湖南	5.56	8.90	7.69	10.91	17.42	8.16	9.04	7.62	8.86	7.79
重庆	2.99	2.05	0.00	3.64	1.12	4.08	8.43	2.86	1.90	7.79
贵州	11.11	6.85	7.69	14.55	7.30	16.33	11.45	8.57	22.78	1.30
四川	14.10	15.07	3.85	17.27	1.12	4.08	13.86	6.67	10.13	6.49
云南	8.55	0.68	3.85	0.91	8.43	12.24	6.63	16.19	12.03	1.30

3. 市域的差异与特征

从长江经济带非物质文化遗产市域分布(见表3-4)中可以看到,各省市内非物质文化遗产分布不平衡,表现出集中在少数民族聚集区和文化繁荣区的特征。东南沿海地区的经济、文化相对活跃,而西南地区由于少数民族的融合,形成了各种各样的非遗项目。

表3-4 长江经济带非物质文化遗产域分布

非遗数量/项	所在地
36—71	上海、杭州、重庆、黔东南苗族侗族自治州(4)
20—35	苏州、宁波、绍兴、金华、温州、黄山、宜昌、湘西土家族苗族自治州、成都、阿坝藏族羌族自治州、甘孜藏族自治州(11)
12—19	扬州、南京、镇江、常州、嘉兴、台州、丽水、黄冈、武汉、长沙、怀化、邵阳、恩施、黔南布依族苗族自治州、黔西南布依族苗族自治州、凉山彝族自治州、大理白族自治州、楚雄彝族自治州、德宏傣族景颇族自治州、红河哈尼族彝族自治州(20)
6—11	衢州、宣城、湖州、无锡、镇江、泰州、南通、徐州、宿州、淮安、常州、阜阳、六安、淮南、合肥、安庆、九江、宜春、上饶、抚州、吉安、赣州、郴州、永州、常德、岳阳、咸宁、荆州、荆门、随州、常德、孝感、十堰、襄樊、铜仁、贵阳、毕节、曲靖、安顺、泸州、绵阳、迪庆藏族自治州、怒江傈僳族自治州、临沧、西双版纳傣族自治州、玉溪、文山壮族苗族自治州、昆明、安顺(49)
1—5	连运港、盐城、宿迁、亳州、淮北、蚌埠、涂洲、巢湖、芜湖、马鞍山、池州、景德镇、鹰潭、新余、南昌、萍乡、衡阳、株洲、湘潭、娄底、益阳、黄石、鄂州、张家界、荆门、随州、广元、巴中、达州、南充、遂宁、资阳、德阳、内江、宜宾、乐山、自贡、眉山、雅安、昭通、遵义、六盘水、丽江、保山、思茅(45)

除直辖市外,非遗数量在36—71项的有浙江省杭州市、贵州省黔东南苗族侗族自治州。杭州市经济发达,历史悠久,人文古迹众多,黔东南苗族侗族自治州境内居住着

多个民族,少数民族人数约占总人口的80%,孕育了别具特色的民族文化。非遗数量在20—35项的有江苏省苏州市、浙江省金华市、浙江省绍兴市、浙江省宁波市、浙江省温州市、湖北省宜昌市、湖南省湘西土家族苗族自治州、四川省成都市、四川省阿坝藏族羌族自治州、四川省甘孜藏族自治州。浙江省有着悠久的历史文化背景,是吴越文化的发祥地,悠久的历史文化积累创造了浙江省丰硕的非物质文化遗产项目。宜昌市、湘西土家族苗族自治州、阿坝藏族羌族自治州、甘孜藏族自治州都有少数民族聚居,在从事生产和生活中,形成了独特的民族文化。由此可见,非物质文化遗产数量与当地的历史文化底蕴、民族文化息息相关。

4. 县域的差异与特征

如表3-5所示,从县域视角来看,非遗数量分布不均,拥有非遗数量较多的县区主要是少数民族相对集中的地区,以及东部沿海经济较发达的地区,其中,长江三角洲地区分布较为稠密。

表3-5 长江经济带非物质文化遗产县域分布 （单位:项）

所在地	1—5	6—11	12—19	20—35	36—71
上海	15	2	0	0	0
江苏	35	6	1	1	0
浙江	57	7	1	0	1
安徽	50	1	0	0	0
江西	69	0	0	0	0
湖北	57	1	0	0	0
湖南	58	1	1	0	0
重庆	19	2	0	0	0
四川	80	1	1	0	0
贵州	50	5	0	0	0
云南	62	2	0	0	0
合计	552	28	4	1	1

据统计,非遗数量在17—31项的有贵州省黔东南苗族侗族自治州剑河县、贵州省凯里市、云南省西双版纳傣族自治州景洪市。非遗数量在8—16项的有上海市浦东新区、江苏省扬州市邗江区、浙江省温州市龙湾区、浙江省杭州市西湖区、浙江省绍兴市越城区、湖南省湘西土家族苗族自治州吉首市、贵州省黔东南苗族侗族自治州麻江县、云南省德宏傣族景颇族自治州芒市。剑河县、凯里市、景洪市、吉首市、麻江县、芒市属于少数民族人口占比较大的地区,因此可以认为民族文化是非物质文化遗产产生的关键因素之一。浦东新区、邗江区、龙湾区、西湖区、越城区属于经济发达的江南富庶之地,工商业的发展为文化的产生和传承创造了条件。总的来看,长江经济带非物质文

化遗产空间分布呈两头多、中间少的格局与其经济环境、民族文化有着密切的关联。

5. 城市群的差异与特征

长江经济带的三个主要城市群,即成渝城市群、长江中游城市群和长三角城市群的非物质文化遗产类型结构都有自己的特点。

1)成渝城市群非遗类型结构

以重庆市和成都市为中心的成渝城市群,覆盖了重庆市的渝中区、万州区、黔江区等27个区县,以及四川省的成都市、自贡市、绵阳市等15个市,总面积18.5万平方千米。总体来看,成渝城市群非物质文化遗产类型结构分布差别较大,共有非遗80项。其中,传统技艺类非遗数量最多,占31.2%,传统美术和传统音乐类非遗数量相仿,分别占20%、17.5%,其余非遗项目数量较少,均不足10%,如图3-3所示。成渝城市群河网密布,水资源丰富,非常有利于农耕和生产生活,因此形成了众多的传统技艺。巴蜀文化源远流长,独树一帜,由此产生了许多传统美术和传统音乐类非遗。总体来看,成渝城市群非遗类型结构呈现出以传统技艺为主,其次是传统美术和传统音乐,而其他非遗项目稀缺的特点。

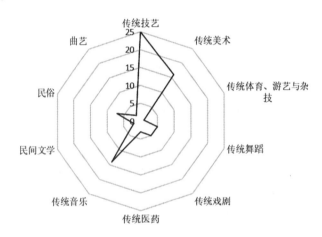

图3-3 成渝城市群非物质文化遗产类型结构

2)长江中游城市群非遗类型结构

长江中游城市群以武汉市为核心,是由武汉城市圈、环长株潭城市群以及环鄱阳湖城市群组成的特大型国家级城市群组。长江中游城市群非遗数量较多,为185项。其中,传统戏剧类非遗数量最多,占20.5%,传统美术、传统音乐、传统技艺类非遗数量较多,分别占14.5%、15.6%、12.4%,其余非遗数量较少,均不足10%。如图3-4所示,长江中游地区以荆楚文化、湖湘文化、赣鄱文化为代表,具有一脉相承的文化特征,产生出了众多的传统戏剧(如湖北汉剧、湖南湘剧、江西徽剧等),众多的传统美术、传统音乐、传统技艺类非遗也由此产生。

由此可见,长江中游城市群非遗类型结构呈现出以传统戏剧为主,其次是传统美术、传统音乐、传统技艺,而其余非遗项目稀缺的特点。

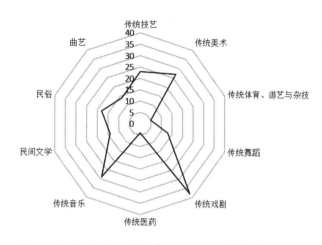

图 3-4　长江中游城市群非物质文化遗产类型结构

3)长三角城市群非遗类型结构

长三角城市群以上海市为中心,包含江苏省、浙江省、安徽省、上海市四省市的所有地区。长三角城市群非遗类型分布较为均匀,非遗数量共207项。其中,传统技艺类非遗数量最多,占比21.7%;传统美术、民俗、传统舞蹈类非遗数量较多,分别占比14.5%、13.5%、11.1%;传统戏剧、传统音乐、民间文学、曲艺类非遗数量相仿,分别占比7.7%、8.2%、7.2%、7.7%;传统体育、游艺与杂技以及传统医药类非遗数量较少。长三角地区人文积淀深厚、历史源远流长,纵横交错的水系、丰足富饶的土地,皆为形成一个较高水平的城市群提供了浑然天成的优越条件。长三角地区经济发达,手工业繁荣,从而促进了手工艺的发展,因此传统技艺类非遗较多。由于地处沿海,文化交流频繁,因此长江三角洲地区传统美术、民俗、传统舞蹈类非遗所占比重相对较大。传统戏剧、传统音乐、民间文学、曲艺类非遗作为人们重要的休闲娱乐方式,更容易学习,因此其在传播中也更具优势(见图3-5)。

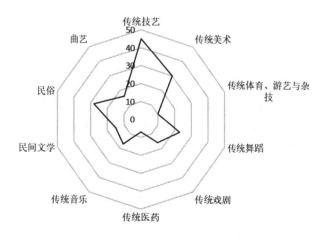

图 3-5　长江三角洲城市群非物质文化遗产类型结构图

总体来看,长三角城市群非遗类型结构呈现出以传统技艺为主,其次是传统美术、民俗、传统舞蹈、传统戏剧、传统音乐、民间文学、曲艺为第三梯队,传统体育、游艺与杂技以及传统医药稀缺的特点。

(四)非遗空间分布密度分析

本研究使用GIS软件中的核密度分析,对长江经济带内非物质文化遗产的空间分布进行核密度估计,从而得到长江经济带非物质文化遗产分布核密度(见表3-6)。

表3-6 长江经济带非物质文化遗产分布核密度

核密度集聚区	所在地
1个高密度集聚区	苏州市、杭州市
6个中密度集聚区	邵阳市、长沙市、吉首市、成都市、重庆市、景洪市
2条带状集聚区	武汉市、宜昌市、恩施土家族苗族自治州 凯里市、贵阳市、安顺市

由表3-6可以看出,长江经济带非物质文化遗产分布比较集中,形成了1个高密度集聚区、6个中密度集聚区和2条带状集聚区。

1)1个高密度集聚区

高密度集聚区以苏州市、杭州市为核心,向江苏省、浙江省的其他地区辐射。苏州市历史悠久,是中国现存历史悠久的城市之一,同时也是长江三角洲地区北翼重要的经济中心,拥有众多的名胜古迹、历史文物。杭州市有许多文化和历史遗址,西湖及其四周地区有许多文化景观,西湖文化、丝绸文化、茶文化以及大量的故事和传说都是杭州高知名度的文化代表。由此可见,非遗空间分布与历史文化因素有着密不可分的关系。

2)6个中密度集聚区

6个中密度集聚区分别为邵阳市、长沙市、吉首市、成都市、重庆市、景洪市。邵阳市位于湘西南边陲,自商代以来就有人居住,历史文化悠久,花鼓戏也深受当地人民的喜爱。长沙市是湖湘文化和楚文化的发源地之一,具有3000多年历史,拥有丰厚的非遗旅游资源。吉首市是湘西土家族苗族自治州的首府,各族人民勤奋英勇,产生了丰富多彩的民族文化,形成了深厚的传统文化底蕴。成都市是古蜀文明发祥地,拥有众多的历史文物和名胜古迹。重庆市由于天然的封闭环境,远离中原经济文化中心,形成了独具特色的巴渝文化等丰富多彩的区域文化。景洪市位于云南西双版纳州,以傣族为主的少数民族众多,形成了具有边疆民族特色的民族美术、文学、音乐等。

3)2条带状集聚区

2条带状集聚区分别为武汉市、宜昌市、恩施土家苗族自治州一带和凯里市、贵阳市、安顺市一带。武汉市位于两条河流的交汇处,被称为"九省通衢",是湖北省的经济文化中心。明清以来,武汉市有利的地理交通环境推动了工商业的发展,进而促进了当地文化艺术的繁荣。宜昌市、恩施土家苗族自治州是土家族、苗族的聚居地,民族的文化差异促使当地诞生了具有民族特色的非物质文化遗产。凯里市是黔东南苗族侗族自治州的州府,是苗族、侗族聚居地,以苗族、侗族为主的民俗类非物质文化遗产数量极多,贵阳市、安顺市也有苗族聚居,当地已经形成了丰富多样的非遗项目。由此可见,非物质文化遗产的产生与当地的地理环境、交通环境、民族风情、历史文化都有着密切的关系。

五、案例地发展政策启示

(一)采用非遗主题公园和体验馆模式打造高密度集聚区

长三角城市群属于高密度集聚区,非遗旅游资源丰富,区位条件优越、交通便利、客源市场和基础设施条件较好,旅游业的辐射半径较广。因此,本着优先发展非遗高密度集聚区的原则,可以结合这些地区的优势条件,通过建设非遗主题公园,实现非遗旅游的开发和发展。对于传统音乐、民俗、传统舞蹈、传统戏剧等具有民族特色性、表演性的非遗项目,主要借助主题公园这一载体,开发演艺类旅游产品,通过舞台使非遗得到发展和传承,满足游客休闲、观赏、娱乐的需要和不同文化体验需求。对于传统技艺、传统美术等参与性较强的非遗项目,通过建设非遗体验馆,以观光旅游的方式让游客参观各类非遗技艺、参与手工制作过程,让游客在身临其境的参与中体验非遗的文化内涵和价值。

(二)采用非遗文化小镇模式打造中密度集聚区

中密度集聚区大多在长江中游城市圈和成渝城市圈,可以通过对当地文化的深度挖掘,依托本地历史文化资源、传统民俗节庆活动,实现非遗文化小镇在内容、空间、产业等方面的立体融合。例如,通过开发节庆旅游产品、夜间旅游产品,利用传统戏剧、传统舞蹈、传统音乐等精美非遗技艺,打造成集观光、度假、休闲于一体的非遗文化小镇,将非遗特色融入旅游项目中,促进旅游与非遗的深度融合,带动当地经济的发展。

(三)采用非遗博物馆模式打造低密度集聚区

对于非遗数量稀缺的地区,地方政府应该坚持保护为主、开发为辅的方针,整理搜集现存非遗旅游资源,做好非遗的保护工作。通过建立非遗博物馆的形式,对传统技艺、传统美术、民间文学等非遗进行保护。同时,可以利用视频、VR等数字化的方式,再现传统技艺、传统美术的制作场景,以及将民间文学、民俗等静态类型的非物质文化遗产动态化,增强非遗博物馆的现场体验感,使非物质文化遗产实现真正的传承与发展。

第二节 案例地:"一带一路"沿线省域

一、案例背景

(一)国家大力支持非遗旅游发展

2003年,我国启动非遗保护工程,这一期间,我国汇聚全国之力,开始了对非遗的全面保护与发展。截至2021年,在国务院公布的五批非遗项目名录中,"一带一路"沿线省域共计含有非遗项目1769项,约占我国非遗总数的49.01%。2021年12月,在财政部与文化和旅游部联合印发的《国家非物质文化遗产保护资金管理办法》中,明确增加了非遗项目保护的专项资金,用于非遗管理和保护;中共中央办公厅、国务院办公厅于2021年8月印发《关于进一步加强非物质文化遗产保护工作的意见》提出:第一,加强财税金融支持,鼓励政府按需采购相关产品和服务,引导相关金融机构加强金融服务,支持其他组织和公民提供金融支持,参与非遗保护;第二,完善相关规章制度,加强组织领导,将非遗保护工作纳入发展规划,明确职能管理部门,加强机构队伍建设;第三,完善传承人机制,以传承为中心开展相关工作,拓宽人才培养渠道,继续壮大传承队伍。

(二)"一带一路"沿线省域非遗旅游迅速发展

随着国家对非遗旅游发展的大力支持,各地积极响应号召。其中,浙江省在2022年3月份提出加强非遗特色课程建设、开展非遗主题实践活动、完善非遗人才培养体系、加强非遗景区建设等战略要求;广西文旅厅重点提出要完善区域性整体保护制度,对非遗及其相关环境进行整体保护,突出地域特色,挖掘民间艺术、名镇名村、特色小镇;福建省文旅厅在原有遗产名录的基础上,公布了新增的196项非遗保护项目,积极推动非遗创造性转化、创新性发展;黑龙江省文旅厅于2022年2月提出要加大非遗传播力度,利用新媒体多渠道多形式传播,利用各地文化机构开展宣传、推广活动,鼓励制作相关纪录片、短视频。此外,各省(市、区)还积极打造文旅融合新业态。例如,海南省大力发展乡村旅游业和茶叶特色产业,浙江省在"苔藓小镇"毛垟乡举办数次培训。各地还深挖研学游、体验游空间。以广西壮族自治区为例,其大力发展"传统文化+非遗+体验"为特色的乡村旅游路线,以古村落为基础打造研学基地,创新推出苗疆走廊(贵州)特色旅游路线,令非遗展现出巨大的活力。

二、案例研究理论

马冬雪等(2015)在《基于GIS的中国体育非物质文化遗产空间分布研究》一文中利

用GIS软件,研究了中国长江中下游核心区、少数民族区域等多个核心区,认为我国体育非遗的空间分布并不均匀,呈现组团型布局,而其影响因子则主要包括自然环境、申报机制和分类归属等。魏鹏等(2019)发布的《丝绸之路国内段非物质文化遗产空间分布特征与格局》等论文,已通过CV指数、空间热点探测以及空间聚集分形维数的空间研究方法等手段针对丝绸之路国内段非遗分布做了详细研究,认为丝绸之路国内段非遗总的来说在空间范围呈现聚集分布的特征,从而提出了河南北部多中心分布型、关中中心扩散分布型、陇东河谷分割分布型和"河西走廊—新疆"绿洲散点分布型四个类型。杨晓芬(2020)在《"一带一路"中国沿线体育非物质文化遗产的空间分布特征研究》中,利用GIS技术对"一带一路"沿线地区的体育非遗进行了系统的分析,得出了"一带一路"沿线地区的体育非遗的等级分布差异较大,且具有条带性、聚集性等特征。

三、案例地发展现状

(一)区域概况

"一带一路"经济带在我国境内大致呈"C"字形分布。其中,长三角、珠三角等经济开放程度高、实力强、辐射带动作用大的地区为海上丝绸之路核心区;陕、甘、宁、青等省区主要面向中亚和南亚,形成互通的商贸物流枢纽、产业文化交流基地;广西、云南等地起着衔接作用,同时也是面向东南亚的辐射中心。"一带一路"经济带地域范围广、非遗旅游资源丰富。自"一带一路"倡议提出以来,沿线各地旅游产业发展水平缓速上升,已逐渐成为我国旅游市场的主要旅游意向地。

(二)非遗旅游资源类型

我国非遗旅游资源十分丰富,"非遗+旅游"模式,其中一种是能够定期吸引游客的传统民间节庆活动;还有"文化遗产入景区",它将文化遗产与建筑遗产相结合,文化习俗与自然环境相结合,使游客在旅游过程中获得更多的乐趣,同时也推动了当地的非遗旅游发展与旅游产业高质量发展。通过各地区文旅部门所公布内容来看,非遗旅游主要分为如下五种形式。

1. 非遗节事旅游

节事旅游,也称"事件型旅游",专指以传统节日、盛事等的庆祝和举办为核心吸引力的一类旅游形式,其往往分为传统节事与现代节事两种类型。非遗在节事旅游中则多指传统节事,如春节、元宵节、端午节、中秋节等中华传统节日在我国各地均有多种类型的民俗活动,而傣族泼水节、苗族跳花节等少数民族特有节日也独具风情。对于这些传统节日习俗的推广及创新,全民共度,在传承发扬非遗的基础之上,既让这些文化在现代可以活态传承,符合非遗保护的初心,同时又促进旅游发展。

2. 非遗进驻景区

在旅游生态系统当中,景区是极其重要的组成部分,景区的好坏优劣直接决定了当地对于游客的吸引力,其中以观光型旅游、度假型旅游较为显著。非遗旅游资源进驻景区这一举措为游客增添了感官享受,提升了游客体验乐趣、加深了游客旅游印象,如新疆地区独具特色的歌舞表演、福建的"非遗进土楼"、陕西的"民祭史圣"等均属于此类型。日渐常态化的非遗旅游资源进驻景区这一举措使得各类型的旅游景区与体验串联,在提升游客感官体验、认知探索等需求的同时,活态传承非遗旅游资源,也为当地人们提供了就业平台。

3. 建成遗产+活态遗产

从古至今,人类聚居地始终是人们结合自然条件、人居建筑、环境等建成的生产生活区域。而这类聚居区域又可分为传统城镇和传统村落两种体系,如浙江的东沙镇、贵州凯里的麻糖寨都属于此类。承载有人类生产生活气息的传统村镇,可以让游客充分地融入其中,沉浸式体验当地文化。古城、古村要将这种风貌保存下来,并且将这种文化升级延续下去,利用这种文化打造独具特色的非遗旅游项目或产品,促进优秀文化的传播。

4. 非遗主题场馆、景区

这些年来,各地大大小小建成了不少非遗主题展馆、景区、旅游小镇、街区市集等,有的以非遗为主题,有的以民族文化为主题。这些场馆和景点的开发方式有两种:一是规划、建设和运营,二是以行业发展的形式进行。如福建省的"观光工程",以传统美术、医药为主题,将制作工坊变化为兼具体验、观光、售卖于一体的非遗主题工厂。此类非遗旅游模式,只要开发好非遗旅游商品,便可强化游客购物体验,促进地方文化的推广。

5. 非遗主题旅游路线

随着以上几种旅游模式的开发和应用,各地的旅行社、旅游网站等也纷纷在旅游路线的规划中增设了不少非遗景区游览、展演观赏、体验项目,并且将这些项目作为旅游线路的主要卖点进行宣传。2019年,广东省、上海市等地均有推出此类旅游路线,根据不同游客的喜好进行景区、产品等要素分类,升级旅游休闲体验项目,为游客带去更加适合的服务类产品。除此之外,非遗主题研学旅游也得到较大的发展,为青少年提供了了解非遗文化的直接桥梁,将研学与教育、娱乐、旅游、体验等环节融为一体,引导青少年走进非遗、了解非遗。其中,浙江省的非遗研学基地极受欢迎,在其开放不到一月时间内,便接待了研学团队266个共计11450人次。

四、案例地发展空间分布差异与特征

(一)研究数据与研究方法

1. 研究数据来源

本研究的数据来源为中国非物质文化遗产网、中国非物质文化遗产数字博物馆、各地区文化和旅游部门、地方非遗网等。在截至2021年国务院先后公布的五批国家级项目名录中,按照《中华人民共和国非物质文化遗产法》,我国国家级非物质文化遗产名录将非遗资源分为十个大类,分别为:民间文学,传统音乐,传统舞蹈,传统戏剧,曲艺、传统体育、游艺与杂技、传统美术、传统技艺、传统医药、民俗。

2. 研究方法

本研究数据主要利用 GeoDa 软件和 GIS 软件，基于 Queen Contiguity 的邻接关系建立矩阵空间权重，对"一带一路"沿线 18 个省、自治区、直辖市进行全局空间自相关、局部空间自相关分析和核密度分析。

1) 全局空间自相关性分析

在整体相关性分析中，常使用的是 (Global) 全局 Moran' I 指数法，该方法主要用于描述各空间单位与周围区域之间的关系，其表达式如下：

$$I = \frac{n}{S_0} \times \frac{\sum_{i=1}^{n}\sum_{j=1}^{n} w_{ij}(x_i - \overline{x})(x_j - \overline{x})}{\sum_{i=1}^{n}(x_i - \overline{x})^2} \tag{3-1}$$

式中，$S_0 = \sum_{i=1}^{n}\sum_{j=1}^{n} w_{ij}$；

n——所分析区域总个数；

$(x_i - \overline{x})$——第 i 个区域的要素与其平均值的偏差；

$(x_j - \overline{x})$——第 j 个区域的要素与其平均值的偏差；

w_{ij}——空间权重值，采用两地之间的距离作为权重指标。

在计算出 Moran' I 指数后，还需要进行假设检验。假设检验是一种假定，根据统一度量的分布，用统计对假定的有效性进行判定。若不能通过假设检验，则否决假定；若能通过，则予以采纳。在此通过 Z 检验确认，在显著性为 0.05 水平下，只要满足 $|Z| > 1.96$（或者 P 值小于 0.05）则有充分理由认为 Moran' I 指数显著。

$$Z = \frac{I - \mathrm{E}(I)}{\sqrt{\mathrm{VAR}(I)}} \tag{3-2}$$

式中，$\mathrm{E}(I)$——I 的平均值；

$\mathrm{VAR}(I)$——I 的方差。

其平均值和方差的计算方法如下：

$$\mathrm{E}(I) = -\frac{1}{n-1} \tag{3-3}$$

$$\mathrm{VAR}(I) = \frac{n^2(n-1)\frac{1}{2}\sum_{i \neq j}(w_{ij} + w_{ji})^2 - n(n-1)\sum_k\left(\sum_j w_{ij} + \sum_i w_{ij}\right)^2 - 2(\sum_{i \neq j} w_{ij})^2}{(n+1)(n-1)^2(\sum_{i \neq j} w_{ij})^2} \tag{3-4}$$

当得出的 Moran' I 的取值范围为 [-1, 1]，其含义如表 3-7 所示。

表3-7　Moran'I值所代表的含义

Moran'I值	代表含义
$I>0$	表示所有地区的属性值在空间上有正相关性,值越大,空间相关性越明显
$I=0$	表示地区随机分布,无空间相关性
$I<0$	表示所有地区的属性值在空间上有负相关性,值越小,空间差异越大

2)局部自相关性分析

为深入揭示"一带一路"经济带沿线各省份的局部空间集聚变化规律,本研究采用空间联系局域指标(Local Indicators of Spatial Association,LISA)来度量局部空间自相关性,相比于全局空间自相关分析,局部空间自相关分析更加侧重于研究一定范围内局部空间的对象属性值所在的空间相关性,局部Moran'I指数的计算公式如下:

$$I_i = \frac{Z_i}{S^2}\sum_{j=1}^{n}W_{ij}Z_j \tag{3-5}$$

式中,$Z_i = x_i - \bar{x}$,$Z_j = x_j - \bar{x}$,$S^2 = \frac{1}{n}\sum(x_i - \bar{x})^2$;

W_{ij}——空间权重值;

n——所研究的区域的地区总数;

I_i——第i个区域的局部Moran'I指数。

LISA是一种度量单位与环境单位之间的关系——正相关性和负相关性的指标,而这一次的研究则是用来测量各省与周边省份之间的关系的指标,依然利用Z检验方法检验。LISA聚类图存在四个热点:第一象限(H-H)、第二象限(L-H)、第三象限(L-L)、第四象限(H-L)。第一、三象限代表了正的空间自相关,表明了相似性的聚集;第二、四象限代表着空间上的负相关,表明了空间上的异常。而当观测值平均分布于四个象限时,表明各区域间没有空间自相关关系。

3)核密度分析

核密度分析方法可以通过计算输入的数据元素,计算出各区域的数据集聚情况,反映出各区域的辐射强度,从而对各要素的空间分布进行分析。核密度估计值越大,说明点状元素的分布越密集,区域事件的发生概率也就越高。其计算公式如下:

$$f(x) = \frac{1}{nh}\sum_{i=1}^{n}k\left(\frac{x-X_i}{h}\right) \tag{3-6}$$

式中,$f(x)$——核密度估计值;

$k\left(\frac{x-X_i}{h}\right)$——核函数;

n——非遗数量;

$h(h>0)$——带宽;

$x-X_i$——估计值点x至X_i的长度距离。

从数学上看,分布函数$F(x)=P(X<x)$,表示随机变量X的值小于x的概率。概率密度$f(x)$是$F(x)$在x处的关于x的一阶导数,即变化率。概率密度$f(x)$是X落在x处

"单位宽度"内的概率。

（二）省域分析

"一带一路"沿线的18个省、自治区、直辖市范围内非遗数量差异较大；同一区域内不同类型的非遗差异也有明显体现（见表3-8）。如浙江省、广东省、福建省、云南省、新疆维吾尔自治区、内蒙古自治区、西藏自治区等7个省域所含非遗数量均超过100项。其中，浙江省共有257项，约占14.53%；广东省共有165项，约占9.33%；福建省与云南省均有145项，各占约8.20%；新疆维吾尔自治区共有140项，约占7.91%；内蒙古自治区共有106项，约占5.99%；西藏自治区共有105项，约占5.94%。以上省域合计1063项，占"一带一路"沿线省、自治区、直辖市所含非遗数量（1769项）的60.10%。

表3-8 "一带一路"沿线省域非遗数量分布表　　　　　　（单位：项）

省域	传统技艺	传统体育、游艺与杂技	传统舞蹈	传统戏剧	传统医药	传统音乐	民间文学	民俗	曲艺	传统美术	合计
新疆	25	9	16	0	7	28	19	22	5	9	140
陕西	12	2	6	18	2	15	7	9	8	12	91
宁夏	7	0	1	1	4	3	1	5	1	5	28
甘肃	12	1	11	11	2	12	7	12	7	8	83
青海	11	3	9	3	6	15	9	17	4	11	88
内蒙古	15	9	5	5	7	23	8	19	6	9	106
黑龙江	6	1	1	3	2	7	1	8	7	6	42
吉林	6	5	4	3	5	10	2	12	6	2	55
辽宁	4	2	9	10	2	9	6	8	12	14	76
广西	8	1	9	7	1	9	6	23	3	3	70
云南	24	2	30	17	6	14	19	25	2	6	145
西藏	18	2	33	9	9	6	3	12	1	12	105
上海	19	4	4	7	11	9	2	5	5	10	76
福建	33	7	8	24	6	9	3	29	7	19	145
浙江	54	12	18	25	12	15	24	39	28	30	257
广东	18	5	32	21	10	13	4	25	5	32	165
海南	12	0	3	6	0	11	0	10	0	2	44
重庆	7	1	4	3	4	14	3	4	6	7	53

资料来源：中国非物质文化遗产网，数据截至2021年。

不同种类的非遗在每个省域的分布也各不相同。但总的来说,传统技艺在每个省域均为主要的非遗类型;其次为传统音乐、传统舞蹈等可以促进人们之间互动交流的类型;传统医药以及传统体育、游艺与杂技类非遗则占比相对较少。不同省域之间由于不同的自然环境、人文环境,所以非遗分布的类型也各不相同。以浙江省为例,传统技艺、民俗与传统戏剧类非遗数量众多,而传统舞蹈和传统体育、游艺与杂技类非遗则占比最小,浙江省小商品经济以及手工业发达,使得传统技艺类非遗占主体地位;而在云南省内,少数民族聚居,多民族混居,形成了丰富多彩的民俗文化类非遗。

(三)全局空间自相关分析

运用GeoDa软件对"一带一路"沿线18个省、自治区、直辖市的非遗旅游资源数量进行全局空间自相关分析,得到每个省域不同的Moran'I值及其分布情况(见表3-9)。不同省域非遗数量的Moran'I指数散点较多分布在第一、三象限,这表明整个"一带一路"经济带沿线各省域所含非遗数量在空间上大致呈现集聚效应,说明所有地区的非遗数量在空间上具有正相关性。

表3-9 "一带一路"沿线省域非遗Moran'I值

省域	Moran'I值	正负关系	散点集聚情况
浙江	0.439	正	第一象限
广东	0.435	正	第一象限
福建	0.414	正	第一象限
新疆	0.408	正	第三象限
陕西	0.083	正	第三象限
宁夏	0.174	正	第三象限
甘肃	0.136	正	第三象限
青海	0.113	正	第三象限
内蒙古	0.037	正	第三象限
云南	0.021	正	第三象限
辽宁	-0.001	负	第二象限
吉林	-0.057	负	第二象限
黑龙江	-0.045	负	第二象限
广西	-0.128	负	第二象限
西藏	-0.156	负	第四象限

续表

省域	Moran'I值	正负关系	散点集聚情况
上海	−0.193	负	第四象限
海南	−0.257	负	第四象限
重庆	−0.372	负	第四象限

(四)局部自相关分析

基于GeoDa软件,对"一带一路"沿线省域非遗旅游资源数量进行局部空间自相关分析,得到相应可视化数据结果Moran'I散点图(见图3-6)、LISA聚类地图等。其中,Moran'I散点图的横坐标表示非遗数量值,纵坐标表示该区域非遗数量项数的滞后值,即相邻区域非遗数量项数的平均值。

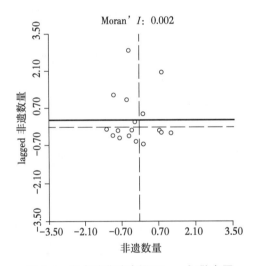

图3-6 各省域非遗资源Moran'I散点图

在"一带一路"经济带沿线的18个省域里面,非遗数量空间自相关类型呈高高型的省域只有福建省,而该省域与其周边相邻的浙江省和广东省的非遗数量相对都较高,其空间差异程度相对较小,因此存在有较强的空间正相关性;而非遗数量空间自相关类型呈高低型的省域只有内蒙古自治区,其周边相邻区域分别为黑龙江省、吉林省、辽宁省、陕西省、甘肃省、宁夏回族自治区、新疆维吾尔自治区,在这几个省域之中,只有内蒙古自治区与新疆维吾尔自治区非遗数量超过100,故其整体空间差异程度相对较大;与上海相邻的省域只有浙江省,而浙江省非遗数量为257项,上海市仅仅为76,两地差异悬殊,故而上海市呈低高型。

如表3-10所示,福建省的非遗数量达到了$P=0.05$的显著性水平,内蒙古自治区的非遗数量显著性水平同样为0.05,而上海市则是0.001的显著性水平,其他省域非遗数量变化差异较大。

表3-10 "一带一路"沿线省域显著性检验分析表

省域	显著性水平	相邻省域
内蒙古	0.05	黑龙江、吉林、辽宁、陕西、甘肃、宁夏、新疆
福建	0.05	广东、浙江
上海	0.001	浙江

(五)核密度分析

根据核密度分析,地域面积会对非遗的核密度产生较大影响,因此,虽然新疆、内蒙古、西藏等地区非遗资源多,但其面积也远远超过其他省份,经济、交通等条件相比于东南诸省也明显落后,所以在核密度图中形成了以自身为主的聚集区。浙江、福建、广东等地经济发达,自然条件优越,历史悠久,有着众多的名胜古迹、历史文物,非遗旅游资源多,所以在浙江、福建、广东和云南等地形成了高密度聚集区。陕甘宁地区与东北地区虽然非遗资源较少且经济也相对落后,但这些省份面积均相对较小,因此在陕西、甘肃、宁夏与黑龙江、辽宁、吉林等地则形成了中密度聚集区。通过以上研究发现:非遗旅游资源的空间分布差异特征与多种条件有关。例如,非遗发源地的地形、气候、河流、社会经济发展水平、交通运输条件以及当地的民族文化等因素,对非遗的产生都产生了重大影响。

五、案例地发展空间分布差异影响因素

(一)自然因素

自然因素对人类文明的演化重要性不言而喻,同时,自然因素又包含多种类别,以下主要从地形、气候和河流三个方面来简要探究自然因素对非遗旅游资源空间分异的影响。

1. 地形

非遗是文化的诸多体现形式中的一种,而文化的创造是由人类来完成的,我国的各类地形地貌始终影响着人类的繁衍生息,同时也对文化的交流和传承起着促进或阻碍的作用,影响着非遗在我国境内的空间分布情况。相对而言,地处平原、丘陵地区,地势平坦,交通也会更加便利,人们之间往来更加密切,人口聚居,因此不同文化之间相互交流碰撞的机会更多、强度更大,从而形成具有多民族色彩的文化,非遗也更加容易得到体现,人们对这些地区的非遗的发现难度也较小。因此,浙江、广东、福建等地相对来说,非遗存在较多;而地处黄河中上游的陕西、甘肃等地非遗相对较少。虽然,中国的非遗空间分布明显具有此类特征,但平原等地势平坦的区域并不是衡量非遗旅游资源空间分布差异的唯一因素,这一点通过云南、新疆、西藏等省域可以明显发现(见表3-11)。

表 3-11 "一带一路"沿线省域各地形非遗数量占比统计

区域	占比/(%)
青藏高原	10.43
黄土高原	11.48
新疆、内蒙古(以高原为主)	13.99
云贵高原	12.28
东南丘陵	16.52
东北平原	9.8
重庆、海南	5.48

资料来源:中国非物质文化遗产网,数据截至2021年。

2. 气候

气候同样也是人类生存发展的重要影响因素,大部分非遗同样也是人类对于气候的直接感受所产生的文化。上古农耕文明运用其智慧发现了"二十四节气",它顺应农时,是古人观察天体运行认知一年中的时令、气候规律所形成的独特知识体系,不仅在人们的农业生产之中起着巨大的作用,并且完美地融入了中国各民族的传统文化和民俗之中,形成了独具特色的文化。如图3-7所示,西北地区为温带大陆性气候,干旱少雨,而南方亚热带季风气候区则是降水充沛,气候湿润,同时河流地表径流量也远超北方地区,这一特点也对各类型的非遗产生了较大的影响,以民居形式来看,陕北地区的窑洞、南方地区的水乡,以及广泛存在于湖南、广西等地区的吊脚楼则是直接体现。

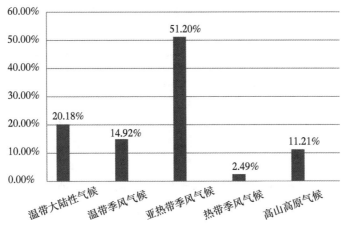

图 3-7 "一带一路"沿线省域各气候非遗数量占比柱状图

资料来源:中国非物质文化遗产网,数据截至2021年。

3. 河流

除地形、气候等自然因素之外,河流对于人类的发展演变同样起着不可或缺的作用,甚至可以说河流是人类文明发展演变的基础因素。在河流的1千米范围内,有442个非遗子项目,占据了整个非遗子项目的16.63%,而5千米以内的非遗子项目有2246个,达到了惊人的84.50%,这两项数据清晰地表明了河流对于非遗空间分布的重要性,如浙江、福建等地的浙闽台流域、广东地区的珠江流域,以及云南、贵州等地的雅鲁藏布江流域。新疆境内的额尔齐斯河、伊犁河等河流同样也是新疆特色民族文化发展壮大的重要因素。大江大河流域水源充足、地势平坦、交通运输便利,十分利于人类生活发展,而水路运输同样也是古代极其重要的交通方式,它对于促进不同民族、不同文化之间的交流发展、碰撞融合起着推进作用。

(二)经济因素

区域社会经济发展水平在一定程度上对非遗空间分布也有重要影响,表3-12为2021年国家统计局发布的各省份国民生产总值数据。其中,广东以124369.7亿元位列第一,浙江和福建分别以73515.8亿元和48810.4亿元位列第二、第三,而倒数三位则分别为宁夏(4522.3亿元)、青海(3346.6亿元)和西藏(2080.2亿元)。2021年,各省份GDP情况排列基本与我国经济发展呈相同走势,东南沿海地区远高于西北内陆地区。

表3-12　2021年"一带一路"沿线省份GDP　　　　　(单位:亿元)

省份	广东	浙江	福建	上海	陕西	重庆
GDP	124369.7	73515.8	48810.4	43214.9	29801	27894
省份	辽宁	云南	广西	内蒙古	新疆	黑龙江
GDP	27584.1	27146.8	24740.9	20514.2	15983.7	14879.2
省份	吉林	甘肃	海南	宁夏	青海	西藏
GDP	13235.5	10243.3	6475.2	4522.3	3346.6	2080.2

资料来源:根据2021年国家统计局发布的数据进行整理。

各省份2021年GDP情况表明,广东、浙江、福建等省份GDP较高且集聚分布于东南沿海地区,而云南、甘肃和西藏相对而言GDP值相对较小,经济发展水平相对较落后。由此,表明社会经济发展水平与非遗空间分布呈正相关性,在社会经济发展水平较高的地区,人类生活物质资料丰富,精神生活也得到满足,进而文化碰撞交流增多,使得非遗数量也有所增多。

(三)交通运输条件

交通运输条件往往与社会经济发展水平呈正相关性。在交通发达的地区,人们之间的聚集和交流更加容易,而这种交流又会促进文化之间的碰撞,所以交通运输条件对于文化的传播和发展同样起到重要的作用。现代的高铁、公路系统之发达(见表3-13),同样为文化的发展提供了重要的机遇,在东南沿海城市社会经济发展水平高与交通运输系统发达的条件之下,其以高铁里程数领先全国,吸引着大量的流动人口,各个地区独特的文化伴随着人口的流动,多方位向外扩散,影响范围也逐渐扩大,为社会经济发展提供新机遇的同时也为文化的交流碰撞提供了新的舞台。

表3-13 "一带一路"沿线各省域交通运输线路里程数　　　(单位:千米)

省份	高铁里程	公路里程	铁路里程
新疆	719	5500	6900
陕西	1019	6100	5400
宁夏	315	2088	1973
甘肃	1488	6000	4972
青海	268	4040	2749
内蒙古	577	6985	14000
黑龙江	1501	4516	6800
吉林	855	4300	4934
辽宁	2195	4331	6500
广西	1769	6800	5200
云南	1074	9000	3948
西藏	0	688	1840
上海	131	900	508
福建	1904	6000	3814
浙江	1742	5096	3213
广东	2458	10690	4824
海南	653	1255	1533
重庆	896	3400	2526

资料来源:根据国家统计局发布的数据整理得出,数据截至2020年。

（四）民族文化因素

在古代，因交通条件差，社会条件相对较差，人类种族之间大规模迁移比较困难，发生也较少。因此，民族之间的文化碰撞也相对来说较少。而在这种封闭的条件下，自身民族文化便成了非常重要的影响因素。因为当时少数民族多以游猎放牧为生，生活场地不稳定，其保留下来的文化遗产也相对较少。中原地区自商朝开始，历经春秋战国、三国、五代十国等战争乱世，同时又经历秦汉、隋唐、明清等统一朝代，往往是统一朝代时期出现文化盛世，文化的碰撞交流也更加激烈，影响范围也逐次扩大。而随后又经历战火乱世，一方面对前朝的文化有着大大小小的摧毁，另一方面，随着战争人口的迁移，也带来了新一次的文化交流。例如战国时期，秦国军队征战所发明的锅盔也是一种饮食文化。又如，军营之中的歌舞文化也是传统舞蹈的一种，所以民族文化与历史变迁对非遗分布的影响也不可忽视。

六、案例地发展对策建议

（一）推动非遗旅游资源分类活化利用

"一带一路"沿线省、自治区、直辖市各类型非遗旅游资源丰富，对于非遗资源的开发和保护需要采取"特殊矛盾特殊对待"的原则，推动非遗旅游资源分类活化利用，让非遗融入现代生活中，推动非遗的保护与传承发展。例如，对于具有地方特色且适合推广的民间文学、文字语言等，各级政府应进行全覆盖性保护，在当地可建立主题展馆、景区，举办文化交流会，将当地的语言、文字等当地文化在网络上进行推广，供学习研究；对于传统技艺、传统舞蹈，以及传统体育、游艺与杂技等可以实践参与的非遗项目，合理规划和利用现有基础，设立专门区域，使游客在游玩过程中参与其中，增强游客体验感；而对于传统美术、传统音乐、传统医药等观赏与实践并存的项目，可以利用主题展馆向游客展览，同时也可以邀请游客通过自己的理解制作相关的物品。

（二）推进"非遗+旅游"深度融合发展

非遗项目与旅游的深度融合有利于非遗的保护、传承和发展，也有利于当地的旅游发展，为当地带来经济收益，这一发展模式将为文旅融合注入强劲动力。可以结合当今较为热门的非遗旅游模式，如"非遗+扶贫""非遗+文化小镇""非遗+主题展馆"等模式，结合非遗文化，将非遗旅游资源融入现代化景区，创新打造非遗旅游路线，在宣传非遗文化的同时增强当地旅游吸引力，通过旅游带动当地经济。在推动非遗旅游发展的同时，应注意保护非遗，加强文化的弘扬和推广，保持非遗的原真性，减少在非遗向游客开放过程中受到的破坏。在旅游过程中，游客更加期待的是多元化、个性化的旅游产品，只有对非遗的挖掘深度够，才可以使这一发展模式走得更远。

(三)强化非遗旅游保护开发主体性

要想非遗资源活态传承、发扬光大,对各类型的非遗要上升到系统化的保护层面:第一,由政府各部门主导,实时关注非遗状态及市场动向,及时更新非遗旅游发展政策,结合市场,对非遗资源本体和非遗传承人等加以保护;第二,非遗旅游发展必须规范市场,非遗旅游发展需要商业化,但也不可过度商业化,要避免商业化的过程中对非遗造成二次伤害,同时运用新时代的科技力量加强非遗的宣传和推广,获得市场的关注及认同;第三,青少年群体作为未来国家发展的中坚力量和旅游消费的主体人群,应该加强其思想教育,通过正确的思想引导,使其参与到非遗的继承、发展和推广之中。

(四)建立非遗旅游产业融合示范区

通过以上研究,"一带一路"经济带沿线省域的非遗资源主要有浙闽粤聚集区和少数民族集聚区,应该充分发挥这些集聚区的作用,依托非遗扎堆区域以及经济发达地区,通过科学合理的方式普及非物质文化遗产,建立非遗旅游产业融合示范区,致力于非遗品牌化IP打造,通过这些特色IP吸引社会力量、游客等,并利用这些社会力量反哺非遗旅游的发展,助力文旅融合助推产业发展。

(五)重点开发跨省域非遗旅游产品

"一带一路"沿线省域作为整个区域,应该发挥其群体效应,在现有旅游产品的基础之上,各地区文化和旅游部门以及旅行社应该创新推出跨省域旅游线路、旅游产品,打造多样化旅游消费。通过这些旅游线路将游客串联起来,使得游客可以更方便地到达多个非遗景区,了解非遗文化;同时,相比于以往单一的旅游产品,融合多地非遗文化的旅游产品对游客来说也更具有吸引力,可以更好地带动旅游地的经济发展。

第三节 案例地:江西省

一、案例背景

(一)非遗提升旅游产品的文化内涵

我国非物质文化遗产是中华民族传统文化中的重要组成部分,是中华民族精神和情感的重要载体,是维护国家统一以及民族团结的基础,同时也是中华人民智慧的结晶。由于历史原因,许多历史故事,特别是少数民族的历史故事在神话故事中得到了更多的表达,在民间传说中得到了更生动的记录,并以口头的形式传播,从而形成了丰富多彩的非物质文化遗产。而现如今,在全球化、经济一体化和社会生活现代化的发展浪潮中,弘扬传统文化,结合传统文化与现代经济文化发展,遵守协调创新的发展原则,能够促进文化与旅游产业一体化发展。随着旅游产业的不断发展和旅游活动多样化趋势的加强,文化遗产旅游在人们旅游消费中越来越重要,非物质文化遗产也在不断提升旅游产品的文化内涵。并且随着非物质文化遗产申报数量的增加,非物质文化遗产的旅游与开发也得到更多专家和学者的关注。

(二)江西省非遗旅游资源丰富且发展不平衡

江西省位于中国的东南部,长江中下游南岸,属于华东地区,非物质文化遗产旅游资源十分丰富,弋阳腔、瓷文化、客家文化等在全国和全世界都有比较深远的影响。但是,江西省的经济体量和地理位置与东部沿海城市无法对比,人才和资源流失情况比较严重,导致江西省的整体发展受限。江西省部分非遗具有较高的知名度和较大的影响力,但是对非遗旅游的促进作用较小,非物质文化遗产旅游发展在不同地区也存在不平衡的问题。因此,发展非物质文化遗产旅游,把江西省打造成非物质文化遗产旅游大省,对推进江西省经济文化和促进非遗的保护与发展具有十分重要的意义。

二、案例研究理论

关于江西省非遗的研究文献较少,并且主要集中在江西省非遗旅游资源的数量、种类、分布情况、生存环境以及保护现状等方面。傅安平等(2017)认为,江西省非遗的保护工作主要是希望能够保护并抢救非遗,合理利用非遗旅游资源,并不断地进行传承发展。同时,应认真贯彻并落实《江西省非物质文化遗产条例》,在保护中传承非遗,积极开展非遗传承工作,在开拓中不断前进。陈柳(2019)认为,应该用长远的眼光看待江西省非遗东河戏的发展,善于发挥政府对非遗的保护职能。韩凤(2013)提出江西素有"物华天宝、人杰地灵"的美誉,民间文学丰富、民间表演艺术精彩、传统手工技艺精湛、民风民俗淳朴,也成就了江西绚丽多彩的非物质文化遗产。江西省丰富的非遗旅游资源为旅游增添了活力,江西省也在不断地推进非遗与旅游与融合发展,随着非遗与旅游的互相促进,江西省的非遗旅游研究也逐渐吸引了更多学者的关注。

三、案例地发展现状

(一)区域概况

江西省位于中国东南部,覆盖了九江市、南昌市、景德镇市、上饶市、宜春市、鹰潭市、抚州市、新余市、吉安市、萍乡市、赣州市11个市,总面积约16.69万平方千米(见图3-8)。江西省人口众多、旅游资源丰富。2019年,江西省全省的GDP总量达到了24757.5亿元,随着经济水平的提高和交通条件的不断改善,江西省旅游产业发展速度也在稳步提升,旅游发展水平日渐提高;江西省自然人文资源丰富,生态环境优美,是主要的旅游资源区。同时,江西省现代化程度较高,拥有主要的游客市场,客源市场与旅游资源区相互融合,共同拉动了江西省旅游产业的发展。

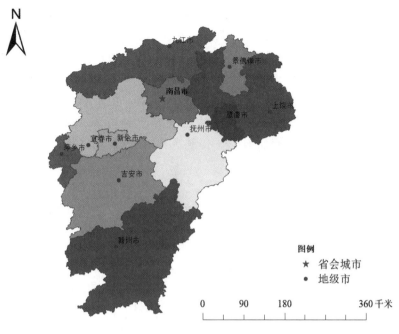

图 3-8　江西省行政区划分图

(二) 区域旅游发展现状

随着国民经济的发展,人民的收入水平不断提升,人们旅游休闲的意识也在不断加强。全国旅游消费市场需求增长,为江西省旅游的发展提供了良好的机会和发展条件,旅游消费对江西省的经济贡献率也在不断上升。

2016 年,江西省游客接待总人数为 4.71 亿人次,全省旅游综合收入为 4993.29 亿元。2017 年,江西省旅游总收入突破 6000 亿元,达到 6435.09 亿元,比 2016 年增长 28.87%。2018—2019 年,江西省旅游接待人数攀升,产业规模不断扩大,旅游人数分别达到 6.9 亿人次和 7.9 亿人次,旅游总收入分别为 8145 亿元和 9656 亿元。2020 年,江西省共接待游客 5.56 亿人次,实现旅游总收入 5424 亿元。江西省旅游人数的增加和旅游总收入的提高为文化与旅游的融合提供了基础,有利于促进非物质文化遗产旅游的发展。

(三) 区域非遗旅游资源

根据江西省非物质文化遗产网的五批次国家级、省级非遗项目(见表 3-14),江西省的十类非物质文化遗产项目中,传统技艺类非遗项目所占比重最大,共有 144 项,占总体的 25.71%;其次为民俗类非遗项目,有 105 项,占 18.75%;传统舞蹈类非遗项目排在第三,共有 90 项,占 16.07%;传统戏剧类非遗项目排第四,共有 54 项,占 9.64%;传统音乐类非遗项目排在第五,共有 45 项,占比为 8.04%;传统美术和民间文学类非遗项目排在第六,分别有 38 项,都占 6.79%;其他类型的非遗项目数量相对较少,曲艺、传统医药和传统体育、游艺与杂技类非遗项目依次有 21 项、17 项和 8 项,分别占 3.75%、3.04% 和

1.43%。可以看出,江西省非物质文化遗产类型的分布显然是不平衡的。江西省历史悠久,当地丰富多样的文化不断产生,尤其是在人们的日常生产生活中,形成了大量的传统技艺类非遗。另外,许多非物质文化遗产也在娱乐中产生,所以民俗和传统舞蹈类非遗项目也比较多。但是,对传播要求较高非遗项目,例如曲艺、传统医药和传统体育、游艺与杂技类非遗项目的产生和传承则较为困难。由于以上这些因素,最终形成了江西省以传统技艺类非遗项目为主,其次是民俗、传统舞蹈、传统戏剧、传统音乐、传统美术和民间文学类非遗项目,而曲艺、传统医药,以及传统体育、游艺与杂技类非遗项目相对较少的分布结构。

表 3-14　江西省非物质文化遗产类型与数量　　　　　　　　（单位:项）

地区	传统技艺	传统美术	传统体育、游艺与杂技	传统舞蹈	传统戏剧	传统医药	传统音乐	民间文学	民俗	曲艺
南昌市	14	4	1	7	3	0	6	5	11	3
九江市	13	4	0	1	12	1	8	5	7	1
景德镇市	17	1	0	2	0	0	0	1	1	0
上饶市	18	3	1	2	8	4	4	0	22	3
宜春市	18	8	2	14	6	5	9	10	11	4
鹰潭市	4	2	0	3	0	1	1	1	2	0
抚州市	9	4	0	20	5	1	2	1	6	1
新余市	2	1	1	3	1	0	2	2	0	0
吉安市	19	4	1	15	4	2	5	12	15	3
萍乡市	4	3	1	6	5	0	1	0	2	2
赣州市	26	4	1	17	10	3	7	1	28	4
合计	144	38	8	90	54	17	45	38	105	21

四、案例地发展空间分布特征

（一）数据来源与研究方法

1. 数据来源

本研究以江西省非物质文化遗产网和中国非物质文化遗产网颁布的第一至五批非物质文化遗产代表性项目名录为基础数据。得到江西省非物质文化遗产数据之后,为了进一步增加其准确性,遂进行以下梳理:出现在目录所有级别中的同一项目仅被视为国家级;联合申报的项目,以第一个为主。在对非遗数据进行处置后,以江西省内11个市为单位,共获得江西省非物质文化遗产有效数据560条。然后,以江西省矢量地图为基础,建立江西省非物质文化遗产数据库。

2. 研究方法

1)平均最邻近指数法

经过数据处理,对江西省非物质文化遗产的分布结构进行分析。利用GIS软件中的平均最邻近指数测度江西省整体和各类型非遗项目的集聚程度,从而了解江西省非遗的空间分布类型。其计算公式如下:

$$R = \frac{\overline{r_1}}{\overline{r_E}} = 2\sqrt{D} \times \overline{r_1} \tag{3-7}$$

式中,R——最邻近点指数;

$\overline{r_1}$——最邻近点之间距离r_1的平均值;

$\overline{r_E}$——理论最邻近距离;

D——点密度。

当$R=1$时,说明旅游景点点状要素分布为随机型,r_1代表最邻近点之间的距离,r_E代表最邻近点的平均距离;当$R>1$时,说明旅游景点点状要素趋向于均匀分布;当$R<1$时,说明旅游景点点状要素趋向于集聚分布。

2)核密度估计值

核密度估计方法能够通过对输入数据进行测算,分析出整个区域空间集聚程度,反映出核心区域对周边的辐射强度。此方法能够很好地进行点状要素空间集聚区域分析。其计算公式如下:

$$f(x) = \frac{1}{nh} \sum_{i=1}^{n} k\left(\frac{x - X_i}{h}\right) \tag{3-8}$$

式中,$f(x)$——创新平台的核密度估计值;

$k\left(\dfrac{x - X_i}{h}\right)$——核函数;

n——非物质文化遗产项目的数量;

$h(h>0)$——带宽;

$x - X_i$——估计值点x至X_i的长度距离。

从数学角度上看,分布函数$F(x)=P(X<x)$,表示随机变量X的值小于x的概率。概率密度$f(x)$是$F(x)$在x处的关于x的一阶导数,即变化率。核密度的估计值越大,表示点状要素分布越密集,区域事件发生的概率越大。

(二)空间分布特征

1.省域

使用GIS软件中的平均最邻近指数,计算江西省非物质文化遗产数据,获得总体和各类型非物质文化遗产的平均最邻近指数(见表3-15)。结果表明,江西省的非物质文化遗产总体平均最邻近指数为0.48,小于1,即江西省非物质文化遗产在空间上呈集聚型分布。

分别从不同类型非物质文化遗产来看,传统技艺、传统美术、传统舞蹈、传统戏剧、传统医药、民间文学、民俗的平均最邻近指数均小于1,表明呈集聚型分布;传统体育、游艺与杂技以及传统音乐、曲艺的平均最邻近指数大于1,表明呈扩散型分布。因为平均最邻近指数越小,表明非遗空间分布越集中;平均最邻近指数越大,表明非遗空间分布越分散。非物质文化遗产集聚程度最高的传统技艺,其平均最邻近指数为0.59;非物质文化遗产集聚程度最低的传统体育、游艺与杂技,其平均最邻近指数为1.52。但是不同类型的非物质文化遗产项目由于受数量和区域面积等因素的影响,集聚程度相差也比较大。

表3-15 江西省非物质文化遗产类型平均最邻近指数表

类型	总体	传统技艺	传统美术	传统体育、游艺与杂技	传统舞蹈	传统戏剧	传统医药	传统音乐	民间文学	民俗	曲艺
平均最邻近指数	0.48	0.59	0.89	1.52	0.72	0.66	0.9	1.07	0.98	0.8	1.18

2. 市域

1) 市级数量特征

以江西省11个市为单位,经过统计各市非物质文化遗产的数量和类型,使用GIS软件、Excel软件等,分析各市非物质文化遗产的分布特征。

在GIS软件上,对江西省560个非物质文化遗产的空间分布进行分级颜色处理,以获得江西省非物质文化遗产的各市分布图(见图3-9)。

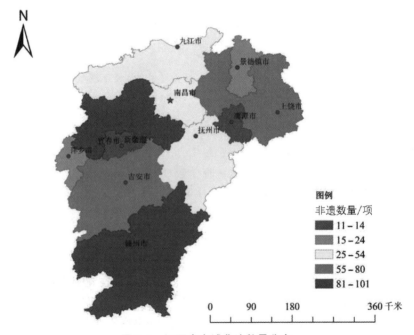

图3-9 江西省市域非遗数量分布

根据图3-9可以推测出,江西省各市非物质文化遗产项目的分布呈现不平衡性。其中,赣州市、宜春市、吉安市的非遗数量均在80项以上,合占江西省非遗总量的47.85%以上;上饶市、南昌市、九江市、抚州市非遗数量都在45—65项,占江西省总量的39.28%;景德镇市、鹰潭市、萍乡市非遗项目数量在14—25项,占比为10.17%;新余市非遗数量最少,为12项,占总量的2.14%。

在非物质文化遗产最多的市中,赣州市是江西省面积最大的市,总面积为39379平方千米,是一座国家历史文化名城,客家社会形态保留完整、传统文化在人们的日常生活中得到了很好的传承和发展,形成了丰富的非物质文化遗产。宜春市有2200年历史,地形以丘陵和山地为主,气候适宜;悠久的历史文化和适宜的气候条件促进了宜春市非物质文化遗产的产生。2019年,宜春市实现地区生产总值2687.57亿元;宜春市内有明月山机场,宜春市收入的增加推动了旅游产业的发展,政府加强了对非物质文化遗产旅游资源的保护和开发。吉安市是赣文化发源地之一,孕育了独具特色的庐陵文化,是一个主要民族为汉族、多民族杂居的市,悠久的历史文化促进了非物质文化遗产的产生。上饶市有众多的名山胜迹,在唐代就已经成为旅游胜地,历代文人墨客留下的观光游记数不胜数;上饶市拥有丰富的山水景观和具有古色文化的遗产,有利于促进非物质文化遗产旅游的发展。

从以上各市非物质文化遗产数量的特点中可以看到,非物质文化遗产的丰富程度不仅与当地的历史文化有关,而且经济、地理区位和面积等对非物质文化遗产的数量影响也较大。

2)市级类型特征

从江西省非物质文化遗产市域分布中可以看到,各市的非物质文化遗产分布存在发展不平衡的问题。各市之间不同的经济人文环境,不仅为当地繁多的非物质文化遗产的产生和传承创造了条件,同时也形成了不同地域非物质文化遗产类型分布的区别。总体来看,各市非物质文化遗产类型表现出以传统技艺为主,各市主流文化所代表的非遗类项目次之,曲艺、传统医药和传统体育、游艺与杂技类稀缺的结构特征。

传统技艺是劳动人民在日常生产和生活中总结出来的技能。因此,各市一般传统技艺类非遗数量更多。赣州市不仅是全国历史文化名城,而且宋代城墙保存得非常完整,客家文化发达,因此赣州市传统技艺和民俗类非遗项目占比较大,分别占全省的18.06%和26.67%。宜春市也是一座文明古城,历史比较悠久,宜春市内有多处历史文化遗址名胜,故产生了较多的传统体育、游艺与杂技和传统医药类非遗项目,分别占全省的25.00%和29.41%。吉安市民间文学类非遗项目占全省的31.58%,排名全省第一。上饶市地方文化特色鲜明,产生的传统技艺和民俗类非遗项目分别约占全省的12.50%、20.95%。由于传统技艺和人们的日常生活息息相关,多在日常生活中产生,赣州市、上饶市、宜春市、景德镇市的传统技艺类非遗项目合计占全省达54.86%。而抚州市、赣州市、吉安市创造了较多的传统舞蹈类非遗项目,占比分别为全省的22.22%、18.89%和16.67%,合计超过全省一半,达到57.78%(见表3-16)。

表3-16　江西省市域非物质文化遗产类型与全省占比　　　　　　（单位：%）

地区	传统技艺	传统美术	传统体育、游艺与杂技	传统舞蹈	传统戏剧	传统医药	传统音乐	民间文学	民俗	曲艺
九江	9.03	10.53	0.00	1.11	22.22	5.88	17.78	13.16	6.67	4.76
南昌	9.72	10.53	12.50	7.78	5.56	0.00	13.33	13.16	10.48	14.29
景德镇	11.81	2.63	0.00	2.22	0.00	0.00	0.00	2.63	0.95	0.00
上饶	12.50	7.89	12.50	2.22	14.81	23.53	8.89	0.00	20.95	14.29
宜春	12.50	21.05	25.00	15.56	11.11	29.41	20.00	26.32	10.48	19.05
鹰潭	2.78	5.26	0.00	3.33	0.00	5.88	2.22	2.63	1.90	0.00
抚州	6.25	10.53	0.00	22.22	9.26	5.88	4.44	2.63	5.71	4.76
新余	1.39	2.63	12.50	3.33	1.85	0.00	4.44	5.26	0.00	0.00
吉安	13.19	10.53	12.50	16.67	7.41	11.76	11.11	31.58	14.29	14.29
萍乡	2.78	7.89	12.50	6.67	9.26	0.00	2.22	0.00	1.90	9.52
赣州	18.06	10.53	12.50	18.89	18.52	17.65	15.56	2.63	26.67	19.05

3. 县域

如图3-10所示，从县域视角来看，江西省县域非遗分布不均，县域非遗数量普遍在6项以内，拥有非遗数量较多的主要是在历史文化悠久和地理位置较偏的县区。其中，赣东北地区分布较为稠密。

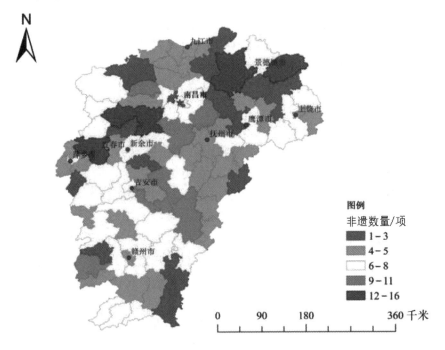

图3-10　江西省县域非遗数量分布

非遗数量在12—16项的有上饶市婺源县和鄱阳县、宜春市袁州区、宜春市宜丰县和高安市；在9—11项的有宜春市靖安县、南昌市进贤县、南昌市丰城市、赣州市宁都县、吉安市永丰县、赣州市崇义县。婺源县、鄱阳县、宁都县、崇义县属于历史文化比较悠久的县，地理位置比较偏，因此可以认为历史文化是非物质文化遗产产生的关键因素之一。赣东北地区和赣南地区属于经济比较发达的地方，经济发展为文化的产生和传承创造了条件。

总的来看，江西省非物质文化遗产空间分布呈两头多、中间少的格局与其经济环境、历史文化、地理位置有着密切关联。

（三）空间分布密度特征

使用GIS软件中的核密度分析，对江西省非物质文化遗产的空间分布进行核密度估计，从而得到江西省非物质文化遗产的核密度图（见图3-11）。

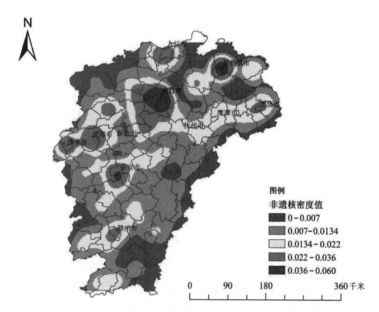

图3-11 江西省非物质文化遗产分布核密度图

如图3-11所示，江西省非物质文化遗产分布比较集中，形成了1个高密度集聚区、2个中密度集聚区和1条带状集聚区的格局。由于核密度具有邻近性，各市面积对非物质文化遗产的核密度影响较大。

1）1个高密度集聚区

南昌市总面积为7402平方千米，非物质文化遗产共有54项，因此形成了江西省高密度集聚区。南昌市历史悠久，是江西省的省会城市，同时也是江西省重要的经济中心，拥有众多的名胜古迹和历史文物。南昌市的滕王阁、绳金塔历史遗址以及大量的故事和传说都是南昌市高知名度的文化代表。

2个中密度集聚区分别为景德镇市和吉安市。景德镇市面积为5270平方千米，位于江西省东北部。景德镇市是"世界瓷都",景德镇瓷器深受中国以及全世界人们的喜爱。吉安市位于江西省的中部,是赣文化发源地之一,非物质文化遗产分布较为密集。吉安市作为赣文化三大支柱之一,孕育了别具一格的庐陵文化,是庐陵文化的发源地,拥有丰厚的非遗旅游资源,同时非物质文化遗产的分布相对比较集中。

2)1条带状集聚区

1条带状集聚区为南昌市、抚州市、鹰潭市和上饶市一带。抚州市位于江西省东部,是江西省戏曲文化中心。明清以来,有利的地理交通环境推动了抚州市的经济发展,进而促进了文化艺术的繁荣,促使抚州市诞生了较多具有戏曲特色的非物质文化遗产。鹰潭市的非遗是多姿多彩的,它既有历史的厚重,又有现代的时尚;既有传统的坚守,又有多元的包容。主要有贵溪铜瓷技艺、余江丝翎浮雕、余江红糖制作技艺等类型,尤其是被誉为"木雕之乡"的余江木雕,它源于唐宋,兴盛于明清,木雕由房屋装饰逐步发展雕刻工艺品。余江木雕表现形式多样化,有浮雕、圆雕、透雕等;木雕主题多样化,多见于民间生活习俗、神话传说、民间故事及山水风景、花鸟鱼虫、祥禽瑞兽等。余江木雕产业已成为余江地方经济四大支柱产业之一。上饶市拥有众多的名山胜迹,在唐代就已经成为旅游胜地,历代文人墨客留下了数不胜数的诗词歌赋;上饶市拥有丰富的山水景观,当地形成了丰富多样的非遗项目;同时,上饶市的交通的迅速发展,拉动了上饶市的经济发展,使得非遗的保护工作也更加顺利。由此可见,非物质文化遗产的产生与当地的经济状况、地理环境、交通环境、民族风情、历史文化都有着非常密切的联系。

五、案例地发展策略启示

(一)充分发挥非遗旅游资源集聚效应

非物质文化遗产作为人们日常生活中形成的一种特殊文化,具有独特的文化魅力,但是一直以来,游客对非物质文化遗产的体验感不是很强,对非物质文化遗产的了解也不够深入。南昌市作为非物质文化遗产高密度集聚区,非遗数量分布密集,同时还具有经济发展快速、旅游产业基础好和交通便捷的优势,为非遗旅游开发提供了良好的基础和现实条件。此外,还可以通过展示非遗图片、现场表演非遗、实物展示、过程演艺,以及互动展示的形式体现制作技艺、手工制品、遗产文化等,使游客对非物质文化遗产有更加深入的了解和更好的参与体验感。应通过发挥非遗集聚区的旅游作用,吸引更多的游客。另外,还可以通过促进南昌本地居民对非遗文化的认同感,促进南昌居民更多地参与到非物质文化遗产的旅游开发中来。

(二)提升非遗集聚区旅游开发品质

江西省自身积累了丰富的非物质文化遗产旅游资源,能够提供开发的旅游资源较多,有较高的旅游开发价值。赣州市、宜春市、吉安市、上饶市非物质文化遗产资源丰富,占全省的59.46%,这几个市域蕴含着多种非物质文化遗产,对这一区域的非物质文化遗产,既要充分利用,为地区带来经济效益,又要实现资源的可持续发展,达到旅游发展与遗产保护双赢的效果。但是这几个市的旅游开发力度不够,各个地区的旅游关联性不大,政府应该加强非物质文化遗产保护和发展工作,促进非物质文化遗产的旅游开发。因此,推动非物质文化遗产的旅游开发,首先需要加强各个地方政府的合作,从市域旅游角度出发,利用政府的职能,加强对江西省各市的非物质文化遗产旅游的宣传,促使非物质文化遗产旅游在非遗数量较多的各市开发工作能够顺利进行。

(三)推动非遗与旅游深度融合

非物质文化遗产在开发的过程中,关于旅游体验方面的形式比较少,主要是由于非物质文化遗产与旅游的互相融合尚未深入发展。因此,通过提高人们对非遗旅游产业的发展和塑造区域文化的认识,促进非遗旅游产业的发展,有利于提升非遗旅游的影响力。考虑到江西省非物质文化遗产旅游产业的发展情况,除了加强非物质文化遗产与旅游的互相融合,也有必要增加非物质文化遗产旅游的投入,加快非物质文化遗产旅游的发展,吸引更多的游客和市场关注江西省非物质文化遗产旅游。同时需要注意的是,在促进非物质文化遗产和旅游融合的同时,也要强调非物质文化遗产的真实性,体现非物质文化遗产原真的特性,从而在确保非物质文化遗产旅游价值的同时保证非物质文化遗产的内涵不会遭到破坏。由于非遗具有多重价值且不可再生,保护是发展的前提条件,发展也必须有利于保护,非遗与旅游融合是非遗传承和发展的现实基础。

(四)建立非遗传承保护基地

建立非物质文化遗产传承保护基地,认定非遗项目代表性传承人,鼓励并资助传承人传授技艺是保护非遗的重要措施。2007年,九江学院就与湖口县签订协议,展开对九江首个国家级非物质文化遗产青阳腔的传承保护。2010年6月,江西省首个非物质文化遗产研究基地在九江学院成立。2011年3月,"南昌清音保护基地"在江西省职业艺术学院建立。2013年6月,为庆祝第八个全国"文化遗产日",江西省文化厅在南昌举行15人的非遗项目代表性传承人收徒仪式,并以此推进非遗的保护与传承。2016年,景德镇陶瓷大学举行了非遗传承人群的首期培训工作,传授景德镇手工制瓷技艺。目前,以景德镇传统手工制瓷为重心,以上饶婺源传统雕刻、南昌进贤传统制笔等为重要内容的非遗产业格局已经基本形成。建立非遗传承基地是非遗保护的基础,非遗保护为旅游开发提供了现实条件。

(五)创新非遗旅游产品开发

由于非物质文化遗产旅游的发展是通过开发非遗资源来实现的,可以通过对江西省非遗旅游产品的合理开发促进非遗旅游的发展。要保持以旅游开发带动非遗发展的理念,突出江西省的文化特色和地域特色,形成集教育、娱乐、参与体验于一体的非遗旅游模式。随着旅游产业的发展,以及游客消费水平的提高和游客旅游需求的增加，江西省非遗旅游产品的设计应该注重创新，以吸引更多游客的关注。江西省非遗旅游产品的创新设计要因地制宜，综合考虑多方面的因素。根据江西省各市非遗旅游资源数量和空间分布的特征，既要利用非遗数量的优势，打造非遗的旅游体验，同时也要根据非遗的空间分布，制定合理的非遗旅游路线，充分体现当地非遗特色和文化传统，增强游客对非遗旅游的参与性。

案例使用说明

一、教学目的与用途

适用的课程和对象：本案例适用于学习文化遗产学、旅游地理学、旅游区域规划、旅游开发与管理等相关课程的本科生与研究生。

教学目的：通过本案例的教学，使案例学习者了解重点区域非遗旅游发展空间规划布局，引导案例学习者突出区域非遗特色，优化非遗旅游资源的空间布局与开发。

二、启发思考题

1. 思考重点区域非遗旅游发展的空间分布格局、特征与启示。

2. 思考如何突出非遗与旅游融合，规划区域非遗旅游发展的空间分布格局。

3. 立足区域非遗禀赋，制订某省非遗旅游空间发展规划，要求突出资源特色、文化特色显著、可操作、可执行。

第四章
非遗形象影响游客行为意向的机制：景德镇手工制瓷技艺

第一节 案例背景

一、发展手工制瓷技艺推动景德镇非遗保护与传承

2017年，文化和旅游部印发了《关于大力振兴贫困地区传统工艺助力精准扶贫的通知》，文件在总结近年来各地探索"非遗+扶贫"工作的实践经验基础上，提出要在发展的过程中进一步对贫困地区进行扶持，不断地提高其对传统工艺的振兴力度，不断地为当地培养非物质文化遗产人才，找到优秀的文化传承人，并选派一些具有渊博学识的专家去当地开展相关文化活动；还可以支持当地建立一些扶贫就业工坊，为后续传统工艺的设计、展示以及销售提供一个良好的产品平台。2006年，景德镇手工制瓷技艺被列入首批国家级非遗名录。"世界瓷都"景德镇作为全国首批24个历史文化名城之一，在数千年的时光里，积淀了大量珍贵的非物质文化遗产，其代表之一便是景德镇传统手工制瓷技艺，该非遗项目同时也是江西省首个通过国家评审，正式代表我国申报联合国教科文组织人类非物质文化遗产代表作名录的项目。

二、非遗旅游与游客行为意向研究的耦合

20世纪中叶起，国外逐渐开始关注并研究非物质文化遗产旅游，而国内对此类研究起步相对较晚。随着改革开放的逐步深入，以及我国旅游业的日益壮大，非物质文化遗产旅游逐渐成为国家和地方经济发展的重要特色和支柱产业。不仅非物质文化遗产成为重要的旅游发展资源，学术界也逐渐掀起了研究非物质文化遗产旅游开发的热潮。从非物质文化遗产旅游的相关文献中可以发现，国内外几十年的研究主要集中在三个方面：非物质文化遗产保护、旅游影响和对策研究。从研究者的视角切入，国内外学者倾向于文化遗产旅游保护的研究，并提出相关的发展模式及对策，但是从使用者和游客层面进行的研究还很匮乏；从研究内容来看，国内外非物质文化遗产旅游研

究已日渐成熟并且硕果累累,特别是在保护与发展方面,但就非物质文化遗产理论体系来说还有待完善;从研究方法来看,目前国内外对非物质文化遗产旅游的研究更多地集中在定性描述、定量研究和模型假设分析上,虽然有学者对非物质文化遗产价值使用了数学分析模型来进行评估,但总体上定量研究较少,缺乏以游客视角对非物质文化遗产旅游的定量研究。

第二节　案例研究理论

一、体验价值

体验价值本质上是一种价值观,到目前尚未形成统一的定义,学术界比较认可的解释有两种:第一种解释是体验价值是相对于实用价值来说的另外一种形式(Holbrook,1982;Naylor,1986;Naylor,1996);第二种解释认为体验价值是顾客的一种感知价值(Schmiit等,1999;Mathwick,2001;张凤超,2009)。但核心观点还是将其定义为顾客价值中的一部分。目前,关于体验价值的研究主要包括以下几个方面。

(一)体验价值结构维度研究

1. 二分法方式

Mathwick等(2002)将体验价值分为两个维度:一是功能性价值维度,二是情绪性价值维度。功能性价值维度指的是产品或服务本身的基本价值,而情绪性价值维度指的是消费者的主观感受,反映的是消费者的潜在情感或情绪上的价值。二分法将体验价值一分为二,清晰明了,但是划分不细致。

2. 多维度分法

Sheth等(1991)提出体验价值包括功能性价值、社会性价值、情感性价值、认知性价值以及情境性价值的五维度划分法,该划分奠定了多维度划分法的基础。Holbrook等(1999)八类划分法包括效率、娱乐、出色、审美、地位、道德、尊敬、心灵,该维度划分应用性不强。Mathwick(2001)将其划分为快乐、审美、消费者投资、完美服务价值四个不同的维度,但各个维度的区分度仍需要进一步提升。那梦帆等(2019)通过研究发现,旅游目的地的体验价值主要有功能价值、符号价值和享乐价值,且包含放松、复愈、交流、社会声望等八个子范畴,所使用的量表在经过假设检验后表现出较好的信度与效度。陈欣等(2020)认为在家庭旅游过程中,旅游体验通过三个中介变量对家庭旅游参与行为产生显著的正向影响,分别为感官及功能体验、认知体验和情感体验。

(二)体验价值评价研究

国外研究学者在评价体验价值的时候,选用的模型是在结构维度基础上得到的,而国内众多学者都借鉴了这一模式进行体验评价。徐虹等(2016)借助游客撰写的反映其真实体验经历的在线评论分析发现,顾客体验评价所涉及的关键事件包括顾客体验以及体验价值。赵云云等(2019)分析并验证了服务交互界面和服务类型对顾客体验价值的交互作用。

(三)体验价值的相关因果关系研究

在学术界,相关研究学者比较关注的问题就是体验价值的因果关系,一般将体验价值作为自变量进行研究(见表4-1)。例如,Bradley等(2011)提出并测试了消费者体验价值变化的前因和后果模型,其纵向研究结果表明,选定的消费者、产品、消费经验和学习经验因素预测了价值的变化,而这些价值的变化又反过来预测满意度和回购意愿,并且随着时间而变化。通过对表4-1的分析可以发现,满意度、忠诚度以及行为意向这几个因素能够真正地反映出体验价值的相关作用结果,研究已经证明了体验价值对行为意向具有积极的作用。互动是体验经济时代一个典型的特点,良好的互动能够和旅游者良好的体验产生共鸣。因此,本研究主要是以行为意向作为变量因素,分析游客的行为意向与体验价值之间的影响关系。

表4-1 体验价值的前因后果研究梳理

因果关系	变量	参考文献
前置变量	消费者、知识经验、消费经历、消费产品	Bradley(2011)
	游客的动机、涉入度	Prebensen(2012)
	目的地形象	Song(2013)
	旅游知识、旅游态度	Castellanos(2016)
	环境体验、商品体验、服务体验、价格体验	黄鹂等(2009)
	服务质量、设施、项目、景观环境、成本	张宏梅等(2012)
	产品固有属性、价格水平、投资回报、感知牺牲	黄鹏等(2015)
	顾客之间的互动	申光龙等(2016)
	顾客与企业之间的互动	张培等(2017)
	旅游动机	李罕梁等(2018)
	功利属性、购买成本、享乐属性、搜索成本	丁宁等(2019)
结果变量	重购意愿、满意度	Bradley(2011)
	真实性、满意度	Lee(2015)
	满意度、行为意向	Castellanos(2016)

续表

因果关系	变量	参考文献
结果变量	游后行为意愿	李丽娟(2012)
	主观幸福感	马鹏(2017)
	顾客满意度、行为意愿	向坚持(2017)、李罕梁等(2018)
	游客满意、重游意向	李江敏(2011)、郭安禧(2018)
	消费者购买意向	丁宁等(2019)

二、游客行为意向

Engel(1995)提出了行为意向源于态度的观点,主要是指消费者在消费后,对产品或企业可能采取的行为倾向。预测消费者未来的行为,可以通过行为意向这个指标来实现,可将消费者行为意向归为态度理论,即行为主要来源于消费者的认知、意动与情感,这三个因素的影响最终决定消费者的消费意愿。本研究主要借鉴了Engel(1995)的观点,即行为意向会激发消费者未来的行为。通过对国内外最新文献的梳理发现,学者们对游客行为意向的研究多集中在目的地形象、环境责任以及旅游行为等方面。

(一)关于目的地形象对游客行为意向的研究

旅游目的地形象的概念经常被研究,文献中出现了许多相关文章。在大多数研究中,目的地形象是旅游者访问特定目的地的意图的定义变量。Chaulagain(2019)认为,国家形象对目的地形象有着显著的影响,国家形象和目的地形象都对游客到访意愿产生积极影响。Pramod(2019)的研究结果证实了游客的情感体验会影响目的地形象,继而对其行为意图产生影响。卢韶婧等(2011)的研究发现,旅游地的氛围给予游客的感知能够对其心理产生正向的影响。程励等(2018)对游客对旅游景区形成的个性感知以及消费倾向的影响进行了研究。王兆峰等(2019)揭示了旅游目的地品牌个性对旅游者的行为意向有积极的影响。

(二)关于环境责任以及旅游行为对游客行为意向的研究

鼓励个人的环境责任行为(ERBS)对旅游目的地管理变得越来越重要。Juvan等(2017)认为,具体的环境对可持续旅游行为具有截然不同的驱动影响。Wang等(2019)的研究结果表明,游客对环境行为(ATT)的态度及其主观规范(SN)对游客的环境负责任行为意图(ERBI)都有积极影响。陆敏等(2019)得出主观规范对游客不文明的行为意向具有较为合理的解释。

第三节 案例地研究模型构建与量表设计

一、模型构建与研究假设

（一）模型构建

本节中,一个相对重要的问题就是研究景德镇手工制瓷技艺形象和游客体验价值以及行为意向之间的关系,也就是说希望通过本节的研究能够厘清文化形象、手工形象、体验价值、行为意向之间的关系。根据本节的研究主题,笔者首先对以往相关学者的研究成果进行分析和梳理,如非物质文化遗产与乡村振兴、旅游扶贫、非物质文化遗产旅游开发、非物质文化遗产旅游利益相关者等,并结合对景德镇古窑民俗博览区、瑶里千年古镇、景德镇中国陶瓷博物馆、陶溪川陶瓷文化创意园的实地调研,初期将非物质文化遗产形象拟划分为两个维度因子,即文化形象(牛永革,2014;黄炜,2015;杨慧等,2017)和手工形象(本研究设计)。为了进一步细化,反映景德镇手工制瓷技艺形象特征的各维度因子对游客体验价值(Radder等,2015;马鹏等,2017;屈小爽,2018)及其行为意向(Huang,2009;Prayag,2013;涂红伟,2017;王兆峰等,2019)的影响,进而提出相应的研究假设(H1、H2、H3、H4、H5),后期经过定量分析验证,最终构架出下面的研究模型,如图4-1所示。主要是将文化形象和手工形象作为自变量,将游客的体验价值作为中介变量,进而探讨非物质文化遗产形象对游客行为意向的影响机制。

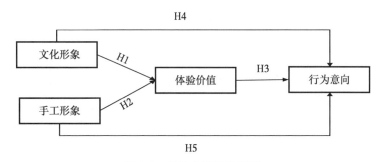

图4-1 结构方程研究模型

（二）研究假设

一般情况下,景德镇手工制瓷技艺形象会对游客的行为决策产生一定的影响,因而在一定程度上可以对其行为意向进行预测。因此,在对旅游者行为等相关要素进行分析时,景德镇手工制瓷技艺形象可以作为核心要素。本节拟针对非物质文化遗产形象,以探究其形象所包含的各维度和游客体验价值及其行为意向之间的影响关系。鉴于国内对非物质文化遗产形象及其相关维度的研究相对匮乏,所以在本节研究的过程中除了借鉴以往相对成熟的理论,还通过与专家以及景区工作人员探讨,得出了本研究对景德镇手工制瓷技艺形象的维度划分。本研究将景德镇手工制瓷技艺形象各维度、体验价值及其行为意向相互之间的关系逐一进行说明,结果如下。

1. 文化形象与游客体验价值及行为意向的关系

麻国庆等(2018)认为,非物质文化遗产包括文化的表达(如艺术、音乐、文学、宗教等)和文化的文法(如感觉、心性、无意识文化认同、历史记忆等)。由此可见,非物质文化遗产的形象本就包含文化这一形象。刘德军(2017)认为,文化与品牌素来就有着千丝万缕的联系,品牌体验并传播着文化,不仅关注消费者的认知、情绪、态度和行为,还凝结着浓厚的文化积累。黄炜等(2015)指出,游客在感知旅游产品的内容时,最先感知到的是文化,所以对于游客来说,其行为也会受到文化的影响,当游客完成观看以后会形成相应的感知以及评价,这也是将具体形象抽象为文化品牌的依据。杨慧等(2017)通过实证研究发现,历史的传承(即历史文化)对地理品牌形象有着积极的影响。通过梳理文献,本研究认为,文化形象对游客体验价值及其行为意向具有一定的影响。

H1:文化形象对游客体验价值有着正向影响。

H4:文化形象对游客行为意向有着正向影响。

2. 手工形象与游客体验价值及其行为意向的关系

麻国庆等(2018)提出,非物质文化遗产有两个重要元素:一是通过艺术表达出来的理念或者信仰;二是能传神地表达其中的技艺。郭悦(2009)提到传统手工所体现的文化之意是通过物品传达的审美价值。周欣悦(2019)认为,一个好的体验主体需要具备三个特质,即稀缺性、超越时间感和吻合已有的品牌形象。因此,手工形象对游客体验价值及其行为意向的研究假设是在借鉴了一定的理论参考文献后而提出的。

H2:手工形象对游客体验价值有着正向影响。

H5:手工形象对游客行为意向有着正向影响。

3. 体验价值与行为意向的关系

旅游体验价值对行为意向影响的研究主要表现在两者之间关系的探讨,有诸多的结论表明,体验价值对行为意向有着积极的影响。Speigelman(2000)认为,经营者只有提高顾客的体验价值,才能使其成为回头客。Ching等(2010)对遗产地旅游实证研究发现,体验价值对行为意向有着直接影响。向坚持(2017)的研究结果表明,由店家服务价值、网站功能价值、情感价值、成本价值这四个维度构成了O2O模式体验价值,其中,情感价值对重复购买和推荐意向都有着直接影响。

H3:体验价值对游客行为意向有着正向影响。

二、量表设计与变量测量

(一)量表设计

本研究采用量表设计是为了更好地解构和测量本研究模型中的相关变量。其中,量表设计的流程如下。

首先,对国内外相关学者的研究成果进行梳理和借鉴,然后在这些成果中搜寻到与本研究研究主题相关的题项以及影响因素的维度。对于测量量表来说,信度、效度水平以及联系程度是其主要特点,所以本研究以国内外学者已经开发出来的量表为基础框架,然后将适合本研究的相关题项纳入该框架中来,再根据景德镇的实际情况进行相应的调整和改善,以形成适合本研究的测量量表。

其次,为了更好地对量表内的语句进行表述,本研究在进行设计时还专门咨询了相关专家的意见,对相关的题项进行了微调。在进行实地走访的过程中,还咨询了景德镇古窑民俗博览区内的手工制瓷师傅、景德镇中国陶瓷博物馆内工作人员、研究领域相关的高校专家学者、部分民宿个体以及旅游者的意见,从而较好地对测量题项进行增补和修缮。

最后,对已经修缮好的测量量表进行预测试,利用SPSS数据分析工具来对收集到的问卷数据进行分析,将一些鉴别性较差的因子进行剔除,从而得到最终的量表。

(二)测量工具设计

通过研究发现,当测量题项多于5级的时候,人们在进行辨别时的能力就会有所下降。因此,在进行实际研究时,只选用5级测量表,充分地将"激烈"和"温和"意见进行有效区别。本研究在对相关研究结果进行计分的时候采用的是李克特量表,其中分值的1、2、3、4、5,分别代表的是非常不同意、不同意、一般、同意、非常同意。

(三)变量测量

本研究根据景德镇手工制瓷技艺独有的文化形象,结合景德镇陶瓷手工艺品的手工属性,在借鉴游客体验价值、游客行为意向成熟量表的基础上,以及在相关专家指导下实现对最终问卷的开发。

1. 景德镇手工制瓷技艺形象测量题项

关于形象的测量,目前国内外学者的研究成果尚不多。本研究以研究景德镇手工制瓷技艺为例,既结合了国内外相关文献,也考虑到了其非物质文化遗产的地域性。就非遗本身而言,它是一种文化形象的表达,而景德镇手工制瓷技艺在表演和手工制作的过程中具有手工技艺的展示以及艺术观赏性,通过手工技艺烧制出的瓷器又极具艺术观赏价值。因此,本研究设计了文化形象和手工形象的测量题项,如表4-2所示。

表4-2 景德镇手工制瓷技艺形象测量题项及来源

题项代码	测量题项	参考来源
WH1	景德镇手工制瓷技艺具有悠久的历史	黄炜(2015);杨慧等(2017)
WH2	景德镇手工制瓷技艺具有丰富的文化	黄炜(2015);杨慧等(2017)
WH3	景德镇手工制瓷技艺享有令人尊敬的声誉	黄炜(2015);杨慧等(2017)
WH4	景德镇手工制瓷技艺具有独特的文化个性	黄炜(2015);杨慧等(2017)
SG1	手工制瓷技艺水平精湛	本研究设计
SG2	手工制瓷技艺形式独特	本研究设计

续表

题项代码	测量题项	参考来源
SG3	手工制瓷技艺手法娴熟	本研究设计
SG4	手工制瓷技艺展示精彩	本研究设计
SG5	手工艺品造型丰富	本研究设计
SG6	手工艺品图案绘制精美	本研究设计
SG7	手工艺品极具观赏价值	本研究设计
SG8	手工艺品富有创新性	本研究设计

2. 游客体验价值测量题项

体验价值是指消费者在体验产品和服务的全过程中所获得的综合整体感觉和评价。游客通过对景德镇手工制瓷技艺的参观和体验,了解了非物质文化遗产的魅力,从而获得了文化的认同感,并探知了异地文化,获得了较好的体验感,留下了美好的记忆。据此,本研究根据体验价值的认知性价值和情感性价值这两个维度设计了如表4-3所示的测量题项。

表4-3 游客体验价值测量题项及来源

题项代码	测量题项	参考来源
TY1	体验景德镇手工制瓷让我增长见识	Radder等(2015);马鹏等(2017)
TY2	体验景德镇手工制瓷激发我的探索欲望	马鹏等(2017);屈小爽(2018)
TY3	参观景德镇手工制瓷技艺舒缓了我的压力,使我的身心得到放松	马鹏等(2017);屈小爽(2018)
TY4	参观景德镇手工制瓷技艺能带给我趣味	马鹏等(2017);屈小爽(2018)
TY5	参观景德镇手工制瓷技艺能带给我快乐感	马鹏等(2017);屈小爽(2018)

3. 游客行为意向测量题项

积极和消极是游客行为意向的两种不同倾向,在对其进行分析时,是从支付、推荐以及是否愿意重游这三个方面进行的。本研究中,分析游客行为意向主要是从后两个方面开展的,其中详细结果如表4-4所示。

表4-4 行为意向测量题项及来源

题项代码	测量题项	参考来源
XW1	我喜欢景德镇旅游地	Huang(2009);Prayag(2013);涂红伟(2017);王兆峰等(2019)
XW2	我愿意再次来景德镇旅游	Huang(2009);Prayag(2013);涂红伟(2017);王兆峰等(2019)
XW3	我愿意向周围人推荐景德镇旅游地	Huang(2009);Prayag(2013);涂红伟(2017)

第四节　案例地游客行为意向影响机制剖析

一、数据收集

（一）研究案例介绍

景德镇自古以来就是我国的制瓷重镇，在宋朝之初该地区的制瓷工艺就已经相对完善。经过历代的发展，通过不断地融合其他各地的制瓷工艺技术以及当地人的潜心钻研，景德镇逐渐完善了自己的工艺体系，形成了自己特有的手工制瓷技艺。其品种之齐全、技艺之精湛、影响之大、成就之高，任何时代、任何其他窑场都难以超越景德镇手工制瓷技艺。景德镇制瓷业，使得中国的陶瓷历史更加辉煌。2006年，景德镇手工制瓷技艺正式被列入第一批国家非物质文化遗产目录，并在2009年正式上报到联合国去申报非物质文化遗产代表作名录。随着文旅的不断融合，旅游地为了提高自身的竞争能力，不断地在非物质文化遗产项目上进行探索研究，希望可以将此引入旅游中来，提高对游客的吸引力。为了让游客具有较好的体验感，旅游地会将一些传统美术、手工艺品的制作、生产等过程在景区进行展示，亲身互动保证了游客具有较高的体验度。其中，比较典型的就是景德镇古窑民俗博览区，该区域设立了制瓷作坊，以实现对瓷器的现场制作。游客到此之后不仅能够参观到传统的制瓷工艺和过程，同时还可以参与其中充分地享受制瓷带来的乐趣。人们旅游不仅仅是为了放松自我，还期待着能够得到一些更加多元化、个性化的旅游产品，即游客更加注重旅游过程中的体验。景德镇手工制瓷技艺恰恰满足了人们的这一需求。景德镇丰富的旅游资源里融入独特的非遗元素，使其变得更具特色与魅力，这也使得景德镇手工制瓷技艺具有较好的个案研究价值。

（二）数据获取方法和规模

本次调查问卷的构建，首先是对以往学者的研究进行分析，并参考了本领域相关专家的意见，通过问卷前测以及净化测量题项等方式后得到最终结果。调研时，一定要明确调研对象，例如在景德镇古窑民俗博览区、瑶里千年古镇、景德镇中国陶瓷博物馆、陶溪川陶瓷文化创意园等观光旅游的游客群体。

其次，在对调查问卷进行发放时采用的是辐射扩散发放方式，也就是说以自己为中心然后向不同方位进行发放，这样可以将调查范围扩大，实现样本数量的有效性以及样本特征的多样化。

最后，本研究还制订了调研时间和调研方式的相关计划，以确保调研过程能够顺利开展。对于样本来说,样本规模的大小能够平衡费用和精度之间的关系,在对样本进行选择时,首先就应该考虑该样本是否具有一定的代表性,通过该样本分析出来的结果是否可靠,因为只有分析可靠的样本,得到的结论才具有科学意义。一般认为,只有样本数量大于30的情况下,才可以将统计学的理论应用到数据分析过程中,得到的最终结果才可以实现对总体特征的描述。

另外,为了保证将抽样误差控制在5%的范围内,并达到95%的置信度,需要使样本数量在400份以上,所以最终确定样本数量的规模为480份。

(三)样本描述性统计

本研究预调研时间为2019年7月28日—7月30日,主要调研了景德镇古窑民俗博览区、瑶里千年古镇、景德镇中国陶瓷博物馆。正式问卷走访调研是在景德镇古窑民俗博览区、瑶里千年古镇、景德镇中国陶瓷博物馆、陶溪川陶瓷文化创意园等地,实际发放问卷时间为2019年8月15日—8月18日,其中共发放问卷480份,收回问卷457份。问卷发放的对象为那些实际去过景德镇旅游的游客,而且在对问卷进行发放时,尽可能地选择不同层次的人员,只有这样研究结果才更加具有代表性。在进行调研时,调研人员会在旁边进行解释说明,主要目的是保证问卷的质量以及回收的有效问卷数量。通过筛选,得到有效问卷303份,有效问卷回收率为66.3%。样本统计学的相关特征如表4-5所示。

表4-5　样本人口统计学基本特征

人口统计变量	统计内容	数量/位	百分比/(%)
性别	男	138	45.54
	女	165	54.46
年龄	未满18岁	41	13.53
	18—24岁	77	25.41
	25—39岁	120	39.60
	40—59岁	58	19.147
	60岁及以上	7	2.31
学历	初中及以下	20	6.60
	高中或中专	43	14.19
	大专或高职	60	19.80
	本科	149	49.18
	研究生及以上	31	10.23
职业	学生	95	31.35

续表

人口统计变量	统计内容	数量/位	百分比/(%)
职业	机关事业单位人员	65	21.45
	企业人员	56	18.48
	工商个体户	22	7.26
	退休人员	4	1.32
	其他	61	20.13
月收入水平	2000元以下	76	25.08
	2000—4999元	78	25.74
	5000—9999元	104	34.32
	10000—14999元	28	9.24
	15000元及以上	17	5.61

通过对表4-5进行分析可以发现,男女数量分别是138位和165位,男性占比仅比女性占比少了8.92个百分点,这说明样本构成差异不大,数据有效。

在这些样本中,按照年龄划分,18—24岁、25—39岁、40—59岁、60岁及以上的人数分别有77位、120位、58位和7位,共有262位,占86.47%,说明这些受访者中大部分是青年旅游者。

站在职业角度分析发现,学生有95位,是在旅游群体中占据比例最高的,占31.35%;机关事业单位人员也不少,有65位,占21.45%;其他人员有61位,占20.13%;企业人员有56位,占18.48%;工商个体户有22位,占7.26%;退休人员有4位,占1.32%。

学历方面,有149位是本科学历,大约占据了一半的比例;然后是大专或高职学历的受访者,人数有60位,占19.80%;高中或中专的受访者有43位,占14.19%;研究生及以上有31位,占10.23%;仅仅有20位是初中及以下学历,占6.60%。由此可见,游客的文化程度相对较高,大部分都在大专或高职及以上。

月收入方面,有104位游客的收入在5000—9999元,占34.32%;2000—4999元的受访者有78位,占25.74%;2000元以下的受访者有76位,占25.08%;10000—14999元的受访者有28位,占9.24%;15000元及以上的受访者最少,仅17位,占5.61%。对于受访者来说,月收入问题可能是相对隐私的,所以在问卷调查时可能存在一些虚假现象。

在本研究进行因子分析之前,为满足后面检测样本数据分析的要求,须先对遴选的303份正式样本进行描述性统计分析。在进行统计分析时,首先就需要将反向选择性问题进行正向化处理,如题项RZ4和QG4,利用SPSS数据分析工具将1和5、2和4

进行互换[①]。为了能够更好地对不同测量题项的均值、偏差进行计算，需要对样本进行描述性的统计分析，以得到调查数据的分布情况以及离散程度。描述数据离散程度的两个重要测量值是标准差和方差；均值（平均数）则是反映数据集中趋势的一项重要指标。

从表4-6描述性统计分析结果可以看出，非物质文化遗产形象及其影响因素的每个题项的均值在3.70—4.80，分布较均匀；标准差在0.418—1.238，方差在0.175—1.533，表明离散程度不高。偏度是用来描述某个变量数值的分布对称程度。峰度是描述某个变量数值分布的对称程度，偏度系数值越大，其偏离正态分布越明显。学者们对于峰度系数数值的大小标准也是宽严不同。在本研究正态分布的判断过程中，选用的标准是峰度系数绝对值小于5、偏度系数绝对值小于3。通过分析发现，23个测量题项的偏度系数绝对值都在0.301—1.768且小于2，绝对值达到了小于3的标准；峰度系数绝对值都在0.011—2.086且小于3，绝对值达到了小于5的系数标准。由此可见，通过调研得到的数据样本是符合正态分布的。

表4-6 各变量测量题项调查数据的描述性统计

题项	N	最小值	最大值	均值	标准差	方差	偏度		峰度	
							统计量	标准误差	统计量	标准误差
WH1	303	3	5	4.80	0.418	0.175	−1.768	0.140	1.905	0.279
WH2	303	3	5	4.79	0.425	0.180	−1.680	0.140	1.555	0.279
WH3	303	3	5	4.71	0.541	0.293	−1.715	0.140	2.026	0.279
WH4	303	3	5	4.63	0.565	0.319	−1.262	0.140	0.621	0.279
SG1	303	3	5	4.76	0.464	0.215	−1.729	0.140	2.086	0.279
SG2	303	3	5	4.58	0.619	0.383	−1.195	0.140	0.347	0.279
SG3	303	3	5	4.74	0.478	0.228	−1.526	0.140	1.324	0.279
SG4	303	2	5	4.53	0.660	0.435	−1.174	0.140	0.468	0.279
YS1	303	2	5	4.59	0.633	0.401	−1.383	0.140	1.091	0.279
YS2	303	2	5	4.66	0.565	0.319	−1.529	0.140	1.964	0.279
YS3	303	2	5	4.63	0.578	0.334	−1.389	0.140	1.481	0.279
YS4	303	2	5	4.31	0.791	0.625	−0.855	0.140	−0.132	0.279
RZ1	303	2	5	4.35	0.726	0.527	−0.862	0.140	0.142	0.279
RZ2	303	1	5	3.70	1.035	1.070	−0.301	0.140	−0.702	0.279

---

① 为检测游客填写是否认真，在问卷设计中将RZ4和QG4设置为反向题，故问卷调查统计分值要将这两道题的分值相对应互换，才能得到游客填写的正确的分值。

续表

题项	N	最小值	最大值	均值	标准差	方差	偏度		峰度	
							统计量	标准误差	统计量	标准误差
RZ3	303	1	5	4.02	0.886	0.784	−0.349	0.140	−0.849	0.279
RZ4	303	1	5	3.79	1.211	1.467	−0.910	0.140	−0.033	0.279
QG1	303	2	5	4.19	0.803	0.645	−0.553	0.140	−0.689	0.279
QG2	303	2	5	4.20	0.786	0.618	−0.578	0.140	−0.548	0.279
QG3	303	2	5	4.21	0.797	0.635	−0.588	0.140	−0.612	0.279
QG4	303	1	5	3.82	1.238	1.533	−0.894	0.140	−0.255	0.279
XW1	303	1	5	4.21	0.810	0.655	−0.849	0.140	0.616	0.279
XW2	303	1	5	4.15	0.878	0.772	−0.832	0.140	0.229	0.279
XW3	303	2	5	4.31	0.774	0.599	−0.859	0.140	0.011	0.279

注：WH代表文化形象，SG代表手工形象，YS代表艺术形象，RZ代表认知体验，QG代表情感体验，XW代表行为意向。

二、信度和效度预分析

（一）信度分析

评价问卷的可靠性和稳定性主要采用信度分析。本研究将采用内部一致性系数（Cronbach's Alpha）评估变量的信度。学者们普遍认同，该信度系数大于0.7时，表明变量具有较好的信度。本研究的总体信度分析结果如表4-7所示，整体信度是0.906，表明本研究总体上具有比较高的信度。

表4-7　景德镇手工制瓷技艺整体信度分析

Cronbach's Alpha 系数	测量项数
0.906	23

接着，采用探索性因子分析法对景德镇手工制瓷技艺形象的测量题项进行分析，运用最大方差法和因子旋转法，共提取到4个特征值超过1的主要成分并设定为公因子，如表4-8所示，4个公因子的累计方差贡献率达到64.353%，符合预期的理论推导，说明这4个公因子保留了较大的解释力和信息量。此外，从碎石图（见图4-2）可以看出，从第5个因子开始，曲线变得平缓，表明后面的因子解释能力越来越弱。因此，从特征值和方差的解释率来看，景德镇手工制瓷技艺形象保留4个因子是比较合理且科学的。

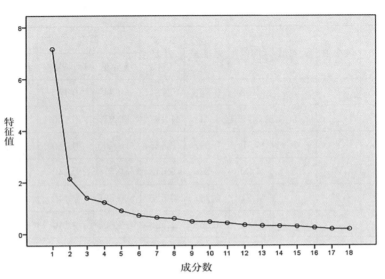

图 4-2　碎石图

表 4-8　景德镇手工制瓷技艺因子特征值和方差解释率

因子	起始特征值			循环平方和载入		
	总计	变异的/(%)	累加/(%)	统计	变异的/(%)	累加/(%)
1	7.912	39.562	39.562	3.887	19.435	19.435
2	2.251	11.255	50.816	3.488	17.441	36.876
3	1.417	7.085	57.902	2.934	14.668	51.544
4	1.290	6.451	64.353	2.562	12.808	64.353
5	0.910	4.552	68.904			
6	0.734	3.669	72.574			
7	0.671	3.355	75.929			
8	0.653	3.264	79.192			
9	0.543	2.715	81.907			
10	0.496	2.479	84.386			
11	0.477	2.385	86.771			
12	0.444	2.219	88.991			
13	0.415	2.073	91.063			
14	0.337	1.684	92.747			

续表

因子	起始特征值			循环平方和载入		
	总计	变异的/(%)	累加/(%)	统计	变异的/(%)	累加/(%)
15	0.310	1.548	94.296			
16	0.296	1.478	95.774			
17	0.253	1.264	97.038			
18	0.231	1.155	98.194			
19	0.183	0.913	99.107			
20	0.179	0.893	100.000			

提取方法：主体因子分析。

（二）效度分析

本研究将正式调研的303份样本数据导入SPSS数据分析工具。处理数据之前，需要先处理反向性题项，将其正向化。也就是正向化处理"题项RZ4：体验景德镇手工制瓷不能让我加深对景德镇手工制瓷技艺的了解"和"题项QG4：本次景德镇手工制瓷的体验不能带给我美好的回忆"。紧接着，运用效度功能分析，在描述性统计中选中"如果题项已删除进行度量"，其分析结果如表4-9所示。景德镇手工制瓷技艺形象的各个题项修正后，题项和总体相关系数(CITC)都介于0.368—0.730，各题项的系数都大于0.30，表明每个题项和总体样本数据之间都具有较好的关联性。

表4-9 景德镇手工制瓷技艺探索性因子分析

题项	因子（维度）				
	1	2	3	4	5
WH1	0.138	0.126	**0.769**	−0.015	0.129
WH2	0.201	0.064	**0.752**	0.171	0.065
WH3	0.190	0.227	**0.720**	0.035	−0.182
WH4	0.239	0.099	**0.667**	0.253	−0.066
SG1	**0.516**	0.159	0.461	−0.034	0.172
SG2	**0.665**	0.024	0.368	0.150	0.195
SG3	**0.548**	0.284	0.402	−0.070	0.071
SG4	**0.552**	0.170	0.296	0.216	−0.065

题项	因子(维度)				
	1	2	3	4	5
YS1	0.760	0.101	0.135	0.115	−0.090
YS2	0.729	0.266	0.097	0.080	−0.093
YS3	0.719	0.200	0.177	0.136	0.076
YS4	0.721	0.153	0.050	0.301	0.003
RZ1	0.252	0.619	0.153	0.223	0.182
RZ2	0.250	0.403	0.068	0.417	0.428
RZ3	0.268	0.606	0.118	0.257	0.345
RZ4	0.124	0.355	0.111	0.210	−0.526
QG1	0.167	0.803	0.154	0.204	0.045
QG2	0.148	0.858	0.146	0.152	−0.084
QG3	0.238	0.766	0.158	0.261	−0.040
QG4	0.016	0.347	0.085	0.149	0.586
XW1	0.212	0.250	0.116	0.806	−0.047
XW2	0.135	0.229	0.101	0.871	0.063
XW3	0.161	0.279	0.107	0.805	0.044

提取方法:因子分析。
转轴方法:具有 Kaiser 正规化的最大变异法。
a. 在 7 迭代中收敛循环。

由表 4-9 可知,测量题项 WH1—WH4 这 4 行,显示分别有 5 个旋转解,横向数据中有一个大于 0.5,其他 4 个都小于 0.5,纵向 4 个旋转解也凝聚在一起,故文化形象这个变量可用;在 SG1—YS4 中,发现之前把手工形象和艺术形象设计成两个维度,但是其实手工形象和艺术形象应合并,合为手工形象一个维度;在 RZ1—RZ4 中,RZ2 的 5 个旋转解没有一个是大于 0.5 的,说明这个题项的效度不够好,应予以删除,RZ4 中有一个旋转解大于 0.5,但它是一个单独的维度,作为结构方程出现异常值,是本题项设计得不够好,应予以删除;QG1—QG4 中,QG4 里没有一个旋转解是大于 0.5 的,所以该题项的效度不够好,给予删除;RZ1—QG3 中,数据是聚合的,拟合度较好,建议合为体验价值一个维度;XW1—XW3 中,每个题项的 5 个旋转解中都有一个大于 0.5,其余的都小于 0.5,效度比较可靠。经过数据分析,需要删除测量题项 RZ2、RZ4 和 QG4,得到以下数据,见表 4-10。

表 4-10 景德镇手工制瓷技艺旋转因子矩阵ª统计表

题项	因子(维度)			
	1	2	3	4
WH1	0.127	0.157	0.769	−0.015
WH2	0.196	0.082	0.754	0.170
WH3	0.184	0.202	0.720	0.030
WH4	0.239	0.090	0.668	0.252
SG1	0.511	0.193	0.460	−0.035
SG2	0.673	0.037	0.376	0.138
SG3	0.540	0.299	0.406	−0.083
SG4	0.557	0.155	0.300	0.207
YS1	0.750	0.122	0.136	0.110
YS2	0.723	0.274	0.094	0.077
YS3	0.714	0.235	0.175	0.135
YS4	0.725	0.156	0.055	0.289
RZ1	0.241	0.650	0.156	0.210
RZ3	0.264	0.635	0.130	0.230
QG1	0.149	0.826	0.152	0.198
QG2	0.129	0.862	0.142	0.147
QG3	0.224	0.774	0.155	0.253
XW1	0.215	0.263	0.108	0.808
XW2	0.136	0.260	0.099	0.869
XW3	0.157	0.315	0.103	0.805

提取方法:主体因子分析。
转轴方法:具有 Kaiser 正规化的最大变异法。
a.在7迭代中收敛循环。

三、样本验证性因子分析

从前文的理论分析及探索性因子分析结果显示,景德镇手工制瓷技艺结构维度有4个维度,分别为文化形象、手工形象、体验价值和行为意向。其结构维度的有效性和可靠性有待进一步做验证性因子分析(CFA)检验。利用 Amos 17.0 软件,依据变量之间的相互关系来绘制模型图,然后将景德镇手工制瓷技艺因素数据逐一导入结构维度模型图中。本研究选用最大似然法(Maximum Likelihood)来做模型的估计,且采用标准化估计。经检查,模型不存在违反估计情况下获得景德镇手工制瓷技艺的结构维度初始模型,如图4-3所示。

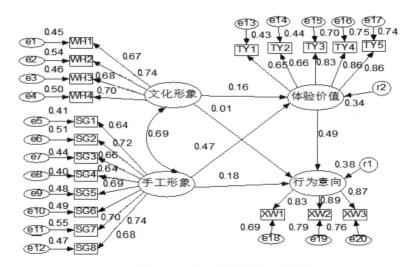

图4-3 景德镇手工制瓷技艺结构维度初始模型

经统计分析后,景德镇手工制瓷技艺初始模型的拟合指标如表4-11所示,整体拟合效果还是比较不错的。通过Amos 17.0提供的修正模型可以发现,还可以进一步优化模型拟合的效果。

表4-11 景德镇手工制瓷技艺结构维度初始模型拟合效果

拟合指标	GFI	NFI	CFI	RMSEA	AGFI	IFI	RMR	CMIN/DF
初始模型	0.862	0.864	0.907	0.077	0.824	0.908	0.025	2.809
检验结果	可以接受	可以接受	较为理想	较为理想	可以接受	较为理想	较为理想	较为理想
评价标准	>0.9	>0.9	>0.9	<0.08	>0.9	>0.9	<0.05	<3

(一)非标准化路径系数估计

在对各项估计值进行求取时选用的方法是最大似然法。选用该方法的主要目的就是能够代替总参数来实现对最优值的求解。在表4-12中,"文化形象→体验价值"路径系数CR值为2.676,大于1.96,说明显著性水平高,较为理想;"手工形象→行为意向"路径系数CR值为1.867,表明可以接受;"手工形象→体验价值"路径P值是"***","体验价值→行为意向"P值是"***",均表示P值在0.001水平内是显著的;"文化形象→行为意向"路径系数CR值为0.446,表明不太理想。通过对数据的总体分析,说明模型的内在整体质量较好,但还需要利用协方差来修正。

表 4-12 非标准化路径系数

路径关系			路径系数	SE	CR	P	备注
体验价值	←	文化形象	0.274	0.102	2.676	0.007	par_17
体验价值	←	手工形象	0.342	0.075	4.527	***	par_20
行为意向	←	文化形象	0.064	0.143	0.446	0.656	par_18
行为意向	←	手工形象	0.190	0.102	1.867	0.062	par_19
行为意向	←	体验价值	0.701	0.115	6.080	***	par_21

注：***表示 P 值在0.001水平内显著。

前期统计分析得出的初始模型拟合指标见表4-11，该测量模型的整体拟合效果还是较为理想的，可进一步优化模型的拟合效果。我们将差异修正指数的界限定为大于8的卡方值，故依次增列e5-e12、e5-e7、e4-e6、e1-e5、e13-e14、e2-e1、e3-e7、e15-e16的协方差。最终，景德镇手工制瓷技艺维度结构模型如图4-4所示。

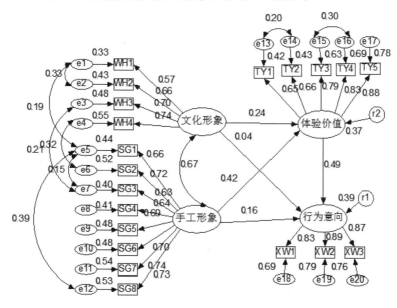

图 4-4 景德镇手工制瓷技艺结构维度最终模型

（二）协方差估计

从表4-13中，我们可以看到协方差估计。协方差的CR值都在2.333—7.130，都大于1.96的标准，这说明达到了显著性水平；e7←→e5协方差的 P 值为0.020，且小于0.05的显著性标准；e13←→e14、e3←→e7协方差的 P 值均为0.002，且在0.01水平内显著；其他协方差，如文化形象←→手工形象、e12←→e5、e4←→e6、e2←→e1、e15←→e16等 P 值都是在0.001内显著。以上数据表明，以上协方差的估计值都有着非常理想的显著水平,也说明该模型的内在质量比较好。

表4-13 协方差

路径关系			路径系数	SE	CR	P	备注
文化形象	←→	手工形象	0.160	0.022	7.130	***	par_22
e12	←→	e5	−0.073	0.013	−5.789	***	par_23
e7	←→	e5	0.020	0.008	2.333	0.020	par_24
e4	←→	e6	0.052	0.012	4.299	***	par_25
e1	←→	e5	0.022	0.007	3.201	0.001	par_26
e13	←→	e14	0.075	0.025	3.032	0.002	par_27
e2	←→	e1	0.036	0.008	4.334	***	par_28
e3	←→	e7	0.030	0.010	3.106	0.002	par_29
e15	←→	e16	0.064	0.019	3.362	***	par_30

注:***表示P值在0.001水平内显著。

表4-14便是最终的修正模型拟合指标,CMIN/DF值为2.017,且小于3.00,表明拟合的效果较为理想。GFI值、NFI值、IFI值以及CFI值分别为0.906、0.907、0.951、0.950,这4个值都高于0.9的标准值,表明拟合效果较为理想;ACFI值为0.874,接近0.9的标准值,表明拟合度可以接受;RMR值为0.022,且小于0.05,表明拟合效果较为理想;RMSEA值为0.058,且小于0.08,表明拟合效果较为理想。修正模型的各项拟合指数较之初始模型,均有了较好的提升,模型整体拟合效果是较为理想的。由此可以验证文化形象、手工形象、体验价值以及行为意向4个维度的构成是可靠的。

表4-14 景德镇手工制瓷技艺结构维度最终模型拟合指标

拟合指标	GFI	NFI	CFI	RMSEA	AGFI	IFI	RMR	CMIN/DF
最终模型	0.906	0.907	0.950	0.058	0.874	0.951	0.022	2.017
检验结果	较为理想	较为理想	较为理想	较为理想	可以接受	较为理想	较为理想	较为理想
评价标准	>0.9	>0.9	>0.9	<0.08	>0.9	>0.9	<0.05	<3

四、研究假设检验

通过对前面图4-4的分析,我们可以清晰地发现,景德镇手工制瓷技艺各个因子之间的作用机制影响不但有直接路径,而且还有间接路径。通过图4-4,我们可以准确地计算出各个潜在变量之间的间接路径系数,由此得到景德镇手工制瓷技艺各个因子之间的综合影响,具体结果如表4-15所示。

表4-15 最终模型的非标准化路径系数

假设编号	影响路径关系	直接影响	间接影响	综合影响	研究假设检验
H1	WH→TY	0.24	—	0.24	支持
H2	SG→TY	0.42	—	0.42	支持
H3	TY→XW	0.49	—	0.49	支持
H4	WH→XW	0.04(不显著)	0.12	0.12	支持
H5	SG→XW	0.16	0.21	0.37	支持

首先,文化形象对体验价值、手工形象对体验价值、体验价值对行为意向都有直接影响路径,但没有间接影响路径,其综合影响路径系数分别为0.24、0.42、0.49。由此表明文化形象对体验价值、手工形象对体验价值、体验价值对行为意向都有显著的正向影响。这说明在旅游过程中,非物质文化遗产的文化形象和手工形象都对游客的体验价值有重要影响。游客对景德镇手工制瓷技艺的文化形象和手工形象的了解和认同度高,就能更好地欣赏到手工制瓷技艺的表演并参与到手工体验中去,获得较好的体验感;体验价值感越高,游客的游后推荐与重游概率就越高。

其次,文化形象对行为意向的直接影响不显著,但有间接影响路径,其间接影响路径系数,即综合影响路径系数为0.12,其间接影响路径是通过"WH—TY—XW",即"文化形象—体验价值—行为意向"来起作用的。换言之,文化形象自身是不能直接作用于行为意向,它需要通过体验价值作为中介变量来起作用。这也充分证实了如果游客能亲身观赏到非物质文化遗产的表演并参与到手工体验中去,就能获得较好的体验感,从而带来推荐和重游的意向。

最后,手工形象对行为意向既有直接影响路径,也有间接影响路径,其综合路径系数为0.37,间接影响路径为"SG—TY—XW",即"手工形象—体验价值—行为意向"。手工形象通过体验价值这一中介变量起到的作用更大。

第五节 案例地发展对策启示

一、加强非遗旅游的顶层设计

(一)延续非遗旅游传承人的工匠精神

我国手工技艺类的非物质文化遗产极为丰富。中国的陶瓷历史上涌现过一批又一批卓越工匠,形成的工匠精神正是当下非遗旅游发展迫切需求的。有些工匠一生可能只从事传统手工制瓷72道工序中的一道。正是因为工匠们的潜心专注,才有了今天我国博大精深的陶瓷文化。能静下心来留在景德镇跟随老师傅学习手工制瓷技艺的年轻人越来越少了,但是如果没有年轻人来延续工匠精神,非遗旅游又如何发展下去?因此,要有相关落地的、有抓手的利好政策来吸引更多年轻人学习非遗,不断地加强对年轻人传承能力的培养,传承非遗,让更多的年轻人做好当代工匠精神的接班人。

(二)推动非遗与旅游产业的融合

现在的旅游市场非常流行"旅游+"形式,因此,非遗的传承与发展也可以推出"非遗+民宿""非遗+研学""非遗+景点""非遗+文创""非遗+旅游+农业"等形式,以助力产业的升级和融合,从而壮大非遗和旅游市场的主体。非遗与旅游产业的融合,实现资源互补、市场共享,这不仅能增强整体竞争优势,还能提高市场占有率。在非遗的顶层设计中,还要多吸收更多社会力量的有效参与,激活非遗的发展方式,让非遗以崭新的姿态融入百姓的日常生活,实现非遗的活性传承与发展。

二、提升景德镇非遗文化形象

(一)提高景德镇非遗普及度

1. 提高非遗文化宣传力度

景德镇手工制瓷技艺历史悠久,作为国家级物质文化遗产之一,其创造了中国陶瓷史上最辉煌灿烂的一段历史。因此,相关部门在开发手工制瓷技艺产品的同时,应注意加强以多种新闻媒体为渠道的文化宣传。以游客为中心,增加公益性文化宣传不仅能够提升游客对非遗的兴趣,又能够通过旅游活动进行文化传播。尤其是要加快制作精美的景德镇手工制瓷技艺宣传片等,利用新闻媒体,以及微博、微信等自媒体进行辐射推广,让更多的旅游群体,特别是青年一代了解非遗,保护非遗。

2. 发挥非遗的文化价值

景德镇手工制瓷技艺作为非物质遗产文化中的一种,其文化形式多姿多彩,其文化内涵寓意深邃,其非遗魅力吸引着络绎不绝的游客前来观赏,这里面就有一大批来自全国各地甚至世界各地各个层次的学生来到此地写生、研学、参观。因此,要着力使非物质文化遗产发挥其文化价值,使游客能开阔视野、提高道德情操、增长传统文化知识,还要教育青年一代的学生要有爱国主义情怀;同时使社区居民真真实实地感受到非遗带来的利好,使得他们成为传播、分享和保存传统文化的一分子。

(二)创建景德镇差异化非遗形象

1. 围绕景德镇本土特色,强化非遗吸引力

文化差异成为旅游的源泉。景德镇应当利用非遗的地域性深挖非遗故事,营造非遗热点,从而提升自身的非遗形象。一抔陶土、一段瓷器奏乐、一项民俗、一位醉心于手绘的手艺人⋯⋯这些非遗形象的具化营造,都能激发游客对非遗无限的想象力和探知欲望。旅游需要体验,需要故事,而非遗正好包含大量的故事,对其历史文化越深

挖,就越能将它的市场差异化和异质性体现得淋漓尽致,从而对游客的吸引力就越来越强。

2. 在传承的基础上,正确规划非遗形象

在保护和利用的原则上,景区非物质文化遗产形象提升过程中应针对游客的喜好和感受进行规划,改善展示技艺手法的服务意识和提高非遗传承人的工作形象。景区过度地追求非遗的利益最大化,一味地推销其产品,忽视向游客推广非遗的精髓,无心于解说和展示手工制瓷技艺,就会有损非遗的形象,从而导致游客不能正确认知与关注非物质文化遗产。

三、提高非遗旅游活化经济效益

(一)强化非遗互动式文化体验

1. 加强非遗互动性旅游体验活动

现在的旅游越来越强调体验经济,即让游客参与产品的生产过程,使游客在游历消费之后留下难以忘怀的美好回忆。在实地调研时,通过与填写问卷的游客交流发现,游客在浏览时能参与体验的项目较少,场所规模较小,体验感不够强,且大多是博物馆式静态陈列、传承人表演形式。这些难以给游客留下生动、有趣的体验感,也难以满足游客对非物质文化遗产求知、求新、求奇、求愉的需求。因此,在非物质文化遗产旅游产品化营造过程中,应围绕非遗的文化形象和手工形象,向游客展示手工艺品的历史文化、手工艺品制作过程以及手工艺精品,现场展示景德镇手工制瓷技艺的制作过程。在该过程中,游客还可以去亲自体验,并在专业人员的讲解和指导下提高互动性。

2. 扩大非遗体验场景规模,营造沉浸式体验

根据本研究对景德镇景区的实地调研与游客的详谈发现,各景区现有的体验规模以及深度不够,因此景德镇景区在保持其技艺文化原真性的基础上,应注重营造体验的场景以及创造浸入式的体验,以便给游客留下美好的回忆,那么游客的重游行为以及向他人推荐该景区的意愿也会更强烈。体验场所中的文化产品具有动态性以及体验性的特点,所以相比于那些传统的手工制瓷技艺品来说,更具有增值机会,而且在产业价值方面也会取得较大的成功。

(二)鼓励非遗手工艺品旅游商品式消费

1. 抓住崇尚非遗手工艺品的市场导向

在旅游的过程,人们不仅欣赏美景、体验风俗人情,而且还会由于纪念、收藏、观赏、使用等动机而产生购物行为。本研究在实践调研中发现,有这样一批游客,每年都会多次去到景德镇,只为买到有欣赏价值或实用性的景德镇瓷器。景德镇瓷器作为非物质文化的技艺表达,不仅具有别样的本土特色,还具有实用性、纪念性、艺术性、收藏价值等特点,故而极具开发潜力。现如今,人们更崇尚天然的、纯手工的工艺品。因

此，人们外出旅游时更渴望买到富有当地特色的手工艺品，以期纪念自己的美好旅程或送给亲朋好友。

2. 提高非遗手工艺品的体验消费

现阶段的手工制瓷技艺给予游客的深度参与机会不多，游客难以产生深刻的印象。因此，在对这些旅游商品进行开发时，要在保持手工制瓷技艺原真性的原则下，给广大游客提供亲身的、切身的参与机会和条件，如扩大参与的场所，让游客尽可能参与其中的制作环节等，以更好地诠释景德镇手工制瓷技艺的地域性文化魅力。

案例使用说明

一、教学目的与用途

适用的课程和对象：本案例适用于学习文化遗产学、旅游地形象设计学、旅游消费行为学等相关课程的本科生与研究生。

教学目的：通过本案例的教学，使案例学习者了解非遗形象影响游客行为意向的机制，引导案例学习者根据旅游产品形象，设计符合游客消费行为的非遗旅游产品，提高游客产品消费的满意度。

二、启发思考题

1. 思考非遗形象影响游客行为意向的主要因素。

2. 思考如何识别非遗形象影响游客行为意向的关键因素，以及提升非遗旅游产品形象的实现路径。

3. 基于CIS形象设计视角，设计非遗旅游产品CIS体系，要求突出文化特色、符合游客新需求、市场可操作。

第五章
非遗与研学融合：林生茶庄产品设计与开发

第一节 案例背景

一、研学旅游是丰富旅游消费的新业态

近年来，随着教育改革的不断推进与落实，人们对教育质量的要求越来越高，教育的方式不再局限于校园课堂。研学旅游作为一种新时代的旅游模式和教育方式，满足了人们对新时代寓教于乐的需求。此外，研学旅游是随全域旅游的发展而衍生出的一种全新的旅游业态，以旅游和教育结合的独特形式快速成为各行各业关注的重点。从我国传统的教育理念来看，现代研学旅游是对传统游学"读万卷书，行万里路"的继承和发扬，成为当今教育改革及素质教育的主要内容和方式。研学旅游这种模式属于"旅游+"系列，是文旅融合发展的力证，新产业的发展可以为整个旅游行业的壮大开辟更多空间。加强旅游产业和教育领域的合作，可以借助教育领域强大的科研力量创造出更多的全新旅游产品，反过来旅游新产品的出现又将推动旅游产业和社会各界的融合发展，形成一个良性的发展循环圈。

二、非遗是研学旅游发展的重要资源

随着我国旅游产业不断发展，"文化+旅游"已经成为旅游产业一个重要组成部分。在旅游消费升级的驱动下，以及随着文旅融合模式的成熟，研学旅游逐渐成为旅游消费者追逐的热点。从资源的角度来分析，非遗作为一种独特的文化形式，蕴含着悠久的历史文化和民族文化，学生通过非遗实践体验活动，能够充分领略中华文化的魅力和感受中华民族的自信，有利于学生价值观的培养。因此，非遗资源作为研学旅游基地开发的基础再合适不过，并且非遗资源地一般都有专门的展览场馆、非遗保护和发展中心等建筑设施，可以说是现成的旅游基础设施，将其作为研学基地开发可以节省资源成本。

三、非遗与研学旅游融合促进旅游产业高质量发展

随着文旅融合不断发展,越来越多的研究成果表明,非遗与旅游的融合不仅能够充分发挥旅游业的独特优势,促进非遗保护传承和发展振兴;同时也能为旅游业注入优质文化内容,为旅游业高质量发展注入强大动力。非遗和研学旅游融合走的是文旅路线,做的是素质教育。从民族文化的视角来看,丰富多彩的非物质文化遗产是各族人民在长期生产生活实践中创造的,是中华民族智慧之光与文明之火的结晶,是我国各个民族情感的精神纽带。非遗这种特殊的文化形式,不仅是对当地民风民俗的记忆传承,更是对民族过往历史的记忆传承。从教育的视角来看,非遗研学旅游利用切身体验、亲身实践等特殊的旅游活动,将中华传统文化的厚重底蕴和现代的价值观结合在一起,从而培养学生的文化自信和民族认同感。

第二节 案例研究理论

一、研学旅游发展历程

很多学者将古代的游学与近代的"学洋"等行为统归为修学旅游,如孔子周游列国、唐玄奘西行取经等。1841年后,世人才开始有了"旅游"的概念。20世纪80年代初,为接待来华的日本青少年修学旅行团,中国开始真正接触到修学旅游,但在很长一段时间内未在国内推广发展(王伟等,2020)。20世纪90年代开始,有学者针对修学旅游的课堂教学方式进行探讨(朱能能,2020),之后人们对修学旅游的关注度开始升温。21世纪初,一则有关加拿大旅游部门开发教育旅游产品的信息,将"教育旅游"带入人们的视野(周志宏等,2020)。2002年,各大报纸纷纷刊登报道"教育旅游"这一形式,认为其发展潜力巨大。历经数年的发展,到2015年旅游新"六要素"中提到研学旅行,又一次将研学旅行推上高潮。国家对研学旅游的发展非常重视,先后出台了一系列研学旅行相关政策并对研学旅行给予鼓励。例如2013年《国民旅游休闲纲要(2013—2020年)》中最开始提出"逐步推行中小学生研学旅行"的设想;进而2014年《关于促进旅游业改革发展的若干意见》中明确支持非遗资源地根据当地的非遗形式、非遗场馆以及非遗保护和发展中心等建设一批新的研学旅行基地;2016年,教育部、国家发展改革委等11部门发布《关于推进中小学生研学旅行的意见》,其中要求各地将更多的关注点转移到研学旅行上,大力发展研学旅行,加快研学旅行基地的规划建设。

二、非遗与研学旅游融合

从历史发展来看,我国有"读万卷书,行万里路"的名言,例如徐霞客以游证学、文人墨客游山玩水等;而在国外,文艺复兴后,人们对理性与自由的追求使得"大陆游学"

(Grand Tour)在欧洲兴起。现阶段,日本流行的修学旅游和我国推动发展的研学旅游无论是活动方式还是传递的内涵都极为类似,并且其修学旅游相关制度法规都相对完整,拥有一定的借鉴价值。日本的修学旅游现在仍然可以说是一种新的旅游业态,修学旅游领域的研究理论同样处于初级阶段,没有跟上实践发展的步伐。近几年,与研学旅游有关的研究文献数量不断增加,但主要研究成果集中在两个方面:一是对非遗研学旅游的课程开发的关注,且目前地理学科与研学旅游课程融合效果较为密切,相关学术成果较多;二是对非遗研学旅游发展问题的分析探索,如以一个区域或者一个非遗项目的传承与发展为研究对象,这也成为大多数专家学者的研究重点,而专注探讨非遗与研学实践融合发展的研究文献则较少。从现阶段的理论研究成果来看,非遗研学旅游理论研究框架还需要更多的实证研究来完善。

第三节 非遗研学旅游产品设计内容

一、设计原则

根据以往一般旅游产品开发原则,研学旅游产品在开发中应遵循紧扣国家政策原则、实践育人原则、市场需求原则、安全保障原则以及遗产保护原则。

(一)紧扣国家政策原则

2014年发布的《关于促进旅游业改革发展的若干意见》中指出,按照全面落实并实施素质教育的要求,将研学旅行等作为青少年爱国主义和革命传统教育、国情教育的重要载体。这表明研学旅行的根本目的在于培养青少年爱国主义精神以及开展革命传统教育,使得祖国的花朵能够继承和发扬革命的优良传统。如此,要加强对青少年学生的爱国主义教育,让他们知晓如今中国的兴盛和民族的崛起来之不易,要珍惜现有的良好学习环境。

(二)实践育人原则

新生代青少年学生各方面需要平衡发展,而开展研学旅游活动不仅能够促使青少年学生积极参加集体活动,享受集体出行的魅力,而且同龄小伙伴在研学过程中同吃同住、同游同乐也可以增进同学之间的友谊,从而进一步培养当代青少年的社会责任感和实践动手能力。

(三)市场需求原则

研学旅游市场规模的不断扩大意味着越来越多的学生、家长和学校认可研学旅游产品,这很大程度上是因为其能够满足学校、家长及学生的教育市场需求。例如,现在有很多旅行社推出考取某地大学可免费旅行的旅游促销政策;家长会给自己的孩子报名著名高校体验游,从而刺激孩子的学习动力和兴趣。研学旅游产品作为一种商品在市场流行也应该遵循市场需求原则。

(四)安全保障原则

无论何时,安全问题都是不能轻视的要素。为了保证学生出行安全,学校在与旅游企业制订出游计划时,应做好规避风险的措施。首先,在规划游览项目时,要将如极限运动这些存在风险的活动排除在外;其次,在游览过程中,学校要安排老师陪同学生,以期能够处理游览途中突发因素造成的意外;最后,学校还要委托旅游企业为全体出游师生购买旅行社责任险和意外险。做到以上三点,可以有效规避风险,从而得到学校和家长的支持,这也是顺利开展研学旅游活动的前提条件。

(五)遗产保护原则

由于非物质文化遗产自身的特殊性,与其他普通研学旅游活动相比,非遗研学旅游的产品在设计时还需要考虑到非物质文化遗产的保护工作。

二、产品设计

(一)非遗研学产品主题

非遗资源种类丰富,数量众多,在产品设计时,应确定好研学主题,避免研学课程的同质化,缺乏竞争力。主题的确定应根据当地非遗的特色和本土文化,围绕主题开设相关课程、活动,以及安排相应的课程导师。

(二)非遗研学目标定位

研学旅游不同于一般性旅游活动,除了常规的观光游览、休闲消费,研学旅游还有一项重要的功能——对研学学生的教育培养。按照培养方向的不同,研学的目标定位也是不一样的,大致可以分为两种:一是道德品格目标,培养学生的社会认知和自我修养;二是能力素质目标,培养学生的非遗技艺知识和实践动手能力。

(三)非遗研学活动内容

根据2016年教育部等11部门发布的《关于推进中小学生研学旅行的意见》,研学旅行分小学、中学、高中三个教育阶段,研学活动和内容安排应尽量分级化。结合研学旅行实践情况,小学阶段的研学时间为两天一夜,学生群体为小学四到六年级学生;初中阶段的研学时间为三天两夜,学生群体以初中一、二年级为主;高中阶段研学时间为四天三夜(见图5-1)。

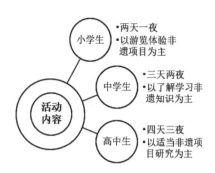

图 5-1　非遗研学活动阶段性安排

（四）非遗研学导师匹配

非遗研学导师包括担任研学课程老师的非遗传承人以及在旅游行程中的带队指导老师，前者负责研学学生的非遗体验和非遗知识的讲解，后者负责研学途中学生的管理以及突发状况的处理。研学课程老师应有较全面的专业知识和较强的讲解能力，带队指导老师则需要良好的沟通能力和管理能力。

三、课程设计

（一）明确研学旅游课程目标

明确研学旅游课程目标，就是指确定教授什么内容，最终能够让学生得到哪方面的提升。总体来说，可以分为三个方面。

第一是知识性。这也是大多数课程的目标，包括但不限于研学旅游课程。课程的主要目的是传授研学基地的专业知识，例如景德镇陶瓷研学课程可以让学生学到陶瓷相关知识。通过研学旅游课程所学到的知识是区别于学校知识的，学校课程主要是老师系统地讲授，是一种思维传递的过程。而在研学课程上，学生则主要通过实践体验和自我探索来获取知识，是主观能动性的体现。

第二是能动性。这与第一点中说到的学生在研学课程上的主观能动性挂钩，学生在探索和实践的过程中，需要进行大量的思考和动手实操，会运用到各个方面的能力，例如团队合作、人际交往、生活学习等，从而有效地提高学生的综合素质。

第三是价值观。研学课程不同于学校课程还在于，旅游过程中会遇到很多包含了价值倾向的文字语言、名人事迹、历史文化等，这些对学生思维品格的培养和价值观的塑造会产生非常重要的推动作用。

（二）确定研学旅游课程主题

研学旅游课程主题从不同层面、不同视角可以分为不同的类型，包括人文自然、科学技术、传统文化、民风民俗、探索体验、爱国教育等诸多类型。最根本的还是要立足自身资源，挖掘出具有地方特色的主题才能够吸引学校老师、学生的注意。例如，井冈山立足于遍布全域的红色文化,致力于打造红色文化研学课程,如今每年都有大量来自全国各地的学子进修。

从核心素养和研学旅游来看,主题设计可以密切联系现代科学技术和社会发展。研学旅游课程的主题需要立足根本,但不是局限于根本。研学课程也可以与现代科学碰撞出火花,例如林木研学基地与医药科研机构,前者可以为后者提供科研资源,后者可以为前者提供基础科研设备和师资力量,从而打破林木研学基地单纯的观赏性研学旅游格局,丰富课程主题和内容。

(三)打造特色研学课程品牌

品牌涉及消费者对产品及产品系列的认知程度,一个好的品牌对产品推广的帮助无疑是巨大的,研学产品的开发同样应该注重特色品牌的打造。研学课程作为极具代表性的研学产品,是经过众多学者教育家系统地、科学地设计的人才培育体系,它的品牌塑造需要自上而下、从整体到部分去推动每个层面的对接,这里就包括研学基地和旅游企业、研学基地和学校、研学基地和社会机构以及公司单位的对接,最终形成以培养学生专业素养和实践能力为核心的特色品牌课程。

此外,研学基地在设计相关研学旅游课程时,需要注重两个方面的内容。一是挖掘自身资源的特色。以民俗类研学为例,研学课程应更多地展现本土民俗文化,注重真实体验感,让前来研学旅游的学生能够完全感受到当地与外界与众不同的乡音乡情、民风民俗。二是课程要与社会发展挂钩。例如,课程展现可借助VR设备、3D投影等高科技产品,这不仅可以丰富课程内容,更重要的是能极大地提高旅游吸引力,从而形成极具竞争力的特色品牌课程。

第四节 案例地研究:婺源林生茶庄

一、绿茶制作技艺概况

(一)婺源绿茶简介

婺源绿茶历史悠久,唐代著名茶叶专家"茶圣"陆羽在《茶经》中就有"歙州(茶)生婺源山谷"的记载。《宋史·食货志》中,婺源绿茶被列为全国名茶"六大绝品"之一。历史上,婺源就是中国"绿茶金三角"的核心产区。婺源绿茶在明代被用来当作向朝廷进献的"贡茶",清乾隆年间外销到英国等欧洲国家。1915年,婺源绿茶获巴拿马万国商品博览会金奖。2014年,婺源绿茶制作技艺入选第四批国家级非物质文化遗产代表性项目名录。婺源绿茶发展简史如图5-2所示。

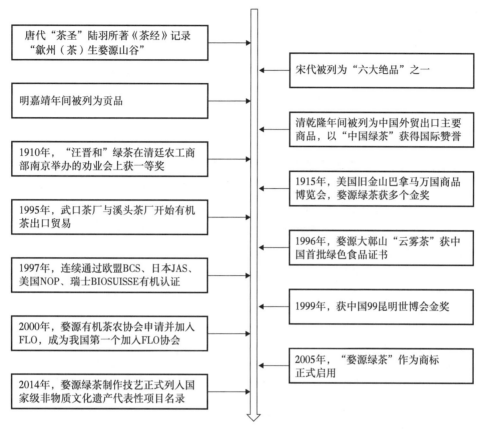

图 5-2 婺源绿茶发展简史

（二）婺源绿茶的制作工序

在公元 760 年前后的"茶圣"陆羽时代，婺源绿茶制造方法如《茶经》所说：采之、蒸之、捣之、拍之、穿之、封之制成饼茶。明代，炒青茶代替了蒸青茶，沈周《书芥茶别论后》记载"武林之龙井，新安之松萝，其名大噪"（婺源时属安徽新安郡）。此后，婺源绿茶在松萝茶的基础上进一步发展并得到创新。婺源绿茶制作技艺主要包括采摘、摊青、杀青、清风、热揉、烘炒、初干、再干等多道工序，其工艺要求十分严格。如采摘要春分前后按一芽一叶标准，清明后按一芽二叶标准；坚持分期分批采，先发先采、后发后采，不符合标准的不采。

二、林生茶庄研学旅游基地

林生茶庄坐落于中国最美乡村——江西省婺源县赋春镇，距离杭瑞高速赋春出口仅 3 千米左右，紧邻婺源县至景德镇的 G351，交通十分便利。林生茶庄是全国有机标准茶园创建示范基地 001 号、国家级农业旅游示范点、全国有机茶培训中心、江西省 4A 级乡村旅游点、上饶市茶文化研学基地、婺源绿茶制作技艺非物质文化遗产传承基地，以及林生茶品牌旗下的有机茶叶种植基地。

林生茶庄占地面积 2000 余亩，茶庄内基础设施齐全，包含茶博馆、品茶区、非遗体验区、餐饮区、住宿区、茶艺表演厅、会议室等。

三、设计内容

（一）主题

走入非遗茶庄，感受千年茶韵。

（二）目标

林生茶庄研学旅游主题群课程目标可以分为三个。

(1)拓展学识。在研学旅游过程中，学生可以对婺源绿茶的历史、采摘、制作、评选等有一个基本的了解，让婺源绿茶在新生代青少年中生根发芽。

(2)自主发展。通过采茶和制茶等实践活动以及茶艺、评茶的课堂学习，提高学生自主学习、活动实践、探究问题等多方面的能力。

(3)社会参与。在研学实践过程中，设置有小组比拼环节，锻炼学生的团队合作和人际交往能力，为学生以后融入社会打下一定的基础。

（三）原则

1. 内容关联

研学旅游主题群课程应该和中小学生的学习课程、生活经验以及认知水平相关联，与真实的婺源绿茶制作技艺非遗生态环境挂钩。

2. 实践育人

开展研学旅游活动的根本目的还是教育。研学旅游作为校园之外的教育方式，加强学科实践、跨学科实践和综合研学活动，让学生在研学旅游中解决真实问题，将学生所获得的直接知识与间接知识结合起来，同学们同吃同住、同游同乐，可以增进同学之间的情感友谊，培养他们成为德、智、体、美、劳全面发展的时代新人。

3. 阶梯培养

在研学旅游主题群课程构建时，要考虑到不同年级的中小学生理解能力和实践能力的差异，设计出阶梯性培养方案，以适应不同年龄学生的需求。

（四）课程

1. 研学旅游课程的形式

林生茶庄非遗研学旅游课程模型设计基于林生茶庄研学旅游课程的三种形式。三种研学旅游课程形式分别是学堂授课、实践体验、参观调研。学堂授课在课程模型中为项目一，主要包括学习婺源绿茶历史、非遗历史、泡功夫茶和传统茶礼等内容；实践体验在课程模型中为项目二，主要内容是采茶体验和手工制茶体验；参观调研在课程模型中是项目三，调研对象包括林生茶博物馆和林生茶庄的历史、环境、功能等，研学学生通过导游的讲解，可以全面系统地了解林生茶博物馆和林生茶庄的相关知识，并在此过程中完成调研任务。非遗研学旅游课程模型如图5-3所示。

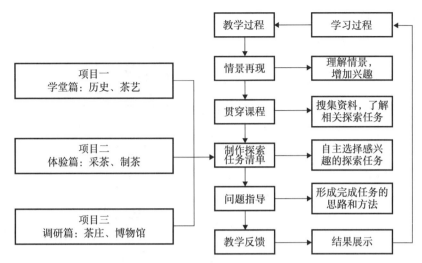

图 5-3 非遗研学旅游课程模型

2. 研学旅游课程的行程

因林生茶庄目前酒店住房数量无法满足大规模研学团住宿需求,所以非遗研学旅游课程只包含半日游和一日游两个研学旅游方案。其中,半日游研学可以在非遗研学旅游课程模型的3个项目中选择1个参加,一日游则可以选择2个或3个项目参加。

项目一的学习地点位于林生茶庄非遗研学教室,学习时间为3小时3节课,每节课的学习时间以及课间休息参照学校课程作息表,其中前两节课由研学基地老师讲解历史和茶艺的相关知识,最后一节课则由学生分组自由讨论,讲解老师现场答疑。

项目二的学习地点位于林生茶庄研学基地的采茶区和非遗体验区,学习时间为3小时。其中,采茶体验1小时,由专业茶农教授学生采茶技巧;制茶体验2小时,由非遗传承人带领学生将自己采摘的绿茶制作成茶叶。

项目三的学习地点位于林生茶庄研学基地的茶博物馆综合区以及林生茶博物馆,学习时间为3小时。其中,第一个小时由导游带领学生游览参观研学基地和博物馆,并为学生讲解基地发展简史和博物馆藏品信息。参观结束后,给学生派发调研任务,调研时间为1.5小时,全程由学生自己组队调查基地和博物馆历史、环境、功能等方面的问题。最后0.5小时由学生总结调查结果。

3. 探索任务清单

探索任务清单(见图5-4)主要适用于非遗研学旅游课程模型中的项目一和项目三板块,是让学生自行组队选择感兴趣的项目进行调研,若未能完成组队则由课程老师合理调剂。学生在选择项目和学习体验或调研过程中需要思考以下几个问题。

(1)我选择项目的原因。

(2)我对所选项目的了解。

(3)我需要调查的内容。

(4)我想要体验的活动。

(5)我所学到的知识。

(6)我收集到的信息。
(7)完成项目的成果和收获。

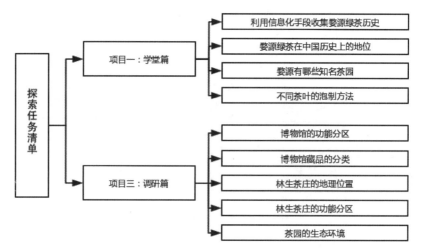

图 5-4 探索任务清单

四、非遗研学旅游课程的特征与功能

(一)特征

在非遗研学旅游基础理论研究中,主要运用比较研究法,在文旅融合发展背景下,研究非遗研学旅游课程与学校基础课程的不同点和相同点,从而得出非遗研学旅游课程的特征,以真实有效的研学体验培养学生的综合素质。与学校基础课程相比较,林生茶庄现阶段研学旅游课程主要存在以下两个特征。

1. 在体验中学习

在非遗研学旅游体验中,学生能够将在学校学到的知识运用于现实生活和社会实践,让知识从静止的脑海传递到活跃的双手,通过真实的体验和感悟学习非遗知识,而不是隔着书本或屏幕。一般来说,学生对于课外活动的兴趣是远大于课堂学习的。例如,通过参观采茶区和手动制茶体验活动,学生可以从中学到采茶技巧和制作技艺,体会到茶农的艰辛劳动,从而培养他们吃苦耐劳和勤俭节约的优秀品德。

2. 在探索中学习

学校课堂中,在很大程度上学生是被动地从书本、老师那里获得知识,包括对问题的解答也是从书本到书本或者从老师到老师,即学生在学校接触到的问题来自老师和书本,解答的知识也来自老师和书本,并没有一个属于学生自己寻找答案的过程。林生茶庄非遗研学旅游的学习方式不同于学校课堂,它更多的是引起学生的兴趣和好奇心,从而使学生主动发现问题、提出问题、探究问题、解决问题。相对于被动地解答问题,学生主动发现、探索不仅能学到更多课堂之外的知识,学生的记忆也会更加深刻。

（二）功能

1. 拓展学科知识层面

非遗研学旅游这一全新的学习方式打破了传统的封闭式校园管理学习，它最重要的价值在于能够让学生接触到校园课程之外的知识，并通过实践体验和社会参与来快速学习和记忆新的知识。

以林生茶庄研学旅游课程为例，从学生走进茶庄的那一刻开始，学生所面对的都是未接触过的教学方式和学习环境，必然会产生好奇和疑问。非遗研学旅游课程让学生通过采茶、制茶、泡茶等新的学习方式，将好奇和疑问转化为学习的动力。从体验到兴趣，从好奇到探究，激发学生的求知欲，从而收获新的非遗知识，拓展知识层面。

2. 拓展自我发展空间

研学旅游是将学生作为研学的主体，这能够极大地促进学生的自我发展。而学生的自我发展可以分为两个方面：一是学习方面的发展，二是生活方面的发展。学习方面是自主学习能力的提高以及探究思维的培养；生活方面则主要在于学生动手能力的增强，从而培养学生独立自主的意识。

3. 增强社会实践能力

人际交往和团队合作能力对于学生参加社会实践是至关重要的。林生茶庄的研学旅游活动是以团队形式开展的，这意味着每个学生都需要与团队成员、带队老师、授课老师甚至现场游客进行交流与沟通。在这一过程中，学生的交际能力和团队合作能力都将得到极大的锻炼。

第五节 案例地发展对策

一、丰富研学旅游产品种类

随着研学旅游不断发展，研学旅游产品内容会越来越多，研学基地的发展必须不断更新研学旅游产品，以此保证自身的产品优势和市场竞争力。林生茶庄目前的研学旅游产品主要是传统的研学课程和实践体验，未来研学旅游产品的开发可以从以下两个方面考虑：一是"引进来"，主要是要求茶庄组织人员跨区域、跨地域，甚至跨国进行调研学习，了解外部市场研学旅游产品开发情况，学习引进优秀的研学旅游产品开发模式；二是"搞创新"，即要求茶庄突破现有的产品模式，自主开发与绿茶制作和茶文化相关的研学旅游产品。

二、加强研学旅游课程体验

在研学旅游项目中,有不少项目只是打上了"研学"的标签,实际内容只有"旅游",或者涉及的课程内容也只停留在表面,无法帮助研学学生获得实质性的提高。这一点在旅游行业中其实并不少见,要想解决这个问题,可以借鉴"走马观花式"旅游的整改措施,即打造沉浸式旅游。沉浸式旅游也是近些年的热点,在非遗研学旅游领域同样适用。其实,在众多旅游研学项目中并不缺乏优秀案例,例如江西井冈山以红色文化为核心,致力于打造全国顶尖的红色文化研学基地,从博物馆到烈士陵园,从红军生活体验到爱国主义教育,真正将红色文化研学做好做活,每年全国各地无数中小学生、社会企业、机构单位前来进修学习。打造沉浸式非遗研学旅游,一方面可以学习优秀案例的成功经验,另一方面,则需要相关科研机构和部门进行大量实践,补充沉浸式非遗研学旅游理论方面的知识,为非遗研学基地提供理论支撑。

三、打造研学旅游主题群课程

婺源非遗研学旅游项目众多,例如婺源徽剧、婺源徽墨制作技艺、婺源甲路纸伞制作技艺等。未来,婺源各个非遗资源地研学旅游可以考虑联合发展,构建一个以婺源非遗文化为主题的非遗研学旅游主题群课程,如"婺源的非遗故事",或者将婺源非遗按类别划分到不同的体验主题群课程,如制作类、文化类等。从市场角度来看,构建非遗研学旅游主题群课程,有利于打造婺源非遗文化品牌,将婺源每个非遗文化的优势集中起来,提高婺源非遗研学旅游产品的市场竞争力,增强婺源非遗研学旅游吸引力。从文化传承角度来看,构建非遗研学旅游主题群课程是婺源非遗研学旅游研究的进一步发展,有利于扩大非遗研学的发展空间,拓宽非遗文化的传承途径。从非遗保护角度来看,构建婺源非遗研学旅游主题群课程有利于整合婺源非遗资源,从而统一调度管理,以节省非遗维护的人力和物力,将更多的资源用于开发新的研学旅游产品。

案例使用说明

一、教学目的与用途

适用的课程和对象:本案例适用于学习非物质文化遗产学、中国茶艺茶文化、研学旅游课程设计、研学旅游概论、旅游产品开发等相关课程的本科生与研究生。

教学目的:通过本案例的教学,使案例学习者了解非遗研学旅游产品设计,引导案例学习者强化产业融合视角,设计非遗研学旅游产品,对非遗进行开发与管理。

二、启发思考题

1. 思考非遗研学旅游产品与课程设计内容。

2. 思考如何突出产业融合,提高非遗研学旅游课程与产品设计能力。

3. 依据非遗与研学旅游融合视角,选择非遗景区设计一套完整的非遗研学旅游课程,要求突出资源融合、课程特色,设计内容要有针对性。

第六章
非遗保护性开发新路径：
婺源文旅融合新视角

第一节 案例背景

一、文化与旅游融合趋势日益突显

随着我国经济发展步入新常态，产业之间的壁垒逐渐被打破，产业融合发展趋势不断加强，其中文化与旅游的融合是典型代表。文化变成旅游的血脉，而旅游也成为文化交流的平台，两种产业的相互融合，能够使文化和旅游各自产业范围变广，同时有助于我国经济结构优化调整、促进产业升级。近年来，国家和各地方政府出台了一系列相关推动政策，以加强两者高质量融合发展。2011年，中央在对文化体制改革过程中提出文化产业和旅游产业融合的重要性，并指出要坚定不移地走文化产业和旅游产业的融合发展之路。2018年3月，为了推进文化事业和旅游产业关联发展程度，对于文化部和国家旅游局的相关职责进行重组，在国务院组成部门中建立起新的专职部门"文化和旅游部"。同年，江西省文化和旅游厅正式挂牌，旅游业的属性从事业属性向产业属性，再向文化属性转变。重组后的文化和旅游部，使旅游文化的概念更加清晰。同时，两者的融合形成了合力，推动更有影响力、爆发力的文化旅游产品的形成，从而推动了文化旅游品牌的产生。比如，《印象·丽江》这一演艺产品和旅游产业的结合，形成新兴的文化旅游形态，引起了全社会的关注，同时也吸引了大量的游客，一举成为丽江文旅融合的符号，也成为丽江极具价值的宣传方式。文化与旅游深度关联，形成融合之势是发展必然，在加深了两个产业结构升级的同时，也推动了文化旅游品牌化发展。

二、非物质文化遗产旅游加速发展

非物质文化遗产作为传统文化的重要组成部分，从2011年开始，我国昆曲、蒙古族长调民歌等先后入选联合国人类非物质文化遗产代表作名录。截至2022年8月，我国是世界上非物质文化遗产入选项目最多的国家。我国将非物质文化遗产作为一种优良文化的代表,与旅游产业开发结合,在保护非物质文化遗产的前提下,做出了与旅游产业融合开发的实践探索。随着文旅融合的发展,越来越多的学者对文旅融合进行了详尽的探究工作,探究结果大部分可以成为非物质文化遗产和旅游融合适当开发与保护的理论基础,同时也提升了彼此的关联度。不少学者也提出对非物质文化遗产旅游的开发需要在保护的基础上展开,并从理论和实践两个层面上进行探索,对我国各省、市、县非物质文化遗产的开发起到较大的促进作用。

三、婺源非物质文化遗产发展需要

婺源位于江西省东北部,处于安徽省、浙江省以及江西省的交界处。婺源自古文风鼎盛,历史悠久,素有"书乡""茶乡"之称,是我国著名文化和生态旅游县,被誉为"中国最美的乡村",吸引着不计其数的游客前来游玩。婺源作为乡村文化旅游名城,不仅有荷包红鲤鱼、绿茶、龙尾砚、江湾雪梨令人熟知的四大特产,还有着丰富的非物质文化遗产资源,如婺源傩舞、婺源徽剧、婺源茶艺、婺源抬阁等,此外,婺源还被列为全国徽州文化生态保护区。这充分说明了婺源的文化资源表现力强,适合保护性的旅游开发。但是,婺源的非物质文化遗产旅游发展较晚,除了国家级非物质文化遗产,大部分非物质文化遗产资源没有得到重视和发展,因此,婺源非物质文化遗产有着极大的发展空间。笔者经过文献整理,发现有关婺源非物质文化遗产与旅游发展的研究较少。在此背景下,笔者对婺源的非物质文化遗产旅游开发进行研究,希望能够为婺源相关部门提供一些参考。

第二节　案例研究理论

一、产业融合理论

产业融合最早出现在信息和技术领域,主要是指利用信息技术,促进传统产业之间的融合、升级。随着信息技术的发展和产业升级的需求,产业融合也不再局限于信息和技术领域,而出现了三大产业相互融合的趋势,如近年来的乡村旅游、工业遗产旅游等,都是赋予传统产业一定的文化内涵,通过旅游的形式对产业进行融合,不仅实现了产业的升级,也促进了新的产业生态的形成。我国学者马建认为,产业融合指的是,技术的进步使得产业出现了融合,由此使得产业原本的生产特征与市场需要发生了改变,产业之间的竞争也因此发生了变化,并可能会导致产业边界的模糊化。厉无畏认为,产业融合是不同产业或同一产业内不同行业的相互交叉,最终形成新产业的发展过程。产业融合是现代产业发展的新趋势,通过产业的融合,能有效促进传统产业的转型和升级,在产业融合的基础上形成新的增长点,对经济的发展有着重要的推动作用。总的来说,产业融合不是简单的叠加,而是产业间资源的重新整合利用,产业融合产生了"1+1>2"的经济效应,促进了产业的快速发展。

二、系统耦合理论

我国学者对系统耦合理论的研究比较丰富,研究内容不断完善。系统耦合通俗来说就是耦合的延伸,并且有着明显的特征:其一,相近性,即有差异的两种体系处于静态的状态下仍有较强的关联效应,相互间都会受到影响;其二,促进性,即有差异的两种体系之间具有互动性,有比较正向的促进关系和相互补充关系,从而互相进步和提升。由此,对于不同事物间系统耦合的判断标准就是测试两者在系统方面是否存在以上关系,从而明确系统差别化的元素是否能形成共生的关系。对于文化产业和旅游产业,两者相互渗透、相互交叉,形成一个新的发展业态,这种新业态兼具文化和旅游产业各自特征的同时,也能促进两大产业的生产与发展模式得到进一步的优化,也就是文化产业在旅游化,而旅游产业也在文化化,它们在某种程度上得到了延伸与升华。这一耦合现象,能够保证两者之间构成因素的互动和补充,让系统运转协调有序,从而实现均衡和系统耦合。

三、可持续发展理论

可持续发展的定义多种多样,不同学者给出了不同的看法和意见,其中被广泛认可的是20世纪80年代联合国世界环境和发展委员会的阐述:可持续发展就是不只能够满足现今大众的诉求,也能够有助于后代大众诉求的满足,并且不会影响发展,造成不可控因素的情况。可持续发展理论主张任何环境公平发展,要认识到自然、社会以及子孙后代的责任。随后,可持续发展理论被应用到旅游产业中。旅游产业的可持续发展理论,指的是旅游资源应满足社会需求的同时,也要保护好旅游资源人文、生态环境以及生物多样性的发展。当前,非物质文化遗产旅游开发中为追求经济的发展,破坏自然环境、人文资源,这些不合理的开发使旅游无法长期健康发展。旅游产业在发展过程中应吸取教训,将可持续发展作为理论指导,实现经济、环境和文化的协调发展。可持续发展的关键在于综合经济发展的同时,注重环境的再生和可持续发展,注重人与自然的协调发展。非物质文化遗产旅游发展中应用可持续发展理论,有利于科学地、合理地开发旅游资源。

四、文旅融合发展理论

文化产业与旅游产业两者之间存在着天然的关联性、耦合性,这为两者的融合创造了得天独厚的优势。再加上现实生活中,国家政策、市场消费的驱动和需求,使得两者渐渐融合,形成新的产业形态。这一新业态兼具了文化产业和旅游产业的特征。当前,根据学者研究,文化和旅游融合的主要驱动力主要包括如下内容。

(一)文化旅游消费市场的需求

随着物质生活水平的不断提升,人们对文化精神的需求更加强烈,人们的闲暇时间更加充裕,这就导致了消费结构的升级,尤其表现在消费层面上,人们对文化旅游产品需求多元化、个性化以及高层次化。旅游不再仅仅是满足低层次的旅游目标,更多地表现在旅游的文化资源上,如历史建筑物、民俗节庆活动、文艺表演节目等。文化旅游市场需求推动了文化产业与旅游产业的融合,这也是两者融合发展的根本原因。

(二)产业转型升级的需求

目前,我国文化产业和旅游产业的发展已经进入了新的发展阶段,这需要提升文化产业效率,调整产业结构,突破自身发展局限,融合化发展是文化产业转型的重点。从旅游产业来看,大部分旅游景区在发展过程中,存在经营管理不足、营销策略落后等问题,再加上旅游产品单一,重复性旅游开发现象严重,缺乏创意和文化,造成旅游产品同质化或旅游服务过剩。这就要求旅游产业进行改革和调整,加强文旅融合,让产业得到创新式融合发展。而对于文化产业与旅游产业来说,它们目前首先需要解决的就是产业的转型和升级问题,文旅融合是解决产业与旅游两大产业发展问题的重要途径,这也是文化产业和旅游产业转型升级的必然趋势。

(三)政策支持的驱动

政府对文化产业与旅游产业体制的改革以及出台的相关支持政策促进了两者的融合。目前,中央和各地政府对文化与旅游两大产业都十分重视。为了促进两者的融合发展,我国政府出台了一系列的政策扶持,如2014年国务院出台的《关于推进文化创意和设计服务与相关产业融合发展的若干意见》,再一次明确了文旅融合的重要地位。要推动文化体制的改革,促进旅游产业的升级发展,提升国家文化软实力等。政府的扶持促进了文化遗产资源的市场化发展,为文旅融合发展提供了强有力的外部支撑。文旅融合发展是大势所趋,两者的融合丰富了两大产业的内涵,拓展了产业链的发展空间。

第三节 案例地发展现状

一、区域概况

婺源土地面积2967平方千米,辖16个乡镇、1个街道、1个工业园区、212个村(居)委会,人口37万。因生态环境优美和文化底蕴深厚,被誉为"中国最美的乡村"。

婺源人杰地灵,自古享有"书乡"美誉,自唐至清,共出进士552人,孕育了南宋理学大师朱熹、中国铁路之父詹天佑和现代著名武侠小说作家金庸等文化名人。婺源历史遗迹遍布乡野,是徽派建筑大观园。

婺源山清水秀,森林覆盖率高达82.6%,是首批中国天然氧吧,被评为国家生态文明建设示范县、国家生态县、国家重点生态功能区、国家有机食品生产基地建设示范县。婺源是森林鸟类国家级自然保护区、全国"绿水青山就是金山银山"实践创新基地。

婺源四季皆景,是全国唯一一个以整个县命名的国家3A级旅游景区,有国家5A级景区1个、4A级景区14个,是目前全国4A级以上景区最多的县。在婺源,春赏油菜花海,夏享清凉世界,秋观红叶晒秋,冬看鸳鸯戏水,四季皆景,四季宜游。婺源先后荣获中国旅游强县、全国旅游标准化示范县、国家乡村旅游度假实验区、中国优秀国际乡村旅游目的地、首批国家全域旅游示范区等50张国家级旅游名片。

婺源立足"全域皆景、村村是景、村景相融"的特色县情,走出了一条具有婺源特色的传统村落保护的新路径。

二、非遗旅游发展分析

婺源县是我国著名的乡村旅游县城,一江两岸,物产丰富,具有荷包红鲤鱼、绿茶、龙尾砚、江湾雪梨等令人熟知的四大特产。婺源当地非物质文化遗产资源也非常丰富,有婺源傩舞、婺源徽剧、婺源茶艺、婺源抬阁等。作为江西省历史文化名村,它也是拥有非物质文化遗产数量最多的县,根据2023年7月23日《人民日报》报道的《江西婺源:"景村"党建护传统村落促乡村振兴》,婺源拥有中国历史文化名村7个、中国传统村落30个,数量位居全国县级前列。这些历史文化名村珍藏着非常多的非物质文化遗产。此外,婺源还被列为全国徽州文化生态保护区,充分说明了婺源的文化魅力。截至2022年6月,《江西日报》所发布的《非遗进景区"景"上更添花》显示,婺源县共有国家级非遗保护项目6项、省级非遗保护项目12项、市级非遗保护项目25项、县级非遗保护项目52项。

(一)资源丰富,价值明显突出

婺源非物质文化遗产的重要特点之一就是资源丰富,非物质文化遗产资源较多,根据上述描述分析,婺源国家级、省级、市级、县级非物质文化遗产名录众多,涉及传统手工艺、民俗、戏剧、舞蹈等多个方面。婺源独特的区位优势和人文环境孕育了丰富的资源,这些非物质文化遗产资源不仅展示了历史、文化以及社会等领域的价值,同时对其进行科学合理的开发,能有效地提高当地经济效益。

(二)地方性强,经济效益发展

婺源非物质文化遗产鲜明的地方特色,从20世纪90年代开始发展旅游业,经过近30年的发展,婺源旅游业的规模越来越大,名声也越来越响,旅游人数也在不断增长,成为婺源县政府财政的重要来源之一。婺源旅游在社会经济和旅游业蓬勃发展的情况下,抓住机遇,实现了自我的发展。2004年,婺源通过ISO 9000认证,其生态环境和服务质量已达到标准化的水准。随着婺源政府大力扶持和旅游业的发展,婺源旅游吸引了更多的游客,并对婺源县经济发展做出了巨大贡献,如表6-1所示。

表6-1　2015—2019年婺源县旅游经济效益

年份	接待旅游人数/万人	旅游收入/亿元	占地区生产总值比重/(%)
2015	1286.8	77.4	33.20
2016	1750.1	110.3	35.80
2017	2178.8	168.5	37.68
2018	2370.1	220.1	41.30
2019	3033.7	275.2	42.22

资料来源:2015—2019年《婺源县国民经济和社会发展统计公报》。

三、非遗旅游SWOT分析

(一)优势与劣势分析(SW)

1. 优势

1)区位优势

婺源位于江西省东北部,处于江西、浙江、安徽三省交界处,紧密联系长江三角洲地区,交通方便。婺源有公路200多条,里程达到1700千米,有两条省际公路通过,一条通上海,一条连浙赣。各个乡村都有通柏油路,村村都有公路。景婺黄(常)两条国家重点干线高速在婺源经过,黄山、景德镇机场距婺源不足100千米,并开通了通往北京、上海、广州、深圳等地的航班。同时,婺源是京福高铁、九景衢铁路上的一个枢纽中型站。婺源优越的区位为旅游的开发提供了基础,促进了旅游业的快速发展。

2)资源优势

婺源县内田园风光秀丽,文化和生态环境融合,被称为中国"最后的香格里拉"。婺源的古建筑群、古洞群、古树群以及古文化享誉美名,四大特产(荷包红鲤鱼、绿茶、龙尾砚、江湾雪梨)闻名中外,吸引了大批的游客购买。婺源傩舞、婺源徽剧、婺源茶艺、婺源抬阁等丰富的艺术资源绚丽多彩。婺源博物馆有"中国县级第一馆"的称谓,也有亚洲最大的鸳鸯湖,同时也有灵岩洞国家森林公园。婺源这些丰富的旅游资源,凸显了其文化和生态的特点。

3)政策优势

政府对文化产业与旅游产业体制的改革、政策支持促进了两者的融合。目前,中央和各地政府对文化与旅游两大产业都十分重视。为了促进两者的融合发展,我国政府出台了一系列的政策扶持,如2014年国务院出台的《关于推进文化创意和设计服务与相关产业融合发展的若干意见》,再一次明确了文旅融合的重要地位。婺源政府方面,始终将旅游产业放在首位,并编制了《婺源县全域旅游发展专项规划》,以更高的标准、更优惠的政策推动文化体制的改革,促进旅游产业的升级发展。婺源政府的扶持促进了文化遗产资源的市场化发展,为文旅融合发展提供了强有力的支撑。文旅融合发展是大势所趋,两者的融合丰富了文化产业与旅游产业的内涵,拓展了产业链的空间发展。

2. 劣势

1)竞争劣势

婺源非物质文化遗产旅游开发比较晚,国内知名度不高,现有的非物质文化遗产市场认知度低,周边文化旅游景点也非常多,市场竞争压力大。

2)规划劣势

婺源非物质文化遗产旅游定位不准确,缺乏人脉,非物质文化遗产进行产品开发并不具备核心竞争能力,而且吸引力也不强。

3)营销劣势

婺源非物质文化遗产旅游营销手段单一,跨省营销力度差,非物质文化遗产营销效果发挥不充分,知名度不高。

4)资金劣势

江西省政府以及婺源县政府虽然非常注重婺源旅游的发展,但是非物质文化遗产方面财政支持不足,且社会性和其他投入有限,影响了婺源非物质文化遗产旅游的发展。

(二)机会与威胁分析(OT)

1. 机会

旅游已成为人们生活的重要组成内容,非物质文化遗产旅游是一种新型的旅游内容,婺源可以有效利用婺源傩舞、婺源徽剧、婺源抬阁、婺源板龙灯等非物质文化遗产,形成新的消费点。

江西省政府以及婺源县政府对婺源旅游产业的发展,制定了行之有效的战略方针,以期对本地旅游产业进行拉动,促进非遗旅游开发并提供良好的政策环境,同时政府财政的投入为非物质文化遗产旅游带来了资金。

婺源现有的170多个著名古村遍及全县,旅游形成东、西、北三条路线。东线主要有江湾景区、李坑景区、汪口景区、晓起景区、篁岭景区、江岭景区、庆源景区;西线主要以生态旅游为主,包含鸳鸯湖景区、文公山风景区;北线以田园自然风光为主,包含思溪延村、长滩摄影地、彩虹桥景区、灵岩洞等。地域组合具备一定的开发规模,开发条件较好。

2. 威胁

1)起步较晚

婺源非物质文化遗产虽然具有一定的本土特色,但是知名度较低,即使是省内居民对非遗认知也不清楚,吸引力不足,非遗旅游开发较晚。

2)市场挑战

婺源非物质文化遗产旅游基础薄弱,周边(景德镇、黄山等)旅游资源较多,旅游产品突出,市场竞争非常激烈,且替代性产品较多。

3)建设挑战

对本地非遗旅游经济开发能够罗列到的所有景点进行协调关联,这不仅需要对婺源的旅游资源进行整合,还需要其他周边县域及其有关部门的相互支持、相互协调合作。

结合婺源内部环境因素和外部环境因素,以下对婺源非物质文化遗产旅游进行SWOT分析,具体如表6-2所示。

表6-2 婺源非物质文化遗产旅游SWOT分析

	潜在内部优势(S)	潜在内部劣势(W)
内部环境	区位优势:地理条件优越,交通便利; 资源优势:旅游资源丰富,凸显文化和生态特征; 政策优势:政府对文化产业与旅游产业体制的改革	竞争劣势:旅游开发比较晚,国内知名度不高; 规划劣势:旅游定位不准确,缺乏人脉; 营销劣势:营销手段单一,跨省营销力度差; 资金劣势:财政支持不足,且社会性和其他投入有限
	潜在外部机会(O)	潜在外部威胁(T)
外部环境	旅游市场优势:旅游市场广泛,非物质文化遗产旅游开发成为新的旅游表现形式; 政府支持优势:提供良好的政策环境,同时政府财政的投入为非物质文化遗产旅游带来了资金机遇; 地域组合优势:婺源现有的170多个著名古村遍及全县,具有一定的开发规模	起步较晚:起步较晚,知名度低,吸引力不足; 市场挑战:旅游基础薄弱,周边旅游资源较多,替代性产品较多; 建设挑战:旅游整合力度有限,周边县域和相关部门合作性不强

四、非遗旅游开发模式

随着社会经济与旅游业的发展,游客更喜欢到充满文化底蕴的景区进行游览和体验,而婺源当地有着非常丰富的非遗资源,可分为八个大类,共同组成了当地文旅产业的基础。婺源追求文化旅游开发的差异化,满足游客的文化、个性需求,并结合文旅融合构建了婺源非物质文化遗产开发的模式,实现了非物质文化旅游开发和保护的双赢。

(一)旅游生态文化景区模式

婺源是徽文化与赣文化相结合的地区,蕴藏着丰富的可开发资源,有着丰富的历史文化,可以进一步开发婺源这些资源,探索有效可行的经济模式。现今,婺源主要以

"文化＋生态＋旅游＋产业"的经营模式进行发展，在保护原生态环境的基础上，打造了一批高质量的旅游生态景区，以江湾景区、丛溪庄园、晓起古村落为代表的生态景点，着重开发富有非遗文化内涵特色的文化生态旅游。婺源大批量的非遗资源和文旅产品的呈现，吸引了众多的游客，游客可以欣赏充满神秘色彩的婺源傩舞、历史悠久的婺源徽剧，还可以到景区参观民俗文化展厅，如甲路纸伞展厅、民间剪纸展厅、婺源茶艺文化展厅等。同时，游客也可以到景区观看或参与饱含浓郁特色的民俗活动和充满当地文化情怀的各类表演。婺源对当地的进一步开发无不彰显着在非遗的保护与发展中非常注重合作共赢的意识，与西递、宏村等著名的秀美乡村旅游形成合作，共同创建联盟，更好地展现了婺源丰富的历史文化，促进了非遗文化旅游景区的发展。

（二）旅游节庆活动模式

旅游节庆活动是展现一个地方民俗的表现方式，旅游者能够在当地切身体验节庆活动，可以更深入地认识和了解这一区域的民俗风情和历史底蕴，提升体验感。目前，婺源已经举办了十几届的乡村文化旅游节，这项节庆活动也提高了婺源的知名度。婺源在旅游节庆活动中，展示了极具地方特色的民俗文化，如板龙灯、抬阁、豆腐架、彩绘等，同时还有灯彩节，会邀请全国各地的灯彩表演进行展览，向游客展示灯彩民俗文化。此外，婺源也陆续举办了茶文化节，推广婺源的茶文化和制作技艺，弘扬茶文化。2019年，婺源首次举办了婺源油菜花文化旅游节，以旅游的观念为旅游爱好者提供了不一样的花海，竭尽所能、最大限度地将油菜花旅游产品和游览路径进行整合和宣传。当前，"油菜花"俨然是婺源本地旅游产品中一道靓丽的风景，成为婺源旅游名牌产品。这些具有特色的旅游节庆活动与非物质文化遗产结合，在传承中发扬了非遗文化。

（三）非遗旅游产品发展模式

旅游的发展离不开商业，商品不仅增加了旅游地区的收入，也提升了旅游目的地的形象，使人印象深刻，同时也将非遗推向了市场。通过非遗开发的产品，具有浓厚的文化和历史的沉淀，不仅可以作为手工艺品进行观赏，也可以用作手工艺品进行销售。婺源的手工艺类文化遗产用于开发旅游商品的空间是巨大的，如当前的婺源华龙实业有限公司、江西婺源朱子实业有限公司、婺源县甲路工艺伞有限公司等，开发了100多种的手工艺品和旅游纪念品，将非遗文化转化为经济效益，带动了婺源旅游业的发展，也增添了婺源非遗开发的活力。

（四）实践科学研究发展模式

非遗的旅游开发是在保护的前提条件下进行的。这就需要对非遗进行普查并成立研究课题组，设立相应的保护机制等。婺源对非遗的保护工作做了一系列的研究工作。

第一，成立专业的工作小组对婺源非遗进行普查。婺源在对非遗的普查过程中基本完成了对非遗种类的区分,并对非遗的生存状况和发展前景有了基本的了解。

第二,成立文化研究会,婺源聘请了各界热爱婺源文化的人士担任研究员,并与香港中文大学、复旦大学进行合作,进行课题研究工作,并撰写了"婺源非物质文化遗产丛书";同时也设立了一些著名的文化保护地区,如江湾村、汪口村等,这些文化地区对非遗的保护和开发有着巨大的推动作用。

第三,建立国家文化产业示范基地。2012年,婺源县华龙木雕有限公司和江西婺源朱子实业有限公司入选江西省非物质文化遗产生产性保护示范企业,2家企业设立了6个传承示范基地,为非遗的展示和保护做出了巨大贡献。

(五)博物馆静态展示模式

对非物质文化遗产以图片的形式保存和记录在博物馆内,也是对非遗保护和开发的一种方式。游客通过参观博物馆,加深了对非遗的了解。婺源博物馆被誉为"中国县级第一馆",利用博物馆对非遗进行有效保护,展示非遗的静态美,也有利于传承和传播婺源当地非遗资源。此外,2013年婺源建立了非物质文化遗产馆,展示了婺源的各种非物质文化遗产,也吸引了大量的文化学者和旅游者的观赏,这对婺源的非遗起到了很好的宣传作用。

第四节　案例地旅游开发价值与感知分析

一、开发价值评价

(一)评价意义及原则

旅游开发价值评价是婺源非物质文化遗产资源是否适合进行旅游开发的评判标准。一般情况下,可以据此对婺源待开发资源进行相对全面而又较为科学的价值评定,有助于婺源的旅游资源开发更加合理和规范;而且,通过价值评价,能够为保护资源提供科学的指导,对非物质文化遗产进行保护,以及对当地的历史文化进行传承。也就是说,必须要以客观标准、可操作标准以及科学标准作为价值评价的原则,尽最大能力去平衡各个方面因素,即对资源本身进行深层次评价,对地方区域的资源进行综合权衡研究。另外,对资源价值进行评价需要确保基础数据的真实性,而且开展调查需要有政府部门、非遗传承人、专家等多方面群体的综合支持,并且要确保研究可行,以保障最后资源价值评价的科学性。

(二)"三三五"定性评价体系

卢云亭的"三三五"定性评价体系是一种能够有效评价旅游地利用资源的综合评

价法,包括三大价值、三大效益、五大开发条件,简称"三三五"。其中,三大价值方面的评价包括历史文化、艺术观赏、科学考察;三大效益方面的评价包括当地社会生活、政治经济、资源环境;五大开发条件是指当地可以开展旅游业的条件,包括地理条件、地域组合条件、旅游环境容量条件、客源市场条件、旅游开发投资条件。"三三五"定性评价体系也是目前较为全面、应用非常广泛的一种评价体系。因此,本研究将引用该评价体系,对婺源的非遗旅游开发进行综合评价,以期能够更好地把握婺源地区是否具备旅游开发的价值。

1. 三大价值分析

婺源非物质文化遗产不仅内涵丰富,表现形式也各具特色,充分体现了其丰厚的历史文化、艺术观赏、科学考察等综合价值。

1) 历史文化价值

从历史文化价值来看,婺源非物质文化遗产经过了历代的传承,也是婺源历史发展的重要见证,具有丰厚的历史文化价值。如婺源地区的茶文化,体现了婺源地区居民的生活习性,是本地居民的生活写照和历史之源。通过研究非遗文化,人们能够更加了解本地历史的变化,追溯这座城市的文明和发展。

2) 艺术观赏价值

从艺术观赏价值来看,非物质文化遗产自身也是艺术的化身,游客在观看或游览的过程中能够感受到艺术带来的魅力冲击。如观众可以在婺源傩舞、婺源徽剧、婺源茶艺、婺源抬阁等丰富的艺术资源中感知到传统文化艺术的价值。

3) 科学考察价值

从科学考察价值来看,婺源非物质文化遗产不仅仅是当地居民生活和生产方式的反映和体现,更具备了综合知识的属性。对婺源地区的非遗文化进行研究和保护,能够使婺源的非遗得到更好的传承,有助于为婺源地区保留翔实的研究资料,为研究地区民族、历史传承、文学构成保留非常重要的资料。

2. 三大效益分析

首先,婺源政府着力于非物质文化遗产旅游开发,婺源的产业结构也在慢慢转化,旅游业发展迅速,旅游收入增长幅度提升,婺源当地居民以农业生产为主的产业结构正在改变。

其次,婺源非物质文化遗产旅游开发直接创造经济价值,能为该地解决就业,提高居民收入,改善当地生活质量。另外,许多婺源当地居民身份也从农民直接变成旅游业的管理人员或服务人员,主动参与旅游规划与开发建设和经营,甚至有些旅游能人主动参与到管理事务中,为当地经济社会发展献计献策。

最后,婺源和谐的生态环境提供了生产的保障。发展离不开人与自然的和谐相处,婺源非物质文化遗产旅游开发在保护环境的基础上,均衡发展,自然风光吸引了大量的游客,婺源也借助这一优势将非物质文化遗产融入其中,形成特色文化。

3. 五大开发条件分析

1）地理条件

婺源位于江西省东北部,与安徽省、浙江省交界,婺源及周边区域原本交通非常落后,当地政府在"十二五"期间投入了大量的资金进行交通建设,完成了高速公路、普通干线、农村区域的公路建设,有效改善了交通落后的局面。可以说,如今的婺源不再是传统的落后乡村,逐渐向优质的旅游发展区域靠近。

2）地域组合条件

婺源现有的170多个著名古村遍及全县,旅游形成东、西、北三条路线。东线主要有江湾景区、李坑景区、汪口景区、晓起景区、篁岭景区、江岭景区、庆源景区;西线主要以生态旅游为主,包含鸳鸯湖景区、文公山风景区;北线以田园自然风光为主,包含思溪延村、长滩摄影地、彩虹桥景区、灵岩洞等。婺源旅游资源形式多样,地域组合具备一定的开发规模,开发条件较好。

3）旅游环境容量条件

没有足够的环境容量与承载力,旅游开发到了一定阶段之后就会停滞不前。婺源旅游环境容量空间足,但是旅游基础薄弱,提供的住宿和饭店偏于中低档,开房率不高,过夜游客数量偏低,有很大的提升空间。婺源交通条件在进一步改善中,相关设施也在逐步完善,旅游发展仍有较大的发展空间。

4）客源市场条件

随着婺源旅游的开发和建设,市场也不断拓展,旅游业逐步得到了发展。婺源客源市场主要以周边城市为主,入境游客缺乏,省外游客主要以浙江、上海地区为主。

5）旅游开发投资条件

资金切实关系着旅游资源的开发。婺源非遗旅游开发离不开各方面的资金投入,资金的投入也将非遗资源融入旅游发展中,大力提升了婺源旅游资源的质量,同时也吸引了更多的投资商,为婺源非遗旅游的开发提供契机。就目前来说,婺源旅游市场开发存在的问题主要还在于两个方面,即基建不完善、旅游市场服务的质量尚需提升,这些问题都需要投入更多的资金才能解决。

（三）定量评价体系

1. 指标体系构建

定量分析方法,指使用特定的评价标准与体系完成科学分析,能够对旅游资源的各个因子进行评价,并进行相应的量化,也就是对旅游所在地的资源质量和潜力进行定性的评价,评价也将会得到客观结果。因此,本研究采用顾金孚等(2008)所创建的指标体系模型,其指标体系包括非遗的旅游开发价值、影响力、开发潜力、资源敏感度以及旅游开发条件等方面(见图6-1)。

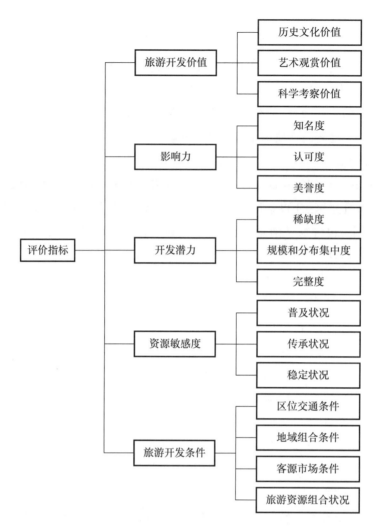

图6-1 非物质文化遗产资源旅游价值评价体系

选定评价体系后,因为不同的评价指标会有不同标准,并不满足比较条件,因此采用一定量化标准,对每个评价因素的实际值标注统一值。具体来说,就是将层级设定为 A、B、C、D 四级,每级被指定为 4、3、2、1 的赋分,运用德尔菲法与成对比较法彼此矫正,由此确定各项评价指标权重,如表6-3所示。

表6-3 非物质文化遗产旅游开发评价指标权重

评价准则层	等级	权重
旅游开发价值	A 非遗旅游开发价值高,产业规模大,可持续发展能力强,历史文化价值高,艺术欣赏价值高,值得考察	0.24
	B 非遗旅游开发价值较高,产业规模较大,可持续发展能力较强,历史文化价值较高,艺术欣赏价值较高,具有较高考察价值	

续表

评价准则层	等级	权重
旅游开发价值	C 非遗旅游开发价值一般,产业规模一般,具有一定的可持续发展能力,历史文化价值一般,艺术欣赏价值一般,考察价值一般	0.24
	D 非遗旅游开发价值低,产业规模小,不具有可持续发展能力,历史文化价值不足,艺术欣赏价值不高,没有考察价值	
影响力	A 非物质文化遗产在世界具有较高的认可度	0.19
	B 非物质文化遗产在全国具有较高的认可度	
	C 非物质文化遗产在全省具有较高的认可度	
	D 非物质文化遗产在本地及周边地区具有较高的认可度	
开发潜力	A 非遗旅游从业者前景好,社区居民参与度高,游客满意度高,投资者价值高	0.22
	B 非遗旅游从业者前景较好,社区居民参与度较高,游客满意度较高,投资者价值较高	
	C 非遗旅游从业者前景一般,社区居民参与度一般,游客满意度一般,投资者价值一般	
	D 非遗旅游从业者前景差,社区居民参与度差,游客满意度差,投资者价值差	
资源敏感度	A 非物质文化遗产普及度高,传承前景好,对外来事物冲击的承受力度强	0.2
	B 非物质文化遗产普及度较高,传承前景较好,对外来事物冲击的承受力度较强	
	C 非物质文化遗产普及度不高,传承前景很一般,对外来事物冲击的承受力度一般	
	D 非物质文化遗产面临失传的困境,几乎没有传承人,对外来事物冲击的承受力度很差	
旅游开发条件	A 交通条件好,地域组合好,客源市场发达	0.15
	B 交通条件较好,地域组合较好,客源市场较发达	
	C 交通条件较一般,地域组合一般,客源市场较一般	
	D 交通条件较差,地域组合差,客源市场差	

资料来源:顾金孚、王显成(2008)《非物质文化遗产旅游资源价值评价体系初探》。

再通过权重值对各项指标进行评价确定整体比例标准:第一步,由专家对指标的评价进行衡量,以从小到大的顺序进行重要性指标的排序;第二步,对评价指标进行对比,来评定某一指标对上一指标的重要性。先是对评价指标的开发潜力值确定数值为1,之后通过数据指标进行对比,每个指标将会产生$F_i=1$的对应赋值,将其命名为

$V=(V_1,V_2,\cdots,V_i)$，判断矩阵 $R_n×n$ 是一个 n 阶的对应矩阵，计算公式如下。

$$R_{ij}=\begin{cases} V_i-V_j+1 & (V_i \geqslant V_j) \\ \dfrac{1}{V_j-V_i+1} & (V_i < V_j) \end{cases}$$

根据上面的公式，计算各个指标的权重值：$W_i=M_i/(M_1+M_2+\cdots+M_n)$。其中，$M_i=(R_{i1}\cdot R_{i2}\cdots R_{in})/n$。以此根据上述的计算方式，最后得出婺源非遗旅游开发指标的权重。

2. 婺源非遗资源的旅游价值评价

基于上述评价方法，并结合婺源非遗资源概况，选取具有代表性的5项非物质文化遗产作为评价对象，包括婺源傩舞、婺源徽州"三雕"、婺源徽剧、婺源歙砚制作技艺、婺源甲路纸伞制作技艺。选取这5项非物质文化遗产，主要原因是这些最能代表婺源非物质文化遗产资源，其美誉度、认可度最高，也为人们所熟知。同时，对婺源非物质文化遗产保护中心、婺源博物馆等机构的8名工作人员，3名非物质文化遗产传承人，以及2名相关领域专家进行问卷发放，并进行打分，四舍五入取均值，最后根据评分计算得出结果，如表6-4所示。

表6-4　婺源非物质文化遗产资源旅游开发评价结果

婺源非物质文化遗产	旅游开发价值	影响力	开发潜力	资源敏感度	旅游开发条件	CEI（综合评价指数）
婺源傩舞	4	3	4	3	4	0.722
婺源徽州"三雕"	3	2	4	2	2	0.536
婺源徽剧	3	2	3	1	4	0.512
婺源歙砚制作技艺	3	2	3	3	4	0.592
婺源甲路纸伞制作技艺	4	2	2	4	4	0.636

备注：$CEI=\dfrac{1}{n}\sum_{i=1}^{n}I_iW_i$。式中，$I_i$ 为单项指标得分值，W_i 为指标 I 的权重，n 为评价指标数。

借鉴表6-5确定的非物质文化遗产资源综合评价指数等级的划分，也就是将层级设定为4个等级，每级被指定为4、3、2、1的赋分，运用德尔菲法与成对比较法彼此矫正，由此定量各项评价标准权重。将上述5项婺源非物质文化遗产资源旅游开发中的评价指数划分为以下4个等级，如表6-5所示。

表6-5　非物质文化遗产资源综合评价指数等级表

等级	CEI（综合评价指数）	属性
四级	[0.70,1]	资源优质，全国地位高，开发价值条件好
三级	[0.50,0.70]	资源在省内的影响力较强，具有较好的开发价值和条件

续表

等级	CEI(综合评价指数)	属性
二级	[0.30,0.50]	属于普通旅游资源,受众面有限,开发价值条件一般
一级	[0,0.30]	属于较差的资源,开发价值条件不理想

根据上表所知,非物质文化遗产资源综合评价指数在[0.70,1],说明该非遗资源优质,全国地位高,开发价值条件好。可对达到该指标的非物质文化遗产进行合理开发,这对增强地区旅游特色、提升当地旅游产业的收益有着重要的推动作用,同时也可借助开发优势,打响非物质文化遗产的影响力,形成品牌特性,提升城市的整体形象,这也有利于对非物质文化遗产的保护。非物质文化遗产资源综合评价指数在[0.50,0.70],表明该非遗资源在省内的影响力较强,具有较好的开发价值和条件。这类资源的开发相对来说是比较成熟的,但在开发过程中应注重保护性开发,避免不恰当的开发造成不良的效果。非物质文化遗产资源综合评价指数在[0.30,0.50],表明该非遗资源属于普通旅游资源,受众面有限,开发价值条件一般。这类非物质文化遗产资源的开发应结合其他旅游资源一起开发,以此增强非遗的吸引力。非物质文化遗产资源综合评价指数在[0,0.30],表明该非遗资源属于较差的资源,开发价值条件不理想。对于这类非遗资源,不建议进行开发。

就婺源非物质文化遗产旅游开发评价结果而言,婺源具有代表性的非物质文化遗产旅游开发的价值属于中等水平,综合评价分在0.5以上。其中,最具有代表性的婺源傩舞旅游开发价值综合评价指数达到0.722,属于四级非物质文化遗产资源,在全国范围内具有较高地位,开发资源也比较完整,得到了国内市场的普遍认可。目前来看,除婺源傩舞、婺源徽州"三雕"、婺源徽剧、婺源歙砚制作技艺、甲路纸伞制作技艺等非物质文化遗产有不错的开发价值和条件,综合评价指数在[0.50,0.70],这类非物质文化遗产资源在省内具有不错的知名度,同时也具备良好的影响力,可通过合理、科学的规划,在对这类非物质文化遗产保护基础上进行旅游开发。

总体来看,婺源非物质文化遗产可进行旅游开发,具体表现为:婺源非物质文化遗产资源具有丰富的历史文化价值和艺术价值,具备产生良好的经济、社会效益的条件。此外,婺源正处于经济上升期,地理位置条件优越,旅游市场和交通条件都有进一步发展,这对婺源非遗旅游的开发创造了基础条件。婺源作为中国最美乡村,在国内得到了较高的认知度和较好的声誉,资源影响力也比较好,旅游投资、客源市场也在进一步拓宽,这为婺源非物质文化遗产旅游的开发创造了市场条件。就婺源非物质文化遗产本身来看,非物质文化遗产传承相对比较完整,有不少的传承人,但同时也要认识到,婺源非遗旅游开发还存在着不少的限制,如婺源基础设施不完善、旅游资源开发层次较浅、服务质量较低、资金投入不足等。所以,婺源政府部门应加强重视,发挥自身的主导作用,加强对非遗旅游资源的投入,引导全民参与,增加投入资源渠道,在保护好非物质文化遗产的前提下将旅游效益最大化。

3. 婺源非遗资源的旅游开发价值剖析

通过上述内容,我们可以了解到,婺源非遗文化旅游资源的开发潜力非常大,因此能够取得较好的开发利用效果。具体来说,就是婺源非遗文化综合观赏性高、历史传承好而且还有较高的科研价值,拥有非常大的经济潜力、社会影响力以及较好的环境收益性。而且婺源地理条件较好,景点能够较好地进行组合,环境承受能力强,能够接待数量较大的旅客,同时婺源也有着非常好的发展前景,经济效益好,而且具备好的投资资源和客源潜力,这都为非遗文化进行旅游开发提供了较好的条件。尤其是婺源具有悠远的文化和较大的资源开发潜力,具有很大的影响力,历史文化传承较好,景区开发相对集中,开发前景较好,而且传承者相对较多,因此旅游开发有着非常好的基础。但是,婺源非遗文化的旅游开发还存在着相对较多的不利因素,例如婺源地区基础建设较差,在交通和设施上建设不足,旅游开发不足,服务意识较差,同时对于旅客开发还不够深入。对此,婺源政府部门要重点关注,主导全局,抓住发展机遇快速发展,力争在开发非遗的前提环境下将地区潜力开发出来,将旅游经济效益最大化。

二、开发感知分析

(一)研究设计

1. 研究对象及研究范围的确定

本次研究对象选取婺源当地的游客群体,调查研究范围主要是彩虹桥、李坑、江湾等村落。婺源非物质文化遗产数量多、内涵丰富,本次研究以到婺源旅游的游客为研究对象,对其参观当地非遗时,有关文物鉴赏、导游解说、婺源当地纪念品、环境氛围等体验进行分析。非物质文化遗产旅游不仅可以使旅游者的身心得到放松,还可以使旅游者感受到非遗文化的博大精深。但是婺源要将非物质文化遗产旅游发展好,还是非常具有挑战性的,特别是在合理开发原则下。本研究主要是对游客感知进行深入探究,以了解游客在非遗旅游中获得的体验感,解决非遗旅游中的现实问题,以期给非遗旅游的可持续发展提供一定的借鉴。

2. 问卷设计

本研究主要分为两个部分。

第一部分为旅游者基本情况。此部分由6条旅游者信息组成,主要是了解旅游者的特点、爱好非遗旅游游客的类型,以及旅游者特点与非遗文化之间的关系。

第二部分是游客对婺源非物质文化遗产感知情况的调研。此部分包括非遗本身和媒介两大要素。该内容通过对多个变量进行综合研究,分析旅游者的感知变化,同时对婺源非物质文化遗产旅游提出相应的改善措施。本次问卷设计来源如表6-6所示。

表 6-6　问卷设计来源

学者	年份	来源
孙英倩	2011	以黄大仙文化为基础的旅游资源开发,结合当前开发与未来深入开发的情况趋势进行问卷构建
徐晶晶	2015	针对殷墟文化底蕴的展现和景点突出的内容,结合旅游者评价、转介绍率、呈现特点、呈现内容做相关的问卷构建
陈朋艳	2016	针对安阳地区殷墟的资源开发和区域详解等情况做分析
仇文静	2017	包括分析旅游者对文化认知及受到的影响情况,分别从主客观的角度进行体验感的评测和对文化认知进行测算
于沐仔	2018	分析内容包括旅游者对天津本地文化传承的认同感、地方感悟的要素综合

3. 问卷发放和收集

此次采取在线下进行随机采样并实地指导填写与网络问卷调查同步的收集办法,并在发放问卷过程中积极与游客和去过婺源旅游的朋友交流沟通。问卷统一填写时间为 2019 年 10 月 1—10 月 15 日和 2020 年 1 月 7—1 月 19 日(线上)。一共发放问卷 300 份,其中无效问卷 20 份,大致为填写不够完善、基本信息不清晰的情况。因此,共获得有效问卷 280 份,即有效回收率达 93.3%。

(二)数据分析

1. 问卷量表信度分析

信度分析是检验能否获得可靠问卷的手段,一般通过 Cronbach's Alpha 系数判断。通常,Cronbach's Alpha 系数值超过 0.7,说明信度较好;Cronbach's Alpha 系数值为 0.6—0.7,表明取量和表格有些不合乎逻辑,需要进行修改。

本研究采用 Cronbach's Alpha 信度系数法,将问卷调研数据利用 SPSS 数据分析工具进行分析,信度测算通过可靠性分析结果中的 Cronbach's Alpha 系数表示(见表 6-7)。该系数为 0.853,大于 0.7,表示此问卷具有较高可信度。

表 6-7　信度分析表

可靠性统计量		
Cronbach's Alpha	基于标准化项的 Cronbach's Alpha	题项总数
0.853	0.848	21

2. 样本特征分析

样本特征分析,有助于对样本的构成有比较全面的了解,方便展开继续分析。对此,在展开信度分析的基础上,需要对游客进行基本信息分析,如表 6-8 所示。

表 6-8 游客样本特征

变量	类别	游客数量/人	百分比/(%)
性别	男	112	40.0
	女	168	60.0
年龄	20岁及以下	30	10.7
	21—30岁	122	43.6
	31—40岁	57	20.4
	41—50岁	41	14.6
	51岁及以上	30	10.7
客源地	婺源县	103	36.8
	江西省内	132	47.1
	江西省外	45	16.1
学历	初中及以下	30	10.7
	中专/高中/大专	78	27.9
	本科及以上	172	61.4
月收入	2000元及以下	46	16.4
	2001—4000元	35	12.5
	4001—6000元	115	41.1
	6000元以上	84	30.0
职业	学生	45	16.1
	企业职工	66	23.6
	事业单位人员	80	28.6
	个体户/商人	30	10.7
	退休人员	12	4.3
	其他	47	16.8
游玩次数	0次	222	79.3
	1次	32	11.4
	2次及以上	26	9.3
交通方式	旅游专线车	132	47.1
	公交车	22	7.9
交通方式	自驾	99	35.4

续表

变量	类别	游客数量/人	百分比/(%)
交通方式	其他	27	9.6
旅游目的	感受文化气息	105	37.5
	探亲访友	4	1.43
	休闲娱乐	156	55.71
	考察学习	0	0.0
	其他	15	5.36

由表6-9可知，此次参与调查的女性游客数量多于男性，对应比例为6∶4，占比高出20个百分点。对于游客的选取，21—30岁的较多（有122人，占43.6%），接下来为31—40岁（有57人，占20.4%）。研究表明，青年人乐于将较多的闲暇时间用于旅游，在繁重工作之后开启一段放松身心之旅，让心灵得以净化。对于调研中的样本地区分布，多以江西本省人为主（有132人，占47.1%），主要的影响因素与地理和交通等情况有关。婺源位于江西省东北部，紧密联系着长江三角洲地区，交通方便。婺源的公路有200多条，里程达到1700千米，有两条省际公路通过，一条通上海，一条连浙赣。各个乡村都有通柏油路，村村都有公路。游客学历结构中，本科及以上占比较大（为61.4%），依次为中专/高中/大专（占27.9%），此组数据的情况基本上对应不同年龄区间游客的学历现状。月收入方面，收入在4000—6000元的群体占比例较大，为41.1%，收入在6000元以上的占比30.0%，收入在2000元及以下的人数占16.4%，说明到婺源旅游的旅游者收入情况尚属于中等，既有闲暇时间，也有一定的资金支持。职业方面，其中排在第一位的为事业单位人员（占28.6%），排在第二位为企业职工（占23.6%）。从游玩次数角度来说，0次旅游者达79.3%，仅有1次的比例为11.4%，2次及以上的则只有9.3%，由此可以了解到婺源能够较好地转化潜在客户，具备相应的吸引力，而且呈现出逐步提升的状态。交通方式方面，乘坐旅游专线和自驾的情况较明显，比例分别达到47.1%、35.4%。旅游目的方面，通常为休闲娱乐和感受文化气息，表明游客对于旅游的认知普遍是进行身心放松。

3. *游客感知分析*

非物质文化遗产旅游与其他类型的旅游有很大的区别，其本身就有着很大的特殊性，而且自身质量好、文化底蕴深厚。游客的游玩心得一般受到区域可游玩性资源的深度开发情况影响，因此，问卷设计要能够体现旅游者认知本地非遗资源的开发情况。在设计上，利用学者孙英倩的设计思路，主要突出李克特量表的运用，每一项取分依据正向分布来进行相应设置，分别为1、2、3、4、5（分别代表非常不满意、不满意、一般、满意、非常满意）。

1）婺源非物质文化旅游资源开发分析

旅游者对非遗资源开发感知如表6-9所示。

表 6-9　旅游者对非遗资源开发感知

非遗项目	均值	众数	中值
非遗旅游独特性	3.09	3	3
非遗开发满意度	2.63	2	3
非遗文化氛围	2.74	4	3
非遗资源利用满意度	2.61	2	2
媒体传播对区域的了解程度	2.66	2	3
展品提供和可获取信息的程度	2.45	2	3
电子设备对非遗传播的效果	2.42	2	2
展示对非遗的表达效果	2.44	3	2
展览形式能够为旅游者带来的感受	2.30	2	2
解说员对非遗的表述	2.98	3	3
旅游纪念品与非遗文化的融合程度	3.01	3	3
非遗传递的文化和年代气息	3.26	3	3

从表6-9中的数据可以了解到，旅游者问卷的评分标准分成了两个层级：3分及以上，说明旅游者对婺源非物质文化遗产旅游开发持肯定态度；3分以下，则持怀疑态度。其中，非物质文化遗产旅游独特性得分最高，为3.09分。婺源地区因地理特点和人文精神，形成了丰富的非物质文化遗产资源，不仅内涵丰富，表现形式也各具特色，充分体现了丰厚的历史文化、艺术观赏、科学考察等综合价值。

(1)从艺术观赏价值来看，非遗的自身属性也是艺术的本质之一，游客在观看或游览的过程中能够感受到艺术带来的魅力冲击。如婺源傩舞、婺源徽剧、婺源绿茶制作技艺、婺源抬阁等丰富的艺术资源，观众可以感知到传统文化艺术的价值。

(2)从历史文化价值来看，非遗是拥有地域性、自古传承和衍生发展的存在，也是婺源历史发展的重要见证，具有丰厚的历史文化价值。如婺源地区的茶文化，体现了婺源地区居民的生活习性，是本地居民的生活写照和历史之源。通过研究本地非遗文化，能够了解本地历史的变化，追溯这座城市的文明和发展。

(3)从科学考察价值来看，婺源非物质文化遗产不仅仅是当地居民生活和生产方式的反映和体现，更具备了综合知识的属性。对婺源地区的非遗文化进行研究，能够使当地非遗在研究保护中得到更好的传承，有利于为婺源地区后人保留翔实的研究资料，为有效促进婺源地区的后人了解过去、传承文化，为研究地区民族、历史传承、文学构成提供非常重要的资料来源。这些综合价值体现了婺源非物质文化遗产的独特性。

表6-9中，低于3分的选项比较多，说明旅游者对婺源非遗资源开发的不认同，认为还有值得改善的地方。关于电子设备、媒体传播、非遗展示等项的给分普遍偏低，大部分只有2分，说明了旅游者在这些方面并没有很好的感知体验，而且很难融入其中，机

械的大众化展示和互动,在旅游者心中没有很好的吸引力,不会给游客带来最佳体验印象。

2)旅游形象提升分析

旅游者对婺源非遗旅游形象进行维护改善的感知分析详情如表6-10所示。

表6-10 旅游者对婺源非物质文化旅游形象提升感知

选项内容	均值	众数	中值
增强传播效力,塑造特色品牌	3.63	4	4
以纪录片制作推广等增加媒体曝光率和大众传播率	3.61	4	4
利用互联网、多媒体等电子渠道宣传婺源非遗	4.13	5	4
加大解说媒介投入,丰富解说内容、特点	4.10	4	4
开展独特庆祝内容节日,例如婺源油菜花旅游节	4.10	4	4
加入多种展览方式,以生动形象为主	4.25	5	4
增加导游的个人魅力和提升其职业素养,能够清晰明确地进行讲解和指引非遗旅游	4.02	4	4
将代表当地文化底蕴的内容融入旅游产品	4.01	4	4
放大当地非遗独有的文化传承氛围	3.88	4	4

根据表6-10了解到,旅游者对问卷内容的打分有较高的赞同率(超过3分的居多),说明游客对婺源非物质文化遗产旅游开发提升形象的建议较为认可。综合比对了解到,宣传项的分数值较低,而在此次调查中根据与旅游者和朋友的交谈得知,大部分人是通过互联网广泛的宣传和媒体的传播自发来游玩,虽然大部分旅游者持比较认同的观点,认为宣传再加大力度是可取的选项,但代表中立的旅游者同样占有很大的比例。同时其他选项分值大都高于4分,这些数值说明了旅游者认为此区域文化内涵有较大的提升和改善可能,并且指出对于文化的输出不只要表象,而要有更深层次的东西,让文化自身散发出迷人之处,让旅游者感受到不同的气息和有更深的感悟。

3)游客对非物质文化遗产旅游开发感知因子分析

通过SPSS数据分析工具做相应的探索分析。首先,确定问卷是否符合因子探究的条件。可以从以下两种途径来验证:KMO检验和Bartlett球形检验。KMO测度值小于0.9则为十分符合;不足0.9且大于0.8为符合;不足0.8且大于0.7为一般;不足0.7且大于0.6为符合值低;不足0.6为符合值特别低。结果如表6-11所示。

表6-11 KMO和Bartlett球形检验结果

KMO	0.853	
Bartlett球形检验	近似卡方	4223.850
	自由度	210
	显著性	0.000

从表 6-11 了解到，KMO 测度值为 0.853，处于不足 0.9 且大于 0.8 的区间；Bartlett 球形近似卡方值为 4223.850，自由度值为 210，显著性值为 0.000，不足 1‰，表示此问卷符合分析要求，并且彼此都存在关联性，具有非常高的差异性。

为了保障能够降维，以确保不使初始内容出现缺失的情况，降低初始变量共线性，促进探究内容能够趋近实际，对此做公因子提取，计算 21 个因子的方差，如表 6-12 所示。

表 6-12　公因子方差

变量	初始值	提取值	变量	初始值	提取值
Q1	1.000	0.758	Q12	1.000	0.826
Q2	1.000	0.808	Q13	1.000	0.855
Q3	1.000	0.86	Q14	1.000	0.852
Q4	1.000	0.883	Q15	1.000	0.747
Q5	1.000	0.738	Q16	1.000	0.862
Q6	1.000	0.766	Q17	1.000	0.793
Q7	1.000	0.792	Q18	1.000	0.768
Q8	1.000	0.816	Q19	1.000	0.816
Q9	1.000	0.881	Q20	1.000	0.854
Q10	1.000	0.729	Q21	1.000	0.835
Q11	1.000	0.808			

其中，最优因子数获取来源于碎石图，具体如图 6-2 所示。

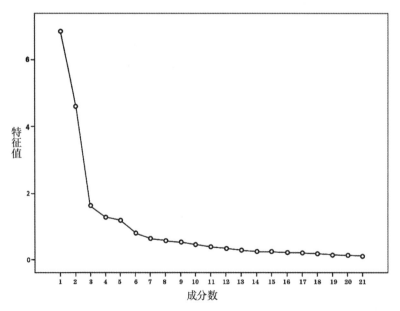

图 6-2　碎石图

根据图6-2的内容来看，拐点为获取因子数方式。从第6个特征处起，分数曲线逐渐变缓，特征值差异缩小，因此，对此处之前的6个因子进行选择较为符合。这些数值也能够得到较为初始的更多内容信息，减除共线性的情况下保证内容涵盖全面，因此可以呈现相对较好的分析内容。

不同因子归属情况依据载荷矩阵进行阐述，旋转后能够利用矩阵将载荷情况进行区别，以更好地确认不同变量所产生的因子属性，详情如表6-13所示。

表6-13 旋转后的因子载荷表

变量	1	2	3	4	5	6
Q3	0.867					
Q2	0.847					
Q4	0.825					
Q5	0.742					
Q1	0.651					
Q16		0.902				
Q15		0.837				
Q17		0.801				
Q18		0.706				
Q9			0.805			
Q8			0.791			
Q6			0.721			
Q7			0.659			
Q20				0.832		
Q21				0.828		
Q19				0.614		
Q12					0.802	
Q11					0.740	
Q10					0.715	
Q13						0.891
Q14						0.889

由表6-13可知，6个因子分别有不同的变量。其中，因子1内为Q1—Q5不同的5个变量，此类是对旅游者在非遗旅游中获取的整体认知，对其定义是"非遗旅游文化总体感知"；因子2内为Q15—Q18不同的4个变量，此类是非遗旅游在提升自身形象和建设方面的感知，对其定义是"非遗旅游形象提升"；因子3内为Q6—Q9，此类是反映出非遗文化进行文化旅游开发效用评价，对其定义是"非遗旅游文化表达感知"；因子4内为

Q19—Q21，此类是能够体现非遗旅游进行旅游产品完善和更新的内容，对其定义是"非遗旅游产品设计"；因子5内为Q10—Q12，对其定义是"非遗产品文化传播"；因子6内为Q13—Q14，此类是婺源非遗旅游品牌建设和推广效果的扩大，对其定义是"非遗旅游知名度提升"。拐点处的6个因子方差贡献率总和可以达77.65%，归纳总结如表6-14所示。

表 6-14 公因子方差贡献率

公因子	变量	贡献率/(%)
非遗旅游文化总体感知	Q1非遗旅游独特性 Q2非遗开发满意度 Q3非遗文化氛围 Q4非遗资源利用满意度 Q5媒体传播对区域的了解度	32.61
非遗旅游形象提升	Q15利用互联网、多媒体等电子渠道宣传婺源非遗 Q16加大解说媒介投入，丰富解说内容、特点 Q17开展独特庆祝内容节日，例如婺源油菜花旅游节 Q18加入多种展览方式，以生动形象为主	21.84
非遗旅游文化表达感知	Q6展品提供和可获取信息的程度 Q7电子设备对非遗传播的效果 Q8展示对非遗的表达效果 Q9展览形式能够为旅游者带来的感受	7.65
非遗旅游产品设计	Q19增加导游的个人魅力和提升其职业素养，能够清晰明确地进行讲解和指引非遗旅游 Q20将代表当地文化底蕴的内容融入旅游产品 Q21放大当地非遗独有的文化传承氛围	6.11
非遗产品文化传播	Q10解说员对非遗的表述 Q11旅游纪念品与非遗文化符合程度 Q12非遗传递的文化和年代气息	5.64
非遗旅游知名度提升	Q13增加传播效力，塑造特色品牌 Q14以纪录片制作推广等增加媒体曝光率和大众传播率	3.8

（三）数据研究总结

数据研究总结主要是对前段内容数据分析的归纳和拓展，通过有效的问卷调查进行内容数据研究，采用软件SPSS数据分析工具进行数据处理，分析旅游者对婺源非物质文化遗产旅游感知。

1. 对非遗认知不足，客源市场狭小

通过数据分析了解到，婺源当地具有鲜明的特色，属性较好，而且旅游者能够给予很高的认同，婺源非物质文化遗产内容丰富，对人们的生产活动和日常生活都产生了重要的影响。如婺源每逢重要的节日，在各个村庄、街道都有相应的表演活动，并融合了非物质文化遗产，如婺源傩舞、婺源徽剧、婺源板龙灯等。活动项目场面壮观，吸引了不少的居民观看，热闹无比。但是，本研究在调查中发现，虽然婺源有不少的活动和表演，但是大多数村民并不知道什么是非物质文化遗产。造成这一现象的原因是，婺源对非物质文化遗产的宣传不足，其主要宣传方式是政府部门通过图片等方式展示，宣传很难深入人心。另外，婺源非物质文化遗产传承人在进行表演活动中，并没有进行高质量的宣传；学校等教育机构也很少进行非物质文化遗产的教育活动，传播范围有限，导致青少年对非物质文化遗产没有深刻的认识；当地居民对非遗认识不清，无法进行有效宣传，也忽视了非遗本身的旅游价值，造成客源市场狭窄。据了解，来婺源的省外游客只占16%，省外游客相较于省内游客来说，要少很多。

2. 开发层次较浅，展示活动影响游客感受

非物质文化遗产彰显了一座城市的历史和文化魅力，婺源非物质文化遗产项目丰富，通过上文也可以发现，婺源非遗旅游开发价值潜力高，不过当前的开发情况并不乐观。非遗内涵的展览及区域文化输出不能成为当前左右旅游者认知的要素，因此需要进一步改善和健全输出效果。通过与旅游者交谈和数据分析研究了解到，婺源非物质文物展示都是简单的陈列，开发层次较浅，仅仅停留在具有代表性的实物展示方面，缺乏深层次的挖掘文化价值。例如，主要是通过场馆展示和舞台表现，缺乏旅游产品的创新设计，没有充分发挥出非物质文化遗产的效益。其次，在非遗旅游开发过程中，缺乏内涵挖掘，注重"形"忽视了"意"。比如婺源拥有非遗博物馆，但是是通过静态的展示方式，缺乏视觉、听觉等感受，导致游客的参与度和体验感不足。同时，展示内容过于表面化，无法体现婺源非物质文化遗产在发展过程中所承载的内涵等。如婺源的徽剧，仅用几张照片的形式进行介绍，并摆出几件徽剧的装饰，没有专门解说婺源徽剧的文化内涵。游客参观非物质文化遗产博物馆，也只是粗略地知道这一东西的存在，很难留下深刻的印象。

3. 基础设施不全，影响游客文化感知

婺源全面开发现状不大乐观，非遗旅游发展状况也不大理想，集中表现为旅游开发力度有限、基础设施不健全。一方面，婺源是山区，交通上主要是公路，出入并不方便，一定程度上使沿海地区周边大城市的游客减少了，限制了客源；另一方面，非物质文化遗产旅游景区的相关配套设施过于简陋，景区服务跟不上，整体接待游客的水平不高，影响了婺源非遗旅游景区的整体形象，这也不利于对外宣传。

就非物质文化遗产的保护性旅游开发工作来说，离不开大量资金的投入，资金的充足度直接影响到婺源非遗旅游开发的进度。当前，婺源政府部门对非遗旅游开发资金的投入有限，主要依靠政府投入是远远不够的。而婺源民间资本对非遗的投入非常少，使得非遗旅游开发工作的进展和质量有限。很多优秀的非物质文化遗产连当地人

都很少知道,更不用说被世人所熟知。另外,资源投入不足也导致非遗旅游开发深度和广度受到限制,政府、企业、民间力量不能进行充分利用,无法培育更多的旅游产品。而且婺源政府部门对非遗传承人的扶持也有限,降低了传承人的积极性,也很少招收到相关人才进行传承,出现非遗传承断层的困境,这对非遗旅游开发是十分不利的。

4. 解说系统不完善,游客感知程度不高

解说系统是文化传播的主要途径,旅游者的感知情况是其影响下的体现。婺源非遗旅游的详细解说和导游解说体系不健全,人工和电子两种方式均不能够给游客带来想要的解说内容,很大程度上造成旅游者对婺源非物质文化遗产旅游感知状况不佳。

调研访谈的部分旅游者对当地产品的感知为其独特性还不够明确,展示内容与其他地区雷同之处有很多。婺源非遗旅游的开发需要系统的规划,需要政府部门综合考虑全局,从整体和全局出发,将文化旅游资源和非遗融合。现今,婺源非遗旅游宏观规划尚不完善,且设施建设不全、标识不清,一些短期效益不明显的非物质文化遗产资源处于被忽视的状态。而且在婺源旅游发展过程中,婺源对非物质文化遗产领域的开发度不高,对文化关注度也不高,现有的旅游产品较为单一,产品链短,对游客感知产生了很大的影响。

第五节 案例地旅游开发启示

一、开发原则

非物质文化遗产旅游的开发犹如一把双刃剑。成功的开发能够很好地保护非物质文化遗产资源,充分利用非物质文化遗产拓宽旅游发展前景,为非物质文化遗产的发展创造更好的生存空间;但是,不当的开发不仅会使非物质文化遗产面临灭绝的风险,在商业化过程中也会让非物质文化遗产的内涵丧失,且其危害非遗的情况是不可逆转的。因此,非遗旅游开发过程中要坚持保护性开发原则、融合性开发原则、本真性开发原则、独特性开发原则以及整体性保护原则等,把握好开发尺度,实现文化产业与旅游产业的双赢。

(一)保护性开发原则

文旅融合理念下的非物质文化遗产开发,要始终把保护工作放在第一位,通过恰当的方式对非遗进行合理开发和利用。众所周知,非物质文化遗产不同于一般的文化产业,它具有明显的脆弱性,如果在开发过程中采用的方式不当,就很容易遭到破坏,并且很难修复,这对非物质文化遗产和当地来说损失是非常大的。婺源"三雕",也就是本地继承明清时期的雕刻手法,其中最为重要的内容体现是砖雕、石雕、木雕,成为当前徽派传承的重要表现形式之一和绚丽亮点,其风格又是徽文化的重要组成部分。

随着旅游开发和旅游经济的发展,当地居民为了追求经济效益,大面积拆卖徽派建筑,破坏了原有的徽派建筑文化内涵,造成徽派建筑存有量逐步减少和徽文化缺失的问题。因此,婺源非物质文化遗产旅游开发的前提是保护性开发,在保护的基础上,合理适度地开发,贯穿保护性原则。只有这样,才能持久地、有效地传承和弘扬婺源非物质文化遗产资源,才能充分利用非物质文化遗产的价值,促进非物质文化遗产的发展。

（二）融合性开发原则

非物质文化遗产开发要与新时代、新媒体、新技术相融合,通过文化、旅游、自然、人与媒介组成"五位一体"融合的理念。非物质文化遗产保护工作必须创新理念、内容、载体、形式、方法、手段、业态、体制、机制,增强针对性和保护性。要尽快从相"加"阶段迈向相"融"阶段,从"你是你,我是我"变成"你中有我,我中有你",进而变成"你就是我,我就是你",融合发展关键在"融为一体,合而为一"。随着5G时代的来临和技术上的突破,传播媒介种类增多,以及"旅游+AR""旅游+VR"的兴起,AR应用场景增强现实、全景VR沉浸式旅游体验等,打破了空间的物理限制,人们足不出户便可自由穿梭在世界各地。因此,婺源可以结合非物质文化遗产中的婺源徽剧和婺源傩舞,打造体验场景,以增强游客的体验感和认同感。

（三）本真性开发原则

坚持非物质文化遗产本真性开发原则,就是要保护好真实的、原本的、原生的非物质文化遗产,保护它遗留的历史价值。切忌将现代化元素与非物质文化遗产生硬结合,形成一些"伪民俗""伪遗产"等旅游活动。例如,现在的绿茶制作几乎都是采用现代化机器替代制作而成。而婺源绿茶制作技艺是国家级非物质文化遗产,是通过独特的手工制作技艺,使制成的绿茶外形紧细圆直、滋味醇厚。要让游客在参观非物质文化遗产景区和项目时,能够体会到非物质文化遗产最本真的文化内涵,感受到历史和文化带来的魅力。坚持本真性开发原则,不随意添加或改动非物质文化遗产本身的内涵。同时,对非物质文化遗产旅游产品的设计也要坚持本真性原则,要使旅游产品与非遗的内涵相统一。

（四）独特性开发原则

非物质文化遗产不同于一般的文化产业,它具有独特的文化魅力。对于游客来说,和其他同类旅游产品相比,非物质文化遗产更具有吸引力,更具有竞争优势。例如傩舞,一直有"鬼舞""舞鬼"等不同称谓,流传至今,傩舞已演变出纷繁的节目内容,表演形式独具特色,成为当前我国古典舞蹈可供研究的"活化石",也成为中外研究爱好者视为至宝的舞曲。其包含的表演内容以神话故事和民间轶事为主,常常以较为粗犷、质朴、夸大、简单的形式进行展现。因傩舞的地域特色、艺术色彩和文化传承,国务院于2006年将其列入第一批次国家级非遗名录。因此,婺源非物质文化遗产的旅游开发应坚持独特性原则,立足婺源的文化遗产特色,充分挖掘当地的文化内涵,开发出独具特色的旅游产品,展现婺源非物质文化遗产的生机和活力,形成当地独一无二的优势。

(五)整体性保护原则

婺源非物质文化遗产的生存和发展离不开特定的生存环境。所谓整体性保护原则,就是全方面地、多层次地保护非物质文化遗产的全部内容或者表现形式,其中也包含了对非物质文化遗产生态环境、传承人等方面的综合保护。非物质文化遗产具有活态性特点,它会随着时间和历史的推移出现新的形态,要根据所依存的环境而进行更新。婺源篁岭景区以古村落产权收购、搬迁安置结合,古民居易地搬迁保护的模式,进行村落整体保护性开发,保持了古村文化的整体性和原真性。因此,婺源进行非物质文化遗产旅游开发过程中必须坚持整体性保护原则,对婺源非物质文化遗产进行综合考量,实现生态与人文的共生,进一步协同开发的态势。而且,婺源非遗旅游开发中也要注意对非遗文化空间的保护,如古建筑物、古文物等,形成特定文化空间的非物质文化遗产旅游开发。

二、开发对策

(一)宣传非遗文化,提升吸引力

婺源自身的非遗积淀非常丰富,可供开发的资源也非常多,旅游开发价值较高,但是并没有充分利用好资源的优势,开发状态零散,各地区之间的旅游互动性不强。所以,要提升旅游开发价值,就需要婺源各级政府部门加强合作,立足婺源旅游全域格局,利用行政职能,从上到下组织制定策略,将非物质文化遗产旅游开发纳入国民经济和社会发展体系中,通过政策和制度来规范行为和责任,使非物质文化遗产开发能够有序开展。

1. 精细宣传,制定整体规划

根据调查可知,来婺源进行非遗旅游的外省旅游者占比不高,主要是由不同区域的旅游者自身文化内涵的认知有着非常明显的不同,以及地理空间的不同造成的。对于这种实际存在的问题,最为可行的方式,即做到提升产品划分的精细度,融入旅游大众的日常,同时逐步加大对外的宣传力度,进一步提升、扩大其与大众的沟通频率和有效接触面。对非物质文化遗产开发利用,应从婺源整体生态环境和非物质文化遗产实际发展情况出发,根据非物质文化遗产地域特点,开展专家指导意见,明确总体发展思路和目标,规制开发非物质文化遗产资源、产业业态、开发规模以及效益评估,制定符合婺源非物质文化遗产保护性旅游开发的整体规划,并通过政府颁布,在政府组织引导下规范化开发。

2. 创新宣传方式,激发游客兴趣

对于婺源非物质文化遗产旅游宣传,应加强创新宣传方式。目前,对于经典的介绍,采取的是粗放式的宣传,内容不够丰富,不能对婺源非物质文化遗产旅游进行全面展示,不能很好地做到有效宣传和引起潜在旅游者的前往欲望。当前,中青年群体是非遗旅游的主体,但婺源非物质文化遗产旅游平淡的介绍宣传并不能在中青年群体中引起波澜。因此,婺源非物质文化遗产旅游的传播与展览需要明确中青年群体所具有诉求点和追求的体验感。例如,故宫的开发就非常注意这方面的跟踪和改进,通过引入智能操作,在对历史文物的展示中,不仅打造完美的场景,而且通过智能模式对产品进行设计,通过App软件将当前生动的场景,如《紫禁城祥瑞》进行画面再现和人机互动,完美地实现了对文化的宣传和升华。当前VR技术的发展和进一步应用,对旅游业有较大的触动,特别是运用其真实与虚拟的无缝融合,将游客体验感骤然提升,给旅游者带来真实的感受和互动。因此,当前对婺源非遗的旅游开发,完全可以通过串联起历史故事,展现其韵味,进行嵌入式体验开发,如此生动的文化展示,会对宣传大有裨益。婺源非物质文化遗产旅游可以借鉴App这种模式开发小程序和VR技术达成历史文化积淀下的虚拟呈现,让展览同体验融合,同以往的展示形成鲜明对比,促使游客乐于感知和自我陶醉,进一步提升婺源非遗的现代气息,最主要的是能够为旅游者带来最真实体验和置身效果,让旅游者身临其境,产生文化共鸣。即在虚拟场景中再现文化历史的风貌,将游客与其相融,真实地让旅游者参与其中,满足游客"感同身受"的诉求。

(二)创新展示方式,提高传播效果

1. 创新展示方式,让非遗"活"起来

旅游者因其成长环境和文化接受程度不同,因此对于非遗的历史底蕴的感知会存在差异。从受教育程度来看,教育水平越高的人,其旅游期望值往往也越高,对非遗所要产生的变现形式的感知也越炽热。当前非遗文化所展览的媒介主要是以文物和媒体的形式进行体现,这一现象和其他区域的文物展示方式雷同,并没有新意,因此对于旅游者来说感受到的更多是乏味和缺少专业感,并不能深切地体会到非遗独特的魅力。婺源非遗内涵的表达要让游客能够理解和感知,就要用创新、发散思维和发展的眼光来进行开发,并在开发中满足多元化的诉求。应大力应用数字网络媒介,将文化展示动静相融,以增加旅游者的嵌入式体验和参与度。婺源非遗在当前的展览过程当中还处于静态阶段,旅游者想要在静态鉴赏中得到认知,需要旅游者自身具备一定的文化素养。相应的,景区也要采取对应的措施,以帮助游客更好地领悟非遗展览想要展示的内容与文化内涵。历史文物以及古迹遗址自身具有的历史底蕴、艺术感,在建筑"动态"效果展示后,可以为旅游者带来身临其境的感受。婺源非遗在进行展览的过程中,结合制作和装饰的动画效果,在模拟和画质的共同效果下,可以为旅游者带来更好的展示,从而提升旅游者的认知以及切身体验感,更好地理解文化底蕴的色彩,并且可以在表达上更加突出。

2. 创办特色活动,促进非遗交流

根据数据分析,旅游者在非遗相关的活动输出中很少有触动,对于表达认知度不足,表示没有看到想要的表达效果,而且特色内容的表演偏少。婺源非物质文化遗产资源丰富,但是在开发过程中,文化内涵挖掘不足,开发层次较浅,旅游开发影响力不大。因此,婺源非物质文化遗产旅游开发需要从非遗本身出发,深入挖掘其内涵,创办特色活动,促进非遗交流。如设立婺源非物质文化遗产日,弘扬传统文化艺术。目前,我国已设立了文化遗产日,这些纪念性的节日有利于增强社会大众对文化遗产的保护意识。本研究倡议婺源设立非物质文化遗产日,每年5月第三个星期一举办"非遗保护与传承"主题各类宣传活动,从而引导当地居民、社会各界参与体验非遗项目展示、表演等活动,提高全社会对非遗保护与传承的认同感。此外,还可以依托新兴媒体传播和VR技术等进行宣传。在宣传内容上,以乡村旅游、非物质文化旅游等旅游形象为主,树立独特的旅游形象;在宣传方式上,利用新兴媒体的优势,借助互联网平台,利用VR虚拟现实技术等加大宣传攻势,并建立健全的婺源旅游官网,与国内一流的旅游网站进行合作,通过文字、图片、视频等多种方式,呈现婺源非物质文化旅游资源。同时利用宣传片、动画等形式展现非物质文化遗产旅游的形象,向广大社会民众展现婺源的文化魅力,吸引更多的游客来婺源旅游。

(三)完善解说系统,促进非遗传播

1. 提高导游素质,实现有效互动

导游自身素养是影响旅游者感知程度的直接要素。不同背景的旅游者在文化认同和理解上具有非常明显的差异性。不同的年龄和教育水平的旅游者对文化感知的诉求也有所不同。例如,受教育程度偏低的旅游者所期望的方式也较为简单,而受教育程度较高的旅游者对导游素质要求也较高,在导游的认可上也很严格,特别是对其自身的知识积淀和文化理解都有较高的要求。婺源非物质文化遗产旅游景区内有解说人员,大部分工作人员也是通过解说来为旅游者呈现非遗的魅力。景区导游和其他工作人员不能依靠简单的死记硬背,而后机械地解说,而是需要在面对不同的旅游者诉求时,采取不同的解说方式,保证解说的趣味和意义,以达到旅游者的不同诉求。因此,本地旅游开发部门应该进行相应的培训,通过科学和合理的方式提升景区导游和其他工作人员的自身素养,尤其是让其发自内心理解非遗的内涵,以做到不同方式的表达,领悟婺源非物质文化遗产的深远影响,更好地为旅游者服务,让旅游者在解说中逐步加深认知和了解,感受历史魅力和文化底蕴。同时,当地人对本土非遗的认同、热爱和传承也是非常重要的,应提升当地人的文化自信,鼓励当地人担任"非遗文化导赏员",以更好地促进非遗文化的传播。

2. 丰富解说内容,彰显文化魅力

通过指示牌及语音的方式在目前是主流的展示解说形式,在非遗传播中解说员所承担的使命较大。但是,当前很多景区的指示牌过于粗糙,内容较少,给旅游者提供的信息仅仅为文物的名称和产生时间,而详尽的解说几乎为零,旅游者无法从中得到更多的信息。因此,指示牌的制作既要注意展示内容,又要避免繁杂。例如,指示牌上,可以显示其名称、产生时间、功能,以及其用料、装饰内容、工艺特征等,而且可以对其制作以及传承等情况进行详实的陈述。语音效果需要在表象信息上加入更多的旅游

者诉求内容,结合相应的网络数字等媒介,通过简单介绍和内容详尽的展示,让游客获得比较深入的了解。电子方面的运用,可以为游客提供更多的选择,他们可以通过电子解说,随即选择想听的内容。因此,多种方式的解说交互使用,能够满足不同旅游者的诉求,给予他们多方面的认知选择,从而达到宣传当地非遗的目的。

(四)深挖非遗内涵,提高文化质量

1. 重塑区域传统文化,打造非遗品牌

游客到婺源旅游的主要目的是休闲,体验自然风光。因此,婺源非遗旅游在开发中要注重游客的旅游目的,提高对旅游资源的敏感度,增强文化旅游开发意识,推进非遗旅游的发展。但在非遗实际开发中,体验文化的旅游非常少,究其原因是开发部门对文化方面的挖掘不够深,宣传不到位,游客对婺源非遗认识不清。因此,应从营造良好的氛围出发,加强旅游宣传,提升开发意识。重塑区域传统文化,增强当地文化自觉意识和文化自信,这也是加强婺源非遗文化建设的立足点。随着现代城镇化速度的加快,婺源非物质文化遗产的发展也遇到瓶颈,唤起婺源居民自觉自发的全民参与是婺源非遗有效开展旅游开发的重要方式。针对婺源非遗旅游的发展,需要不断加大投入以及加强各界的合作和交流,加快婺源非遗走出去,以吸引更多的市场受众。要加强婺源非物质文化遗产的交流和共享,组织开展各类活动进行交流学习,如举办国内学术研讨会、讲座等,加强学术间的交流,以更好地指导非物质文化遗产旅游开发工作的顺利开展。

2. 诠释文化精神,追求文化的真实性

具有一定的差异性和认知不同的旅游者在追求真实性方面具有高度统一性。因此,旅游开发要尊重非遗文化内核精神表达的真实性。婺源非物质文化遗产旅游文化内涵的真实性要呈现出原汁原味的文化风貌,要阐释出文化内涵精神,展示出非遗丰富的历史底蕴。同时,对旅游者的文化真实性诉求的满足,不仅可以通过静态的实物展示,还可以结合现代技术手段再现文化历史,让旅游者可以身临其境地感悟,并在其中获得虚拟与真实结合的体验感,而VR技术推进应用会对婺源文化展示有较大的真实再现效果,也可以给旅游者更大的满足感,让旅游者在"真实"感受中获得感知。

(五)开发旅游产品,提高产品质量

1. 立足地方特色,打造主题产品

对婺源非物质文化遗产进行富有创意性的、低能耗的、附加值高的文化产品进行打造,以此调整婺源非遗旅游开发中的新经济增长点。非物质文化遗产本身就是独特的文化符号,将具有潜质的特色文化遗产创建特色品牌,形成品牌产业链,以非物质文化遗产为核心,形成一条产业群,链接各区域间的产品,带动旅游、展览、娱乐消费等的综合发展。同时,彰显本地特色开发主题产品。非物质文化遗产旅游产品要在积累的市场竞争中突显出来,要能够彰显独具一格的地域特色,辐射地域性和多类别的交叉,组成形成婺源非物质文化遗产旅游主题系列产品,形成多个精品主题产品组成的旅游

产品,在形成产业规模的同时突出婺源深厚的底蕴特质。例如,"民俗日＋非遗项目展＋艺术演出＋纪念产品＋传统饮食"等多元素旅游路线。

2. 依托文旅融合,促进产业融合发展

要提升非物质文化遗产的市场关注度,打造成熟的品牌是必不可少的策略。近年来,婺源在文化创意产业上有了进一步的突破,成为婺源社会经济增长的一个重要支撑点。顺应这一趋势,可加强非物质文化遗产资源项目与旅游的结合,形成品牌效应。例如,以非物质民俗文化作为主体开发旅游新路线,讲解非遗传承人自传的图书等;利用文化创新辐射打破非物质文化遗产在文化领域的局限性,拓展非物质文化遗产旅游开发的市场空间。同时,运用现代媒介和技术,提升非物质文化遗产产品的附加值。通过网络、新媒体等媒介辐射,多渠道地宣传与推广婺源非物质文化遗产产品,提高市场对其关注度,创新婺源非物质文化遗产旅游的发展途径,引进创新技术,促进婺源非物质文化遗产的历史价值、艺术价值向教育、实用等方面延伸,增加婺源非物质文化遗产产品的附加值。

(六)完善设施建设,提高服务质量

1. 完善路线规划,实现人性服务

婺源非物质文化遗产旅游分布广泛,现有的170多个著名古村遍及全县,旅游形成东、西、北三条路线。而范围广、线路散,给缺乏游览时间的旅游者带来了一定的阻碍,让他们难以获得全面的游玩体验。婺源一些村落和村落之间的距离较远,普遍超过1小时行程,因此每天能够实际用于游玩的时间不足5小时,不能很好地体验文化内涵,更不能领悟其文化底蕴。对此,应科学规划、合理设计路径,综合参考差异化的地区分布,给旅游者提供最优路线搭配,并结合景区实际开通相应的游览用车,增加游览时间,减少不必要的路线时间,构筑人性化的路线,以满足不同旅游者的诉求,提升其感知程度。

2. 完善旅游指示,塑造文化氛围

婺源非遗旅游路径有标识不清晰的情况。例如,进入婺源非物质文化遗产旅游的道路上并没有可以指示清楚的指引性标志,对于自驾旅游者来说非常容易出现走错和走偏的情况。要改掉这些纰漏,安放一些有效的指引标志,明确旅游者的路线。而且对于设计应该更加人性化,例如,可以加入更多符合婺源非物质文化遗产旅游特色的图画、彩字、颜色等元素,这些可以给人耳目一新的感觉,提升游客对婺源非物质文化遗产旅游的文化认同。

案例使用说明

一、教学目的与用途

适用的课程和对象:本案例适用于学习非物质文化遗产学、非物质文化遗产保护理论与方法、中国文化遗产保护与利用、旅游资源开发与规划等相关课程的本科生与研究生。

教学目的：通过本案例的教学，使案例学习者了解文旅融合背景下非遗保护性开发路径，引导案例学习者强化产业融合视角，设计、开发非遗旅游产品，并进行管理。

二、启发思考题

1. 思考非遗旅游保护性开发模式的类型与特征。

2. 思考如何进行非遗旅游保护性开发价值与感知分析，并且有哪些措施可以提高非遗旅开发的有效性。

3. 立足文化和旅游深度融合视角，撰写非遗景区保护性开发项目方案，要求突出保护第一、活态传承，且要有创新以及方案内容可实施、可操作。

参考文献
References

[1] 约瑟夫·派恩,詹姆斯·吉尔摩.体验经济[M].夏业良,鲁炜,译.北京:机械工业出版社,2002.

[2] 王文章.非物质文化遗产概论[M].北京:文化艺术出版社,2006.

[3] 肖刚,肖海,石惠春.非物质文化遗产的旅游价值与开发[J].江西财经大学学报,2008(2).

[4] 吴必虎.区域旅游开发的RMP分析——以河南省洛阳市为例[J].地理研究,2001(1).

[5] 郭剑英,余晓萍.非物质文化遗产价值评价——以四川西部少数民族地区为例[J].乐山师范学院学报,2009(4).

[6] 黄鹂.旅游体验与景区开发模式[J].兰州大学学报(社会科学版),2004(6).

[7] 陆军,潘善环.多维视野中的民族旅游开发[J].桂林旅游高等专科学校学报,2003(5).

[8] 武一闻.文化遗产类景区体验式旅游开发研究——以平遥古城为例[D].西安:陕西师范大学,2009.

[9] 戴其文,肖刚,徐伟,等.桂林市非物质文化遗产的游客感知差异与旅游需求分析[J].地域研究与开发,2014(4).

[10] 那梦帆,谢彦君.旅游目的地体验价值:维度辨识、量表开发与验证[J].旅游学刊,2019(12).

[11] 马凌,保继刚.感知价值视角下的传统节庆旅游体验——以西双版纳傣族泼水节为例[J].地理研究,2012(2).

[12] 刘宇青,邢博,王庆生.旅游产品创新影响体验感知价值的构型研究[J].经济管理,2018(11).

[13] 谢彦君.旅游体验研究——一种现象学的视角[M].天津:南开大学出版社,2005.

[14] 马天.旅游体验测量方法:重要回顾与展望[J].旅游科学,2019(3).

[15] 李江敏,赵青青,陈静.长江经济带非物质文化遗产空间分布特征与影响因素[J].经济地理,2020(12).

[16] 苗红,张敏.基于GIS缓冲区分析的西北民族地区"非遗"旅游资源空间结构研究[J].干旱区资源与环境,2014(4).

[17] 肖刚,肖鸿芸.长江经济带非遗旅游资源空间分异研究[J].江西科学,2021(4).

[18] 杨晓芬."一带一路"中国沿线体育非遗的空间分布特征研究[J].浙江体育科学,2020(5).

[19] 傅安平,张杰.江西省非物质文化遗产资源现状分析与保护利用[J].南方文物,2017(3).

[20] Zhang Y, Lee T J. Alienation and authenticity in intangible cultural heritage tourism production[J]. International Journal of Tourism Research, 2021(9).

[21] Castro C B, Armario E M, Ruiz D M. The influence of market heterogeneity on the relationship between a destination's image and tourists' future behavior[J]. Tourism management, 2007(1).

[22] 乌铁红,张捷,张宏磊,等.旅游地属性与旅游者感知态度和购后行为的关系——以九寨沟风景区为例[J].旅游学刊,2009(5).

[23] 张宏梅.文化学习与体验:文化遗产旅游者的核心诉求[J].旅游学刊,2010(4).

[24] 张红梅,梁昌勇,徐健,等.特色旅游目的地形象对游客行为意愿的影响机制研究——以贺兰山东麓葡萄产业旅游为例[J].中国软科学,2016(8).

[25] 王金莲,汪德根,刘昌雪.入境游客对我国非物质文化遗产的满意度及其度量模型研究——以苏州昆曲为例[J].人文地理,2010(6).

[26] 涂红伟,熊琳英,黄逸敏,等.目的地形象对游客行为意愿的影响——基于情绪评价理论[J].旅游学刊,2017(2).

[27] 彭逸乐,许建.非物质文化遗产的旅游价值与研学旅游相结合的开发对策探究[J].经济师,2020(6).

[28] 王伟,吴思遥.游学湖湘——非遗研学旅游的湖南模式[J].创意设计源,2020(4).

[29] 朱能能.我国研学旅行的研究进展[J].地理教育,2020(5).

[30] 赵艳喜.加强非遗研学游中的研究性学习[N].中国旅游报,2018-08-14(003).

[31] 邱悦.江苏非物质文化遗产研学旅行产品开发研究[D].南京:东南大学,2017.

[32] 邓小青.学校研学旅行课程设计策略[J].新课程导学,2019(6).

[33] 钟晟.基于文化意象的旅游产业与文化产业融合发展研究[D].武汉:武汉大学,2013.

[34] Joshiwa Wasabi. Tangible and intangible heritage:from difference to convergence of the intangible cultural heritage[J]. Museum international, 2014(5).

[35] 周羽柔.基于包容性发展的非物质文化遗产旅游开发研究——以江西婺源为例[D].南昌:南昌大学,2014.

[36] 马波.非物质文化遗产旅游资源研究——概念、分类、保护、利用[J].旅游科学,2008(2).

[37] 王文文.体验视角下山东非物质文化遗产旅游开发研究[D].济南:山东师范大学,2016(6).

[38] 李江敏,李薇.非物质文化遗产的旅游活化之道[J].旅游学刊.2018(9).

[39] 阚如良,王桂琴,周军,等.主题村落再造:非物质文化遗产旅游开发模式研究[J].地域研究与开发,2014(6).

[40] 赵悦,石美玉.非物质文化遗产旅游开发中的三大矛盾探析[J].旅游学刊,2013(9).

[41] 肖刚.体验经济视角下的非物质文化遗产旅游开发模式研究[D].兰州:西北师范大学,2010.

[42] 孙传明,刘梦杰.生态位理论视角下非物质文化遗产可持续发展研究[J].文化遗产,2018(4).